Compliance-Kontrolle in Organisationen

Marcel Schütz · Richard Beckmann
Heinke Röbken

Compliance-Kontrolle in Organisationen

Soziologische, juristische und ökonomische Aspekte

 Springer Gabler

Marcel Schütz
Universität Oldenburg
Oldenburg, Deutschland

Heinke Röbken
Universität Oldenburg
Oldenburg, Deutschland

Richard Beckmann
Universität Bonn
Bonn, Deutschland

ISBN 978-3-658-17470-5   ISBN 978-3-658-17471-2   (eBook)
https://doi.org/10.1007/978-3-658-17471-2

Die Deutsche Nationalbibliothek verzeichnet diese Publikation in der Deutschen Nationalbibliografie; detaillierte bibliografische Daten sind im Internet über http://dnb.d-nb.de abrufbar.

Springer Gabler
© Springer Fachmedien Wiesbaden GmbH, ein Teil von Springer Nature 2018

Gedruckt auf säurefreiem und chlorfrei gebleichtem Papier

Springer Gabler ist ein Imprint der eingetragenen Gesellschaft Springer Fachmedien Wiesbaden GmbH und ist ein Teil von Springer Nature
Die Anschrift der Gesellschaft ist: Abraham-Lincoln-Str. 46, 65189 Wiesbaden, Germany

Geleitwort[1]

Compliance ist in aller Munde, ein Dauer-Modethema nicht nur von Managementkursen. Trotz seiner Allgegenwart erlebt man das Thema aber als erstaunlich unscharf. Es geht „irgendwie" um die Einhaltung von Regeln durch Unternehmen, um den Corporate Governance Kodex, den Compliance Manager, den ehrbaren Kaufmann, um Recht und die (Wieder-)Herstellung von Integrität angesichts von Wirtschaftsskandalen aller Art.

Wer sich mit Compliance befassen will, muss sich notwendig mit Geboten auseinandersetzen, mit Hard und Soft Law, mit staatlichem Recht und unternehmensinternen „Best Practices". Hier ist die Rechtswissenschaft auf den Plan gerufen. Untrennbar verbunden mit dem Thema ist aber auch die Frage, wie Organisationen funktionieren, wie ihre Mitglieder sich als Teile der Organisation verhalten und wie eine solche Organisation gesteuert werden und sich „richtig" entwickeln kann. Hier kommen die Erkenntnisse der Soziologie zum Zuge, die wiederum im Hinblick auf das Funktionieren und die Leitung von Unternehmen durch den Blick der Ökonomie zu ergänzen sind. Compliance ist also ein Schnittstellenthema. Es ist das große Verdienst dieses Bandes, echte interdisziplinäre Zusammenarbeit zustande zu bringen. Hier werden nicht etwa Beiträge aus juristischer, soziologischer und ökonomischer Warte lose nebeneinander gestellt, sondern unmittelbar verbunden, kontrastiert, diskutiert und auf eine gemeinsame These hingeführt.

Die Autoren gehen davon aus, dass Regeln nicht ohne Regelabweichungen denkbar sind. Regelabweichungen können sogar der Regelbestätigung dienen und für eine Organisation hilfreich sein. Hier bauen die Autoren auf dem Luhmann'schen Begriff der „brauchbaren Illegalität" auf und argumentieren, Compliance müsse nicht als Management *gegen* Regelabweichungen, sondern als Management *von* Regelabweichungen verstanden werden. Vorzugswürdig sei keine harte Compliance, die jeden Regelverstoß ohne Augenmaß ahnde, sondern vielmehr eine dynamische Compliance, in der es zur Auseinandersetzung mit Regelverstößen kommt, zur Beobachtung, Planung und gegebenenfalls

---

[1]Prof. Dr. Anne Sanders, M.Jur. (Oxford) ist Inhaberin eines Lehrstuhls für Bürgerliches Recht, Unternehmensrecht, Recht der Familienunternehmen und Justizforschung an der Universität Bielefeld.

zur Korrektur des Regelwerks. Nicht Vermeidung von Abweichung müsse das Ziel sein, sondern Erfahrungs- und Lerngewinne der Organisation und ihrer Mitglieder.

Diese These wird sich der Kritik stellen müssen. Für sie spricht sicherlich die alltägliche Erfahrung, dass in einer Organisation nicht jeder Regelverstoß geahndet wird. Auf die Einhaltung mancher Regel wird stillschweigend verzichtet, andere werden weniger streng angewandt oder verändert. Will man eine Organisation nicht durch ein Übermaß an Kontrolle handlungsunfähig machen, so liegt es nahe, nur auf die strikte Einhaltung der „wirklich wichtigen" Regeln zu bestehen. Eine dynamische Compliance, wie sie die Autoren vorschlagen, müsste genau dazu führen, diese Regeln herauszukristallisieren und im Übrigen verhältnismäßige Sanktionsmechanismen zu finden. Die Autoren haben sich auf das Abenteuer der interdisziplinären Arbeit mit großem Engagement und Ideenreichtum eingelassen. Ihrem Buch ist eine ebenso engagierte und interessierte Leserschaft zu wünschen.

Bielefeld,   Anne Sanders
im März 2018

Inhaltsverzeichnis

Abkürzungsverzeichnis

Abb.	Abbildung
Abs.	Absatz, Absätze
AEUV	Vertrag über die Arbeitsweise der Europäischen Union
AktG	Aktiengesetz
Anmerk. d. Verf.	Anmerkung der Verfasser
Art.	Artikel
Az.	Aktenzeichen
BAG	Bundesarbeitsgericht
BGB	Bürgerliches Gesetzbuch
BGH	Bundesgerichtshof
BVerfG	Bundesverfassungsgericht
bzw.	beziehungsweise
d. h.	das heißt
ebd.	ebenda
EGMR	Europäischer Gerichtshof für Menschenrechte
EStG	Einkommensteuergesetz
etc.	et cetera
EU	Europäische Union
f. sowie ff.	folgende
Fn.	Fußnote
GG	Grundgesetz
ggf.	gegebenenfalls
GmbH	Gesellschaft mit beschränkter Haftung
GmbHG	Gesetz betreffend die Gesellschaften mit beschränkter Haftung
GWB	Gesetz gegen Wettbewerbsbeschränkungen
HGB	Handelsgesetzbuch
Hrsg.	Herausgeber
i. O.	im Original
IDW	Institut der Wirtschaftsprüfer
ISO	Internationale Organisation für Normung

LAG	Landesarbeitsgericht
m. w. N.	mit weiteren Nachweisen
Nr.	Nummer(n)
o. g.	oben genannt(en)
OECD	Organisation für wirtschaftliche Zusammenarbeit und Entwicklung
OWiG	Gesetz über Ordnungswidrigkeiten
PR	Public Relations
PS	Prüfungsstandard
Rn.	Randnummer(n)
S.	Seite(n)
Sp.	Spalte
StGB	Strafgesetzbuch
svw.	so viel wie
u. a.	unter anderem
u. Ä.	und Ähnlichem
UN	Vereinte Nationen
Urt.	Urteil
usw.	und so weiter
v.	vom
vgl.	vergleiche
vs.	versus
z. B.	zum Beispiel

Über die Autoren

Marcel Schütz ist wissenschaftlicher Mitarbeiter an der Universität Oldenburg. Er lehrt Soziologie an der Universität Bielefeld und Betriebswirtschaft an der Northern Business School Hamburg. Seine Schwerpunkte liegen neben der Managementforschung im Bereich der soziologischen Theorie sowie der Organisations- und Rechtssoziologie. Darüber hinaus war er im Personalmanagement tätig.

Richard Beckmann ist Rechtsökonom und wissenschaftliche Hilfskraft an der Rheinischen Friedrich-Wilhelms-Universität Bonn. Neben Compliance forscht er insbesondere an Fragen des Geistigen Eigentums und des Kunstrechts.

Heinke Röbken ist Wirtschaftswissenschaftlerin und lehrt als Professorin für Bildungsmanagement an der Universität Oldenburg. Zu ihren Schwerpunkten gehört die Forschung zur Änderung organisatorischer Normen und globaler Strukturanpassung im Bildungswesen und im öffentlichen Sektor.

Einleitung: Die Organisation der Compliance-Kontrolle in interdisziplinärer Lesart

> Wer sich die faktische Bedeutung von formalen Regeln des Verhaltens klarmachen will, darf sich nicht allein an die formulierten Erwartungen halten; er darf sich nicht darauf beschränken, das Wunschdenken des Regelsetzers nachzuzeichnen. [...] Den wirklichen Sinn von Regeln erschließt der Standpunkt des Benutzers, der Standpunkt dessen, der sich auf sie beruft; und dieser Standpunkt ist typisch ambivalent.[1]

Schon bevor dieses Buch zur Hand genommen wurde, werden viele Leser[2] mit der Information vertraut sein, dass es bereits mehrere Darstellungen zum Gegenstand der Compliance-Kontrolle, also etwa „organisatorischer Regelleitung", gibt. Nicht ohne Grund spricht man davon, dass Compliance zu den „Boom-Themen des Managementdiskurses der letzten Jahre"[3] zählen dürfte. Ob Unternehmen, Verwaltungen oder soziale Einrichtungen: Überall rücken Fragen der Compliance in den Mittelpunkt organisatorischer Praxis. Die Vielzahl der Beiträge scheint den Gegenstand aber nicht so viel klarer zu machen, wie man vermuten könnte oder hoffte, sondern bestehende Annahmen eher noch weiter zu irritieren. Dazu trägt, womöglich zu einem Gutteil, die „Verwissenschaftlichung" der Praxis der Regelgestaltung in Organisationen selbst bei. Mit dem 1998 verstorbenen Juristen und Soziologen Niklas Luhmann gesprochen, führt Wissenschaft nicht unbedingt zu einer höheren Absicherung des schon bestehenden Wissens, sondern – prekär und spannend zugleich – ganz im Gegenteil: vielmehr in eine noch weiter zunehmende Verunsicherung.[5]

---

[1]Luhmann 1964, S. 308.

[2]Das generische Maskulinum soll als pluralistischer Terminus dienen, der ebenso Personen nicht männlichen Geschlechts umfasst. Für die Redigierung und Fertigstellung dieses Manuskripts haben wir sehr herzlich Herrn Falk Janssen zu danken.

[3]Kette 2017, S. 1.

[4]Luhmann 2009 sowie 1993.

© Springer Fachmedien Wiesbaden GmbH, ein Teil von Springer Nature 2018
M. Schütz et al., *Compliance-Kontrolle in Organisationen*,
https://doi.org/10.1007/978-3-658-17471-2_1

Von dieser Wahrnehmung dürften nicht nur viele Forscher, sondern auch die Prakti-ker zu berichten wissen. Die mannigfaltigen Vorschläge „guter" Compliance können jeden, der damit zu tun hat, mit einer gewissen Ratlosigkeit zurücklassen. Wo soll man bei diesem Thema nur anfangen? So vieles erscheint nützlich, richtig und wichtig für den Arbeitsalltag. Nur, auf welche der vielen Modelle, Konzepte und Instrumente kommt es denn wirklich an? Lassen sich in einer hochgradig ausdifferenzierten Arbeitswelt über-haupt noch *die* passenden Informationen herausfiltern und für eigene Belange sortieren? Und: Wie gelingt es Managern, bei der Vielzahl der Angebote und Leitlinien einer regel-konformen Unternehmensführung am Ende des Tages auch noch entscheidungsfähig zu bleiben und ihr Geschäft zu organisieren, was auch heißt: Kosten und Nutzen jeder neuen Maßnahme der Regelsetzung, ihrer Befolgung, Bewachung und auch möglichen Revision realistisch bewerten zu können? Die Frage erscheint umso naheliegender, wenn beachtet wird, dass der Gegenstand der Regelsetzung in Organisationen nicht allein juristisch oder soziologisch zu konturieren ist, sondern Regeln auch als ökonomische Operatoren, also zum Zweck einer planvollen methodischen bzw. Arbeitsstrukturierung, zum Einsatz kommen.[5] Organisatorische Regulierung tritt also mehrdimensional in Erscheinung und schreitet in ihrem Umfang fort. Eben dieser Mehrfachbezug der Regel-setzung lässt auch hinsichtlich möglicher Zwänge einer Interessenabwägung vermutlich zentrale Herausforderungen im Bereich des Managements erkennen. Was Compliance-Managern und den in angrenzenden Arbeitsfeldern tätigen Spezialisten – man denke an Personalmanagement oder Unternehmensentwicklung – bei ihrer Arbeit dann vielleicht die geringsten Nachteile bringt, sind Orientierungshilfen zur Einschätzung von Chancen und Risiken organisatorischer Regelbildung.

Mit der vorliegenden Einführung wird dazu ein erster Zugang geboten. Ziel ist es, in komprimierter Form etablierte sozial- und wirtschaftswissenschaftliche Bezugspunkte bzw. Ansätze zur Analyse und Gestaltung von Regelsetzung in Organisationen sowie ein dazugehöriges juristisches Bezugswissen zu präsentieren. Wir wollen damit auf eine Reihe bereits gewonnener Erkenntnisse im Spannungsfeld von *formaler* und *informaler Ordnung* hinweisen – einer prominenten Unterscheidung in nicht nur wirtschafts- und sozialwissenschaftlichen Disziplinen und Praxisfeldern, sondern zunehmend auch im Fokus juristischer Diskussion. Dies geschieht in einem Format, das für Praxisinvolvierte anschlussfähig bleiben will. Womöglich kommt dabei die Frage auf, wieso wir uns auch

---

[5]Siehe für andere Dischner/Sieweke/Süß 2013 am Beispiel der komplexitätsträchtigen inter-organisationalen Projektarbeit zwischen verschiedenen Unternehmen und Beratungen, die ent-sprechender Voraussetzungen der Ergebnisabsicherung bedarf; etwa über die Ausdifferenzierung und das Aushandeln von Regelwerken. Sind Fragen der Compliance-Kontrolle bzw. Regel-setzung schon innerhalb einer Einzelorganisationen (*intraorganisationale* Compliance) – gelinde gesprochen – alles andere als trivial, dürfte es an Ahnungen nicht fehlen, sich erst recht die noch wesentlich mehr gesteigerten Rahmenbedingungen bzw. Herausforderungen einer *inter-organisationalen* Compliance vor Augen zu führen. Die fortschreitende Internationalisierung der Organisationen lässt dazu voraussichtlich noch einigen Untersuchungsbedarf erwarten.

auf solche Arbeiten stützen, die zum Teil in eher impliziter Form das Thema Compliance erfassen. Schließlich könnte man annehmen, dass ein Buch über Compliance so beschaffen ist, dass systematisch zusammengetragen wird, was über Compliance alles schon andernorts gesagt und geschrieben wurde.

Diese Annahme müssen wir ein Stück weit (aber produktiv) enttäuschen. Erstens ist Compliance kein bedeutungsrobuster („Allerwelts"-)Begriff, wie man es heute für Organisation, Recht oder Management (wenn auch mit vielen unterschiedlichen Deutungsangeboten) in einer langen Tradition sehen könnte. Man hört nicht von Compliance und hat dann schon zugleich präzise Vorstellungen parat, auf die es sich schnell einigen ließe. Eher gibt es beim personellen Gros der Arbeitswelt ein leises Ahnen. Wahr ist aber auch: Immer höher werden derweil die Anforderungen an eine „gut", oder „richtig" ausgewiesene Compliance. Schon der Blick in die Online-Jobportale und auf die Internetseiten großer Unternehmen offenbart: Erwartungsvoll differenzieren sich die Qualifikationsansprüche und Legitimationsanforderungen für Personen aus, die diese Aufgabe zu ihrem Beruf machen. Und ganz unterschiedliche Normierungsinstanzen (juristisch, ökonomisch, sozialwissenschaftlich) sowie verbandsmäßig organisierte Einflussgruppen entscheiden heute darüber, was eine gute Lehre und Praxis von Compliance sein kann. Ein verlässliches Indiz für die folgenreiche Attraktivität des Begriffs Compliance bietet schon allein die Vielzahl der Akteure[6] sowie Einrichtungen und Verfahren, die Orientierung und Beratung versprechen. Und gerade diese Vielfalt lädt dann zu weiterer Sondierung dessen ein, was mit Compliance gemeint sein könnte oder sollte.

Zweitens ist Compliance offensichtlich etwas, das analog zu Wortprägungen wie „gute Führung", „gute Unternehmenskultur" oder „gute Sitten" wie selbstverständlich auf normativen Begründungen fußt.[7] Normative Begriffe sind normativ, weil sie nur mit einer instrumentell begründeten Motivation in die Welt kommen und sich ihre Anerkennung nur mit Verweisen auf weitere normative Argumente stabilisieren lässt. Das Normative bedarf des Normativen für seinen Bestand. Man kann daher „natürlich" vorkommende Compliance nirgendwo antreffen, sondern nur dort, wo Organisationen und ihre Mitglieder sich darauf in Form von mehr oder weniger expliziten Entscheidungen verständigen können und wollen. Es ist die erste wichtige Einordnung im Umgang mit dem Thema der Compliance-Kontrolle, dass ihr Erscheinen unmittelbar mit *organisationsförmigen* Sozialsystemen verbunden ist.[8] Überall dort, wo Compliance dargestellt oder gefordert wird, dürfte es sich um Organisationen handeln. Selbst dort,

---

[6]Der Begriff Akteur ist in den Sozial- und Wirtschaftswissenschaften sehr facettenreich und bedeutungsvoll entwickelt worden. Wir nutzen ihn im Buch in reduzierter Form für in Handlungen bzw. Maßnahmen involvierte Personen, Organisationen bzw. Instanzen. Akteure können sowohl als individuelle wie auch überindividuelle bzw. kooperierte Akteure in Erscheinung treten.

[7]Jüngst wird allerdings beobachtet, dass der Terminus Compliance offensichtlich teilweise durch den der „Integrität" („Integritätsmanagement") ergänzt bzw. mitunter auch abgelöst wird. Siehe dazu Kühl 2018a.

[8]Kette 2018, S. 3.

wo Compliance als ein besonders individueller oder durch berufliche Rollen manifestierter Gegenstand betrachtet wird. Man muss letztlich stets eine *formal entscheidbare* Erwartung diesbezüglich haben, was als richtig und angemessen (normativ) zu gelten hat – und was hingegen nicht –, um sich auf diese Form der Kontrolle als eine organisierte, eine organisationsförmige Konstruktion einzulassen. Das wiederum führt in unserer Arbeit zu der Herangehensweise, dass wir der organisationsförmigen Rahmung von Compliance eine herausgehobene Beachtung widmen.[9]

Ein dritter Punkt betrifft schließlich die Beschaffenheiten des empirischen Wissens über Compliance und „akademische" Beschreibungen, die das Geflecht von Regeln und Regelabweichungen in Organisationen genauer abzubilden vermögen. Erstaunlicherweise ist die Literatur tendenziell rar; sogar klagende Rufe über ein sozialwissenschaftlich-empirisches „Nirwana"[10] sind zu vernehmen. Diese Lage gilt zumindest vor dem Hintergrund von Ansprüchen an eine solche Forschung, die sich nicht selbst im Vorfeld präskriptive Aussagen und Leitlinien darüber aufgibt, welche Bedeutung Compliance in Organisationen entfalten *soll*. Es empfiehlt sich deshalb, nach unabhängigen Beiträgen Ausschau zu halten, die sich nicht automatisch für eine rasche Solidarisierung mit bestimmten, (vor-) entschiedenen Anspruchsfeldern anbieten wollen, nur um damit eingedenk möglicher Aktualität des Themas auf besondere Beachtung hoffen zu dürfen. Eine „unsolidarische" Herangehensweise kalkuliert damit, einige typische Legitimationsschritte bewusst übergehen zu müssen. Soweit zu sehen ist, bedeutet dies für die ökonomischen (Bezugs-)Disziplinen eine ganz besondere Herausforderung.[11] Eine unabhängige Untersuchung muss sich also bereitwillig auf Heterodoxie, auf das Beobachten nebeneinanderstehender, auch konkurrierender Deutungsangebote einlassen können; muss also damit rechnen, dass – mit einem

---

[9]Beinahe scheint es mit Blick auf unser Themenfeld eine ironische Andeutung der Wortherkunft zu sein, wenn die Adjektivform „organisieren" im Laufe der Zeit (auch) zu einem verhüllenden Ausdruck heranreifte, mit dem gemeint ist, „sich etwas (auf nicht ganz rechtmäßige Weise) beschaffen" zu wollen (Duden 1997, S. 503 Sp. a). Eine erste Einsicht könnte also lauten: Wer Regeln aufstellen wird, braucht dazu eine Form der Organisation. Und wer sie brechen will – der auch. Insoweit Organisationen nämlich vielfältige (nur in Form der Organisation mögliche bzw. zugängliche!) Ressourcen bereitstellen, um eine zweckgerichtete Ordnung zu bilden, so werden sich eben mit diesen Ressourcen auch vielfältige Anlässe bieten, von der zweckgerichteten Ordnung nützlich abzuweichen. Beispielsweise mögen Einzelne bzw. Privatpersonen bei Abgabe ihrer Auskünfte an das Finanzamt schnell die Grenzen individueller „Steueroptimierung" vor Augen haben. Organisierte Sozialsysteme indes sind hier schon einige Schritte weiter, denn sie können Hebel in Gang setzen, Beratung in Auftrag geben und Maßnahmen „organisieren", um ihre rechtlichen Belange mit zunehmender Größe komplexer auszudifferenzieren und sich damit auch günstige Bedingungen zur Verwirklichung ihrer Zwecke verschaffen.

[10]Spindler 2013, S. 324; Reichert 2017, S. 702 bedauert, dass „die empirische Forschung zur Wirksamkeit der in Betracht kommenden Compliance-Maßnahmen unzureichend, kaum belastbar und in sich widersprüchlich" sei.

[11]Nicolai/Kieser 2002, S. 589.

Luhmann'schen Blick – die Sachverhalte in noch größere Verunsicherung führen, statt sie unter dem zweifelhaften Etikett einer (scheinbaren) Absicherung anbieten zu können.

Zwei Dinge haben für unsere Arbeit besondere Relevanz: Einerseits geht es darum, das sehr verstreute Wissen über Regelbildung in Organisationen zusammenzutragen und dies andererseits gleichwohl in einer nicht exklusiv wissenschaftlich adressierten Form darzustellen; dementsprechend, dass die Diskussion für ein entscheidungsorientiertes, praxiserfahrenes Publikum (sowohl die thematischen Neuankömmlinge, als auch jene, die mit Compliance als ihrer hauptsächlichen Wirkungsstätte bereits ausgiebig vertraut sind) anschlussfähig bleibt. Wissenschaftliche Erträge sollen damit keineswegs ausgeschlossen werden, nur liegt uns speziell an einer interdisziplinär motivierten Sortierung und Bündelung des Materials. Wiederum kann aber gerade so der Fall eintreten, dass neue Einsichten auch für die weitere wissenschaftliche Problematisierung gewonnen werden.[12]

Aus einem wissenschaftlichen Anspruch folgt generell, dass jede vorgelegte Arbeit zumindest *einen,* wenn auch häufig zunächst kleinen Neuigkeitsgewinn gegenüber bestehenden Informationen liefern kann. Das bedeutet, dass wir unseren Beitrag nicht darin sehen, lediglich die „üblichen Verdächtigen" in der Argumentation des Themas heranzuziehen („zielgerichtetes Vorgehen", „konsequente Umsetzung", „klare Kommunikation" etc.), sondern dass wir den Weg gehen, auf die Grenzen jeder Baustein-Logik von Managementkonzepten in der Compliance-Kontrolle hinzuweisen. Blickt man in die aktuelle Praxisliteratur, wird man sehen, dass Schlagworte einen Großteil der instrumentellen Darstellung ausmachen. Dies hat auch eine Funktion, nämlich die, dass die Beschäftigung mit den Themen am Laufen bleibt und die diskutierten instrumentellen Hilfen im Markt gehalten werden. Gerade die ausgeprägte Vagheit vieler Managementbegriffe kann in der Praxis produktiv genutzt werden, um sie an verschiedene Veränderungs- bzw. Organisationsprojekte „anzuheften" und diesen gewissermaßen einen Namen und eine gewisse Relevanz zu geben.[13] Die Wissenschaft dagegen muss eigene Ansätze unterbreiten. Sonst wäre sie nicht, was sie zu sein verspricht. Kommt dafür eine Akzeptanz in Organisationen auch nicht immer leicht zustande, lauert hinter den zuweilen leicht kniffligen Beschreibungen in den diversen Organisations- und Rechtstheorien (und mit der vorliegenden Schrift wird eine dezidiert organisations- und rechtstheoretisch fundierte Einführung unternommen) der Lohn einer anderen und sogar nützlichen Orientierung. Soweit ersichtlich, ist bisher noch kein Band vorhanden, in welchem Compliance weder im Hinblick auf Organisationen untersucht wird, noch soziologische, rechtliche und ökonomische Aspekte verschränkt werden. Praktisch Handelnde können anhand des Buches idealerweise ihre Wahrnehmung verfeinern, konträre Standpunkte und deren Legitimationen nachvollziehen, sie situativ und taktisch antizipieren und sich so ein größeres Bild von organisatorischen Ungewissheiten und

---

[12]Siehe zur Kluft zwischen theoretischer und praktischer Darstellungen in den Organisationswissenschaften (und den dennoch möglichen Verbindungswegen): Kühl 2017, S. 3 f.

[13]Kieser 1997; Schütz 2015a, S. 103 f.; Röbken 2007, S. 272 f.; Holmblad Brunsson 2010.

Zielkonflikten machen. Statt zweifelsfreier Konsequenz ist, empirisch besehen, auch von nützlichen Ressourcen inkonsequenter Handlungsweisen zu sprechen.[14] Die nachfolgenden Themenabschnitte erlauben persönliche Lesewege und eignen sich gleichermaßen zur Reflexion eher allgemeiner organisatorischer und sozialer Facetten bei der Konzeption einer Compliance-Kontrolle[15] wie auch zur rechtlichen Information und Reflexion. Unsere Auswahl beruht selbstredend auf Vorannahmen von Autoren mit je unterschiedlichen wissenschaftlichen und anwendungsbezogenen Spezialisierungen in managementwissenschaftlicher, rechtlicher und soziologischer Materie. Andere Hintergründe und Vorannahmen würden eine mehr oder weniger unterschiedlich vorgenommene Auswahl und einen divergenten Diskussionsaufbau zur Folge haben. Wir präsentieren Beiträge aus der Organisationsforschung[16] und den Wirtschafts- und Rechtswissenschaften, die unumstritten nur Ausschnitte aus einem weiten Spektrum abbilden können. Idealerweise wird aber neues Interesse am Thema geweckt oder weiter gefördert, an anderer Stelle weiterzulesen. Zahlreiche Literaturhinweise bieten dazu die Reserven.

Wir beginnen mit der Betrachtung aus einer juristisch informierten Perspektive in Kap. 2, die jedoch an einigen Stellen soziologische wie ökonomische Anmerkungen nicht ausspart. Die von der Wissenschaft angebotenen, unterschiedlichen Erklärungsansätze beschreiben Compliance als komplexe Aufgabe einzelner Organisationen.

---

[14]Schütz/Röbken 2017b, S. 94–96.

[15]„Der Begriff ‚Compliance‘ ist nicht legal definiert." (Grützner/Jakob 2015, S. 60). Wir verstehen im Folgenden Compliance-Kontrolle bzw. Compliance als Überbegriffe für diverse, weitere verwendete Kategorien wie Compliance-*Management-System,* Compliance-*Management,* Compliance-*System,* Compliance-*Organisation,* Compliance-*Kultur* oder *Corporate* Compliance (siehe Grützner/Jakob 2015, S. 60–65). Der Bezug auf den Begriff Management soll offensichtlich eine Form des gestalterisch-leitenden Handelns unterstreichen. Dagegen soll der Begriff System, soweit die Literatur erkennen lässt, eine wie auch immer im Einzelnen organisierte Summe von Regeln oder Regelwerken bzw. diesbezügliche „Grundsätze und Maßnahmen" (Grützner/Jakob 2015, S. 63) zum Ausdruck bringen. Generell ist zu sehen, dass der System-Begriff in den Sozial- und Wirtschaftswissenschaften zu einer gewissen Inflation tendiert. Wir machen uns das weite Feld der Terminologie hier nicht en détail zu eigen, greifen aber an mancher Stelle die in der juristisch-ökonomischen Diskussion verwendeten Begriffe für den operativen Darstellungsgebrauch auf. Offensichtlich scheinen auch die Gerichte der Vielfalt der Kategorien ein wenig zu misstrauen, setzt doch die Rechtsprechung den Begriff Compliance bisweilen behutsam in Anführungszeichen; siehe etwa die Leitsätze bei Arbeitsgericht Berlin, Urt. v. 18.02.2010 – 38 Ca 12.879/09 oder auch BGH NJW 2009, S. 3175 in Rn. 27.

[16]Wir sprechen in diesem Buch übergreifend von *Organisationen* und meinen damit jegliche organisatorische Struktur (zu Definitionsansätzen siehe Kap. 3) des öffentlichen und privaten Bereichs, also: Unternehmen, Verwaltungen, soziale Einrichtungen etc. Wir variieren stellenweise allerdings in der begrifflichen Beschreibung und sprechen dann in synonymer Absicht von *organisatorischen* und *betrieblichen* Sachverhalten. Während mit *Betrieben* üblicherweise primär privatwirtschaftliche Einrichtungen in der Umgangssprache bezeichnet werden, wird mit *betrieblich* hier ein *organisatorischer* Ablauf beschrieben und vice versa.

Die Globalisierung führt zu Regulierungsvakua, also zu einem gewissen Unvermögen der staatlichen Stellen, rechtliche Vorgaben umfassend regeln zu können. Erklärbar werden damit die Phänomene auf dem Gebiet der Ko-Regulierung, bei der Staat und private Korporationen gemeinsam Regelungswerke erarbeiten (z. B. der für Compliance viel beachtete Deutsche Corporate Governance Kodex), und auch solche der sogenannten Selbstregulierung, bei der ein Unternehmen beispielsweise Verhaltenskodizes für seine Mitarbeiter erstellt. Diese Regulierungsebenen entfalten im Hinblick auf die Compliance-Kontrolle eine hohe Bedeutung. Setzen sich Unternehmen ihre Regeln selbst, so kann beobachtet werden, zu welchen Anforderungen an die Compliance-Kontrolle man dort aus eigener und daher auch vereinzelter, fragmentierter Anschauung heraus gelangt.

Im Anschluss daran folgt in kompakter Form eine an regulatorischen Begriffen orientierte sozial- und wirtschaftswissenschaftliche Darstellung von Organisation und Management in Kap. 3. Was wird gängigerweise verstanden, wenn leichthin von Organisationen und Organisieren, von (in-)formalen Strukturen[17], Führung und Entscheidung gesprochen wird? Dabei gehen wir auf zwei der bekanntesten klassischen, d. h. bürokratisch-rationalen Führungs- bzw. Managementansätze ein. Die bürokratisch-rationalen Ansätze bilden bis heute – wenn auch mit einigen Renovierungen und Abschwächungen – die ebenso diskreten wie dominanten Denkschablonen oder Referenzpunkte jeder Compliance-adäquaten Organisation. Wo immer es um Compliance geht, werden nicht neueste, sondern gerade betagte Ansätze der Organisationsbeschreibung herangezogen. Sicherlich: Vorwiegend geschieht dies implizit, weil mit Compliance die Annahme als vorentschieden gesetzt gilt, dass grundsätzlich weitgehend „durchrationalisierte" Organisationen in der Welt bestünden. So modern die Compliance-Logik auch erscheint, so voraussetzungsvoll und etabliert sind durchaus die Grundlagen, auf die man sich mit ihr bezieht.

Neben allen formalen Abläufen finden sich in Organisationen informale bzw. inoffizielle Vorgänge, deren Präsenz der offiziellen Organisationsform in nichts nachstehen muss, sogar – was zeitweise paradox erscheinen mag – zur Stabilisierung der formalen Ordnung selbst beiträgt (Kap. 4). Die daraus resultierenden Folgen für eine Bereitstellung von Compliance-Instrumenten, gleich welcher Art, sind beträchtlich. Ohne die Abweichung von Normen scheint mithin der Bestand der Norm selbst und das System der Organisation in seiner Gesamtheit in Gefahr zu geraten. Mehr noch: Ausgerechnet mit den Brüchen und Umgehungen der Regeln werden diese in ihrem Informationsgehalt markiert, werden sozial bewusst gemacht und treten aus der Sphäre des Unbedachten in die einer problemsensiblen Wahrnehmung: Erst der Regelbruch offenbart, wie weit es mit ihm gehen kann. Ohne Konfrontation bleiben Erfahrungen

---

[17]Wir verwenden den Begriff der Struktur im Weiteren im Zusammenhang mit Formen der Bildung und Festigung organisationsförmiger Ordnung bzw. präziser mit dem Bestehen eines Gefüges von Erwartungen in Organisationen sowie im Hinblick auf deren Außenkontakte.

mit Regelsetzung abstrakt. Es geht also mehr um eine dynamische, als eine statische Erwartung der Regelabweichung. Mit Lektüre dieses Kapitels dürfte festzustellen sein, dass generelle manageriale Bestimmungen für eine erfahrungsgesättigte Beschreibung von Organisationen kaum genügen können. Denn was ohne die eindeutige, sprich offiziell legitimierte Ordnung (Ordnung qua Entscheidung) bleibt, geschieht nicht deshalb schon ohne Struktur. Drei Analysewege einer informalen Organisationsbeschreibung werden vorgestellt: Mikropolitik, Bildung und Erhalt von Netzwerken und unvollständige Vertragsbeziehungen (Prinzipal-Agenten-Theorie). Die Beiträge können insofern für die Beobachtung sensibilisieren, als dass informales Geschehen vielmals nicht trotz, sondern gerade wegen einer ausgeprägten Formalisierung zustande kommt und stabilisiert werden kann.

Die Beobachtung, dass Wirtschafts- bzw. Verwaltungsorganisationen in hohem Maße durch ihre Umwelt (insbesondere Konsumenten, Bürger, Stellenbewerber) und deren Erwartungen (Versorgungsleistungen, Produktqualität, Arbeits- und Umweltschutz, Geldleistungen, Karriereopportunitäten etc.) stimuliert werden, ist bereits in alltagstheoretischen Debatten und aus den Massenmedien bekannt. Noch differenzierter kann eine institutionelle Analyse von Organisationen, in Kap. 5, die Techniken typologisch rekonstruieren, mit welchen es Unternehmen und Verwaltungen in der Gesellschaft gelingt, sich gegenüber ihren zweckgerichtet relevanten Anforderungs- bzw. Anspruchsgruppen strukturell anzupassen und zu hinterfragen, inwieweit bestehende Kriterien, Prozesse, Instrumente einer „normgerechten" Organisation aufgrund äußerer Erwartungen geändert werden (können). Drei hauptsächliche Grundformen der Regel- bzw. Normänderung sind etabliert und stellen die maßgebliche entscheidungsmäßige Grundausstattung für die Compliance-Kontrolle bereit: Angleichung durch Beobachtung (Imitation), regulatorischer Zwang und normativer Druck.

In Kap. 6 wird der Fokus zunächst darauf gelegt, die Frage zu behandeln, ob sich die bis hier besprochenen Aspekte auch in der rechtswissenschaftlichen Diskussion wiederfinden lassen, stellt doch das Rechtswesen eines der zentralen Bezugsfelder dar. Mit anderen Worten geht es um die Frage, inwiefern Verbindungsstellen zwischen rechtlichen, sozial- und managementwissenschaftlichen Betrachtungen herausgearbeitet werden können. Uns erscheint dazu die Theoriefigur der *brauchbaren Illegalität*, ein Begriff aus der frühen Systemtheorie Niklas Luhmanns, instruktiv, um auf dessen Grundlage zu folgern, dass sich die Compliance-Kontrolle typischerweise nicht nur mit der Verhinderung von Regelabweichung befassen kann, sondern auch die Prüfung selbst zu unternehmen hat, inwieweit Regelabweichung in Organisationen innerhalb der Grenzen des Geduldeten stattfinden kann. Anders gesprochen, geht es also um die Möglichkeiten der Tolerierbarkeit des Brauchbaren. Denn Regelabweichung mindert und steigert das Maß der Unsicherheit einer Organisation, gerade auch in der Zurechnung personeller bzw.

individueller Verantwortung[18]; sie ermöglicht zum einen ein Anpassen der Compliance-Kontrolle an die sich stetig und schnell wandelnde organisatorische Umwelt. Zum anderen bestätigt oder sogar bestärkt gerade die Regelabweichung das vertraute Gefüge bestehender, auch anderer Regeln. Sie verschafft zudem Zugewinne der Legitimation und des Vertrauens im Hinblick auf die Regelungsbedürftigkeit organisierter Ordnung. Wir wollen gleich hier vorwegschicken, dass dem semantischen Verhältnis von *Norm* und *Regel* eine gewisse Spannung zugrunde liegt, die über den Verlauf des ganzen Buches bestehen bleibt und aus- bzw. durchgehalten wird. Der Gebrauch beider Termini wird in den disziplinären Bezugsfeldern dieser Einführung sichtlich variabel und ohne scharfe Grenzen gepflegt. Wir können diese Differenzierung nicht auf eine schnelle Klärung bringen, wollen jedoch darauf hinweisen, dass im abschließenden Kapitel ein Versuch der Zusammenführung aus vornehmlich juristisch-soziologischer Warte unternommen wird.[19] Da Verhaltenssteuerung häufig einer der zentralen und gewünschten Aspekte von Compliance sein soll, wird beispielhaft dargestellt, an welchen Stellen die Rechtswissenschaft auch eine Bindung von Regeln annimmt, denen keine Rechtsnormqualität zukommt. Während Kap. 2 noch in den Blick nahm, welche Compliance-spezifischen Regulierungsarten und -ebenen existieren, ziehen wir weitere Beispiele in Betracht, die faktische Bindungen auslösen (können). Es zeigt sich zum einen, dass die Befolgung von Regeln nicht nur abhängig von Rechtsnormqualität ist. Zum anderen stellen wir eine Norm aus dem Aktienrecht dar, die Normverstöße selbst antizipiert. Die Analyse zeigt, dass die Norm eine graduelle Regelabweichung potenziell ermöglicht. Die von Luhmann entwickelte Figur der brauchbaren Illegalität könnte also in

---

[18]So bilanziert kritisch Kette 2018, S. 6: „In der Zusammenschau wird deutlich, dass die Einführung eines Compliance Managements nicht-intendierte und zugleich dysfunktionale Effekte erwarten lässt. Zwar mag die Einführung eines Compliance Managements hilfreich oder gar notwendig erscheinen, um die Organisation (als juristische Person) bzw. die Mitglieder der Geschäftsleitung (als natürliche Personen) vor rechtlichen Risiken im Zusammenhang mit Regelabweichungen auf subalternen Hierarchieebenen zu schützen. Völlig eliminieren lässt sich die Unsicherheit der Verantwortungszurechnung jedoch auch durch Einführung eines Compliance Managements nicht." Kette positioniert, dass die Errichtung von Compliance-Management Blame-Game-Dynamiken anregen würde: „Das Hintergrundproblem des Compliance Managements ist dann weniger die Sicherstellung faktischer Regelkonformität als vielmehr die Frage, wer sich zu verantworten hat, wenn Regelverstöße offenkundig werden." (S. 5). Es sei hierbei zunächst unerheblich, ob nach einer juristischen Aufarbeitung von Regelverstößen Verantwortung auf einen Mitarbeiter zuzurechnen wäre. „Vielmehr ist es genau diese *Unsicherheit,* die das komplexe Spiel von demonstrativer Regeleinhaltung, tastender Regelabweichung und Versuchen der absichernden Verantwortungsweiterreichung evoziert." (S. 5). Wir werden uns auf diese Aspekte im Weiteren an verschiedener Stelle noch beziehen.

[19]Nichtsdestotrotz ist etymologisch festzustellen, dass (dem lateinischen Wortursprung nach) die Norm selbst zunächst mit „Richtschnur, Regel, Maßstab" umschrieben wird (Duden Etymologie 1997: 490, Sp. b). Ein rechtstheoretisch-soziologischer Zugriff kann indes weitergehende Unterscheidungsbedarfe angezeigt lassen.

dieser Norm eingepreist sein. Daher nimmt die brauchbare Illegalität in unserem Text insgesamt eine prominente Rolle ein. Damit verbunden ist an verschiedener Stelle die (kurze) Vertiefung weiterer, mit der brauchbaren Illegalität eng in Verbindung stehenden systemtheoretischen Grundbegriffe (insbesondere Kap. 3 und 7); auch deshalb, da diese die rechts- und organisationssoziologische Diskussion von Norm- bzw. Regelabweichungen nachhaltig prägen.[20]

Im abschließenden Kap. 7 folgern wir aus den unternommenen rechtlichen und soziologischen Betrachtungen in Bezug auf diese Norm dahin gehend, dass diese funktional und inhaltlich als Kontrollmechanismus einem Compliance-System ähnelt. Wie vorangehend festgestellt, scheint es zunächst so, dass mit Compliance einerseits die Unsicherheit in der Organisation vermindert werden kann, zugleich aber andererseits (paradoxerweise und vielleicht in beträchtlichem Maße) neues Unsicherheitspotenzial geschaffen werden kann. Wir sehen in den diesbezüglichen Bestimmungen das Ergebnis vor allem einer solchen Rechtsbildung, die zwischen auf Individuen zurechenbaren Facetten und solchen des organisatorischen Systems oszilliert. Ferner gehen wir im Schlusskapitel auch auf einige Missverständnisse um den Begriff der brauchbaren Illegalität ein und kommen mit einem eigenen Ansatz zu dem Vorschlag einer zweiseitigen Entwicklung der Compliance-Kontrolle.

Wir haben auf eine gesonderte kritische Würdigung des gewählten Theoriematerials verzichtet, da im Text bereits auf wesentliche Vorzüge und Grenzen der jeweiligen Perspektiven auf Organisation und Management hingewiesen wurde. Kritische Überlegungen werden wiederkehrend eingespielt. Selbsterklärend kann keiner der verwendeten und selbst (weiter-)entwickelten Ansätze eine universelle Deutung beanspruchen. Erst in der Gesamtheit der Beiträge wird ein sorgsam geschaffener Zugang wahrscheinlich. Da es nicht pauschal die „richtigen" oder „falschen" Ein- oder Ansichten geben kann, soll der Zweck des Bandes zuvörderst in der Vorstellung zuweilen bewusst umwegig entfalteter, auch bleibend kontroverser und konfligierender Informationen bestehen. Die Schlussfolgerungen und Beobachtungen gründen sich dabei auch auf eigene Forschungserfahrung in so unterschiedlichen Organisationen wie Unternehmen, Behörden, Banken und Kirchen. Ein dem Text sicher anzumerkender Pluralismus soziologischer, juristischer und ökonomischer Perspektiven führt zwangsläufig auch dazu, dass es in der jeweiligen Disziplin immer wieder einzelne Punkte gibt, zu denen die jeweils andere noch einiges hinzufügen oder auch bestreiten könnte. Aufgrund fachlicher Präferenzen werden Leser mehr oder weniger zu der einen oder eben der anderen disziplinären Auskunft tendieren; es wird ihnen das eine plausibler und verträglicher erscheinen als das andere, ohne dass man darüber ein befriedigendes Maß Sicherheit gewönne, mit welchem Ansatz man denn nun richtig liegt. Die Pointe muss erlaubt sein, dass eben diese Ungewissheit den typischen Charakter des hier zu behandelnden Gegenstandes insgesamt abbildet.

---

[20]Für aktuelle Beiträge der systemtheoretischen Organisationsforschung und -theorie siehe Kette 2018; Schütz/Bull 2017. Eine Einführung in den Gegenstand der Organisation bietet Kühl 2011.

So ist der Band als ein Versuch zu sehen, über die Materialbestände verschiedener am Gegenstand interessierter Beobachtungsstellen zu berichten und zugleich den Blick dafür zu weiten, inwieweit die Perspektiven einander ergänzen können. Damit verbunden bleibt die Hoffnung, hieraus weitere Einsichten zu gewinnen, die bestenfalls auch im praktischen Handeln zu Ertrag und Erträglichkeit im Umgang mit dem spannungsgeladenen Thema der Compliance-Kontrolle beitragen mögen. Allerdings bedarf es keiner großen Erklärung, dass ein Beitrag wie der vorliegende in engen Bezügen zu aktuellen rechtlichen und ökonomischen Maßnahmen der Compliance-Kontrolle steht. Insofern ist hier lediglich ein erster Aufriss gemacht, der aber, so sind wir sicher, mit absehbarer Zeit einer schrittweisen Weiterentwicklung bedarf. Alles aber, was heute schon dringend zu sehen ist und dennoch in diesem Band vermisst werden mag, geht selbstredend auf das Konto der Autoren. Für diesbezügliche Rückmeldungen und Anregungen sei daher bereits jetzt gedankt.

Oldenburg (Oldb.) und Bonn, im August 2018
Marcel Schütz, Richard Beckmann, Heinke Röbken

In diesem ersten Kapitel wird auf Compliance aus einer Makroperspektive geblickt: Was macht Compliance aus? Die übliche Definition von Compliance scheint eindeutig zu sein. Wohlgemerkt: „scheint". Die Praxis zeigt, dass sich Unternehmen um Rechtskonformität mühen. Die Umsetzung von Compliance ist mit vielen Hürden verbunden, mithin eine komplexe Organisationsaufgabe. Woran liegt das? Welche Faktoren beeinflussen Compliance? Bereits die Ausführungen des ersten Kapitels werden zeigen, dass Compliance verschiedentlichen Einflüssen ausgesetzt ist. Und die Umsetzung von Compliance beeinflusst wiederum einen Reigen an Interessengruppen. Schnell zeigt sich, dass das scheinbar Einfache und Eindeutige sich bei genauerem Blick als schwierig und komplex darstellt: Wirklich eindeutig am Thema Compliance ist die ihm anhaftende Uneindeutigkeit selbst.

2.1 Eine Annäherung an Compliance

Das Ziel scheint klar vorgegeben zu sein und die Definition eindeutig: Compliance ist die Einhaltung von Geboten.[1] Werden die Gebote eingehalten, kann Haftung vermieden werden. Bei dieser Selbstverständlichkeit[2] dreht sich der Diskurs um Compliance daher

---

[1] Vgl. etwa Hauschka/Moosmayer/Lösler 2016, § 1 Rn. 2; Bussmann 2009, S. 506.

[2] In diesem Sinne Bussmann 2009, S. 506; vgl. auch die vielzitierte Bezeichnung der „Binsenweisheit", dass Unternehmen, Organmitglieder und Mitarbeiter im Einklang mit geltendem Recht handeln müssen, etwa Schneider 2003, S. 646.

häufig darum, wie denn die Befolgung der Gebote etwa durch ein Unternehmen selbst,[3] dessen Geschäftsführer und Mitarbeiter gewährleistet werden kann.

Blickt man hingegen noch einmal auf die Definition, „die Einhaltung von Geboten", können Zweifel entstehen. Was ist in diesem Zusammenhang mit Geboten gemeint? Sind damit ausschließlich rechtliche Gebote angesprochen, oder geht es ebenso um Regelungen, die sich in irgendeiner Form unterhalb dieser Ebene bewegen? Überhaupt: Werden Gebote immer eingehalten? Wenn nein, ist dann noch davon zu reden, dass Compliance tatsächlich die Einhaltung von Geboten *ist?* Oder müsste man Compliance nicht vielmehr als einen Mechanismus ansehen, der die Einhaltung *bezweckt* oder *bezwecken kann?* Und: Sollten Gebote denn auch immer eingehalten werden?

An diese Fragen wird sich in diesem Band angenähert. Das, was bei Compliance vielleicht selbstverständlich und sicher erscheint, stellt sich schnell als komplex dar. Zeugnis dieser Komplexität sind sicherlich zugleich auch die Unsicherheiten, mit denen die Praxis sich in der Umsetzung von Compliance konfrontiert sieht. Insoweit ist bemerkenswert, dass sich diese Unsicherheiten schon auf viel grundlegenderer Ebene widerspiegeln. Bereits auf die Frage, welchen Ursprungs Compliance ist, kann keine klare Antwort gegeben werden. Vorgeschlagen wird die Medizin, die Pharmakologie, die US-Exportkontrollgesetzgebung zu den Zeiten des Kalten Kriegs, die anglo-amerikanischen Banken- und Finanzwelt[4], die strafrechtliche Haftungsvermeidung von US-Kapitalgesellschaften oder die Prävention von Kartellverstößen.[5] Einigkeit besteht insoweit nur darin, dass all diese Ursprünge in den USA zu finden seien.

Wenn Compliance mit allerlei Unsicherheiten verbunden ist, kann der Gegenstand dieses Buches auch nur eine Annäherung an das sein, was Compliance ist, was sie gewährleisten soll, und ob sie die an sie gestellten Anforderungen überhaupt erfüllen kann und tatsächlich auch sollte. Damit ist dieses Buch ein Versuch, aber auch ein Angebot zugleich. Denn die wenigen Fragen, die in den vorangegangenen Absätzen aufgeworfen wurden, rufen bei Juristen, Ökonomen und Soziologen wiederum unweigerlich unterschiedliche Assoziationen und Erklärungsansätze hervor. Insofern ergibt sich aus der doch scheinbar offensichtlichen Lage und der klaren Zielrichtung für das, was Compliance erreichen will, ein komplexes Problem. Dieses Problem verbleibt aber nicht nur in der Theorie, sondern stellt sich auch dem Praktiker. Um es kurz zu sagen: Compliance als organisatorische Regelleitung zur Haftungsvermeidung stellt eine Vielzahl an Anforderungen an das Unternehmen und ist eine fordernde Organisationsaufgabe. Daher sucht dieses Kapitel aus einer Makroperspektive danach, warum und woher sich die vielen

---

[3]Die Einführung eines Unternehmensstrafrechts ist in Deutschland immer wieder Gegenstand der Diskussion. Bislang ist nur eine Bebußung durch das OWiG möglich. Änderungen zu einem Verbandsstrafrecht werden auch in der Presse vor allem im Zuge des „VW-Skandals" diskutiert, vgl. jüngst Hoven/Kubiciel, in: DIE ZEIT Nr. 4 v. 18.01.2018, S. 12.

[4]Jux/Saby 2017, S. 353.

[5]Eufinger 2012, S. 21.

Anforderungen überhaupt ergeben. Der Begriff der Makroperspektive wurde hier bewusst gewählt, weil in den anschließenden Kapiteln eine organisationale, und später mit rechtlichen Aspekten verschränkte, Mikroperspektive eingenommen wird.

Auch wenn an dieser Stelle bereits auf die Komplexität von Compliance (und ihrer Umsetzung) hingewiesen wurde, könnte es beruhigen, dass die deutsche Rechtswissenschaft mehrheitlich eine grundsätzliche, allgemeine *Rechts*pflicht zur Einrichtung von Compliance-Programmen und -Maßnahmen nicht annimmt.[6] Gemeinhin wird dies damit erklärt, dass man vor allem kleinen Unternehmen derartige Maßnahmen nicht abverlangen kann. In großem Maße sind die Compliance-betreffenden Herausforderungen daher abhängig vom Gegenstand des Unternehmens, seiner Rechtsform, der Größe, der In- und/ oder Auslandstätigkeit.[7] Doch selbst wenn eine Rechtspflicht nicht bestehen mag, kann wettbewerblicher Druck eine Einführung eines solchen Compliance-Systems bedingen. Je internationaler das Unternehmen agiert und je vielfältiger die vertriebenen Produkte und Dienstleistungen sind, umso mehr Interessen muss das Unternehmen bedienen. Damit steigen sowohl die Risiken wie etwa die von Rechtsverstößen an, als auch die Herausforderungen der Compliance-Kontrolle.[8]

Bereits die Konkretisierung von Compliance als „Einhaltung von Geboten" hatte einige Fragen aufgeworfen. Es zeigt sich, dass sich diese Gebote durch verschiedene Regulierungsarten ergeben können und bei Compliance keinesfalls nur Rechtsnormen gemeint sein können. *Rechtsnorm* wird hier als hoheitlich gesetzte und damit verbindliche, weil gerichtlich durchsetzbare und sanktionsbewehrte Norm verstanden. Darunter fallen z. B. formelle und materielle in- und ausländische Gesetze oder Rechtsverordnungen. In vielen Fällen mag die Einordnung einer Regelung als Rechtnorm zweifelsfrei gelingen. Schnell finden sich aber auch Zweifelsfälle, etwa wenn die Norm nicht durch ein Gesetzgebungsverfahren entstanden ist, die Wirkungen dieser Zweifelsnorm jedoch ähnlich wie die einer Rechtsnorm beschaffen sind.

Ein solcher Zweifelsfall liegt etwa bei dem Deutschen Corporate Governance Kodex vor, der verschiedentliche Empfehlungen ausspricht, die auch Compliance betreffen. Der Kodex ist kein Rechtssatz,[9] weil er ohne Gesetzgebungsverfahren entstanden ist, sondern von einer Regierungskommission entwickelt wurde.[10] Bei der Erstellung des

---

[6]Vgl. Hauschka/Moosmayer/Lösler 2016, § 1 Rn. 30 m. w. N.; Bussmann 2009, S. 512 umreißt es in der Art, dass „nicht de jure, aber de facto eine solche Pflicht" bestünde. Siehe auch Ohrtmann 2009, S. 7. Andere Ansicht Schneider 2003, S. 648 und Sonnenberg 2017, S. 917.

[7]Ohrtmann 2009, S. 4; Kort 2008, S. 83.

[8]Moosmayer 2015, S. 1.

[9]Vgl. Hauschka/Moosmayer/Lösler 2016, § 1 Rn. 31; Wieland 2014, S. 16. Siehe auch in Bezug auf die Änderungen des Deutschen Corporate Governance Kodex für 2017: Koch 2016, S. I, der dies als „ausgesprochen schwankendes juristisches Fundament" bezeichnet. Zum Ganzen: Mense/Klie 2017, S. 771 ff.

[10]Hierzu auch Kap. 6.

Kodizes haben der Staat *und* Private zusammengewirkt – für letztere etwa Vertreter von kapitalmarktorientierten Unternehmen. Vor allem in Bezug auf dessen Wirkungen wird der Kodex auch als „Verhaltensregel mit gesetzesähnlicher Wirkung" bezeichnet.[11] Im Hinblick auf die Schaffung wie auch im Hinblick auf die Bindungswirkungen, die denen eines Gesetzes ähnlich sein können, eröffnet man für derartige Regelwerke die Kategorie der sogenannten *staatlich-privaten Koregulierung*.[12] So wiederholt der Deutsche Corporate Governance Kodex einerseits gesetzliche Vorschriften und spricht andererseits auch Empfehlungen und Anregungen für die Unternehmen aus. Insofern soll der Kodex eine „Selbstverpflichtung der Wirtschaft" für „gute und verantwortungsvolle Unternehmensführung" gewährleisten.[13] Vereinfacht gesprochen,[14] soll die Befolgung des Kodizes mit einem in § 161 AktG niedergelegten sogenannten *comply or explain*-Prinzip sichergestellt werden. Falls ein Unternehmen von den Empfehlungen abweichen will, muss es sich hierüber erklären. Hiermit wird Rechtfertigungsdruck aufgebaut, der von einer Abweichung abhalten soll.

Eine weitere Ebene einzuhaltender Gebote kann sich neben den Rechtsnormen und der staatlich-privaten Koregulierung aus der *Selbstregulierung* ergeben. Bei Gesellschaften fällt etwa die Satzung im Sinne der Verfassung der Gesellschaft hierunter wie auch Ethikgrundsätze und Verhaltenskodizes.[15] Letztere werden in der Praxis genutzt, um Compliance auch unternehmensintern einen Ausdruck zu verleihen. Selbstregulierung funktioniert dabei häufig durch Selbstbindung, also freiwilliger Selbstverpflichtung. Doch kann auch die Selbstregulierung wiederum angeleitet sein. Daher sind hier die Grenzen der Selbstregulierung zur „höheren Ebene" der staatlich-privaten Koregulierung fließend, sodass von „regulierter Selbstregulierung" gesprochen werden kann.

2.2   Compliance im Spiegel staatlicher Regulierung, staatlich-privater Koregulierung und Selbstregulierung sowie Hard Law und Soft Law

Vor allem im globalen Kontext wird die Trichotomie zwischen staatlicher Regulierung, staatlich-privater Koregulierung und Selbstregulierung in einer anderen Schwerpunktsetzung als Dichotomie zwischen Hard Law und Soft Law gesehen. Hard Law beschreibt hoheitlich gesetztes und aus diesem Grunde verbindliches Recht. Soft Law fehlt diese hoheitliche Setzung. Soft Law versteht sich also als Regelungen, Leitlinien, Standards

---

[11]Hüffer/Koch 2016, § 161 Rn. 4.

[12]Der Begriff „staatlich" ist hier weit gemeint. Er bezieht auch hoheitliches Handeln z. B. durch den europäischen Gesetzgeber mit ein. Auf eine etwaige Bezeichnung als „hoheitlich-privat" wurde hier verzichtet, damit nicht die Gefahr der Annahme besteht, hiermit sei hoheitliches Handeln durch Private gemeint.

[13]Vgl. Regierungskommission Deutscher Corporate Governance Kodex.

[14]Siehe hierzu auch unten in Kap. 6.

[15]Vgl. etwa Merkt 2014, S. 1706.

oder Empfehlungen,[16] die nicht durch Gesetzgebungsverfahren entstanden sind, sondern durch private Akteure oder unter deren Mitwirkung. So lassen sich Rechtsnormen als Hard Law einordnen, wohingegen beispielsweise der Deutsche Corporate Governance Kodex ein Produkt staatlich-privater Koregulierung ist und damit Soft Law darstellt. Auch die Selbstregulierung fällt in die Kategorie des Soft Law.

Doch finden sich auch zwischen Hard und Soft Law viele Grenzfälle, die nicht klar in die eine oder die eine Kategorie eingeordnet werden können. Dies ist dem Umstand geschuldet, dass die Übergänge zwischen Hard und Soft Law fließend bzw. dass Hard und Soft Law verschränkt sein können.[17] Denn auch Soft Law kann eine Sanktionswirkung zukommen,[18] die sich nicht wie bei Hard Law aus der gerichtlichen Durchsetzbarkeit ergibt, wohl aber etwa durch faktischen, z. B. wettbewerblichen Druck. Insoweit scheint die Differenzierung zwischen Hard und Soft Law vor allem über den Regelsetzer zu erfolgen und weniger über die Folgenseite. Würde man allein die Rechtsverbindlichkeit betonen,[19] so würde z. B. auch eine Abgrenzung zu Verträgen schwierig sein. Denn auch diese sind gerichtlich durchsetzbar. Die Rechtsverbindlichkeit von Hard Law folgt aber gerade aus der hoheitlichen Setzung. Damit ist die Form der Regelsetzung zwar eine andere, wobei sich allerdings die Folgen von Hard und Soft Law einander angleichen können.

Ein Blick in die Compliance-spezifische Literatur offenbart, dass die Herausforderungen für Unternehmen aus Hard und Soft Law stetig steigen. Dies betrifft gleichermaßen die Anforderungen, die der Gesetzgeber an die Unternehmen stellt, wie die Selbstbindung der Unternehmen im Sinne der Ko- oder Selbstregulierung. Bisweilen ist in diesem Zusammenhang auch von einer unüberschaubaren Normflut die Rede. Zur Erklärung der steigenden Anforderungen für die Unternehmen werden Facetten und Wirkungen des Schlagwortes Globalisierung auch für das Feld der Compliance herangezogen. Kurz nachgezeichnet, äußern sich diese Stimmen wie folgt: Durch die wachsende weltweite Vernetzung der Menschen (und damit zugleich der Unternehmen) und einem ihr folgenden Wertepluralismus schwindet das Vermögen des einzelnen Staates – der ohnehin territorial beschränkt ist –, die Steuerungsprozesse in Bezug auf die Schaffung von umfassenden sowie wirkungsvollen (Rechts-)Regeln allein bei sich bündeln zu können. Es entstehen „Regulierungsvakua"[20] oder „Governance Gaps"[21]. Um diese zu schließen, müssen die Staaten den gemeinsamen

---

[16]Diese beispielhafte Aufzählung soll die verschiedenen Erscheinungsformen von Soft Law im Kontext mit Compliance verdeutlichen und erhebt keinen Anspruch auf Vollständigkeit.

[17]Vgl. zum Ganzen Palazzo/Rasche 2014, S. 1096, 1098 f.; Spießhofer 2016, § 11 Rn. 1, 43.

[18]Die Bestimmung des Verhältnisses zwischen Norm und Sanktion ist schon lange Gegenstand einer breiten Debatte. Umstritten ist insbesondere, ob die Sanktion Bedingung für das Vorliegen oder die Wirksamkeit von Normen ist oder ihr nur zusätzliche Wirksamkeit verleiht. Siehe zum Streitstand etwa Engländer 2013, S. 193 ff.

[19]So Ehricke 1989, S. 1907.

[20]Scherer/Palazzo/Butz 2015, S. 341.

[21]Spießhofer 2016, § 11 Rn. 1.

Dialog vertiefen. Exemplarisch sei hier der notwendige Ausbau der Zusammenarbeit auf europäischer Ebene genannt, aber auch das Handeln der OECD und der UN.

In diesem Zusammenhang sind unter dem Schlagwort der sogenannten Corporate Social Responsibility viele Regelwerke entstanden.[22] 1976 hatte die OECD Leitlinien für multinationale Unternehmen erstellt, die 2011 aktualisiert worden sind. Auch die Vereinten Nationen blieben mit dem UN Global Compact von 2000 nicht untätig. Die ISO hat einen Leitfaden zur gesellschaftlichen Verantwortung (ISO 26000:2010) herausgegeben sowie in den ISO-Normen 19600:2014 und 31.000 Worte zum Risikomanagement verloren. Ferner sind auf deutscher Ebene der IDW PS 980 von 2011 zu nennen oder im Vereinigten Königreich der UK Bribery Act als Leitlinie des britischen Justizministeriums von 2010.[23]

Auch die EU befasst sich in mehrfacher Hinsicht mit der Frage nach unternehmerischer Verantwortung. So wurde beispielsweise von der Kommission im Jahr 2011 „Eine neue EU-Strategie (2011–2014) für die soziale Verantwortung der Unternehmen" eingeführt und der Leitfaden „Wettbewerbsrechtliche Compliance" (2012) herausgegeben. Im Übrigen sollen alle großen europäischen Unternehmen verpflichtet sein, mindestens den UN Global Compact, die OECD-Leitsätze oder ISO 26000 bei der Entwicklung ihrer Strategie der Corporate Social Responsibility zu berücksichtigen. Nimmt man diesbezügliche EU-Rechtsakte hinzu, liegt ein *smart mix*-Ansatz der EU[24] vor, der zwischen Rechtsverbindlichkeit und Ausspruch von Empfehlungen steht, also Hard und Soft Law verschränkt.[25]

---

[22]Siehe hierfür Spießhofer 2016, § 11 Rn. 12 f.; 24 ff.; 33.

[23]Siehe die ausführliche, wenngleich beispielhaft verbleibende Aufzählung verschiedener Standards bei Pauthner/Stephan 2016, § 16 Rn. 68.

[24]Spießhofer 2016, § 11 Rn. 33.

[25]Eine häufige Gemeinsamkeit derartiger Ansätze ist, dass sie nicht mehr lediglich die Haftungsvermeidung von Unternehmen und Unternehmensleitung in den Blick nehmen. Vermehrt wird nachhaltiges Handeln berücksichtigt und empfohlen, das sich nicht aus Angst vor der Sanktion, sondern aus Überzeugung speist. Zudem geht es häufig um *effiziente* Compliance-Management-Systeme (vgl. jüngst Jux/Saby 2017, S. 354). Darüber, was „Effizienz" im Einzelfall bedeuten soll bzw. unter welchem Effizienzkriterium bestimmte Maßnahmen betrachtet werden, wird geschwiegen. Freilich ist schwierig, bestimmte Kriterien von außen vorzugeben, wenn man dem Unternehmen in der Gestaltung und Ausformung der Compliance-Maßnahmen einen Spielraum geben muss (dies verlangt zumindest das Gesetz [und kein Guideline] für Aktiengesellschaften, vgl. unten Kap. 6). Übersetzt man Effizienz hier im weiten Sinne eines schonenderen Einsatzes von Ressourcen, um die soziale Wohlfahrt zu steigern, so zeigt sich jedoch, dass die geforderten Methoden und letztlich die Beurteilungskriterien durchaus unklar sind. Zwar soll an dieser Stelle nicht weiter auf den Effizienzbegriff in der Compliance-Diskussion eingegangen werden. Doch zeigt sich hier die bereits angesprochene Uneindeutigkeit von Compliance anschaulich: Das Effizienzziel von Compliance scheint eindeutig – denn wer hätte gegen Begriffe wie Nachhaltigkeit und Effizienz etwas auszusetzen? Der Preis für die Flexibilität ist hier damit ein gehöriges Maß an Uneindeutigkeit. Zu diskutieren wäre in diesem Zusammenhang daher, wann diese Begriffe einen *zu weiten* Spielraum lassen, also die Uneindeutigkeit zu groß ist, sodass sie für mehr Unsicherheit sorgen.

Wie bereits dargestellt, können die Wirkungen von Soft Law ähnlich wie die von Hard Law beschaffen sein. Daher kann der Begriff des Soft Law durchaus kritisch gesehen werden, weil dieser „Ausdruck zugleich eine Form (Law) in Anspruch nimmt und diese Inanspruchnahme dementiert (Soft)."[26] Zugespitzt ließe sich vielleicht von einem scheinbar sich seiner eigener Revision ausliefernden Rechtsbegriff sprechen. Nichtsdestoweniger ist Soft Law gerade bei internationaler Interaktion ein wichtiges Mittel, bindende Entscheidungen zu gewährleisten, wenn hierzu eine Letztinstanz fehlt: Vielfach wird Soft Law trotz fehlender Rechtsverbindlichkeit und fehlender hoheitlicher Setzung beachtet und befolgt.[27] Soft Law bzw. *Soft Regulation* als „Technik" des Schaffens von Soft Law scheint gerade dort probat zu sein, wo Bindungen an eine gesatzte Ordnung nur schwierig durch stabile Normen im Sinne von Hard Law erreicht werden können. Insbesondere auf globaler Ebene werden dynamische Eigenbindungen präferiert, weil effektiven Letztinstanzen (wie Gerichte) zumeist fehlen.[28] Dies wird auf internationaler Ebene augenfällig, auf der die *Kommunikation* der Beteiligten und das *Entscheiden im Konsens* ein bindendes Verfahren vorgeben, die als indirekte Steuerung eine Bindung forcieren. Die Kontrolle der Folgebereitschaft durch Öffentlichkeit sowie relevante Interessenten wie Nichtregierungsorganisationen wird dann wahrscheinlich(er).[29]

Gerade weil es mit Soft Regulation nicht auf unbedingte Stabilisierung der Norm hinausläuft, bieten sich überhaupt die Möglichkeiten dynamischer Normbildung, die dann doch umso *härter* bleiben, eben weil auf eine übermäßige Härtung durch hoheitliche Setzung und zwingende gerichtliche Einklagbarkeit verzichtet wird. Auch ist die softe Norm Ergebnis eines eigenen Kommunikationsakts und wird möglicherweise auch deshalb eingehalten, wenn und weil sie Raum für Flexibilität gibt. Soziologisch gesehen, könnte man dabei eine Art informale Formalisierung erwarten, die auf einer eigentümlichen Unentschiedenheit der Normstabilität beruht. Auch die softe Norm bedarf ihrer wie auch immer gefestigten Anerkennung, d. h. möglicherweise auch eines Formalisierungsprozesses allein dadurch, indem an eine Sanktion geglaubt wird. Auch Möllers folgert, dass möglicherweise bereits die Setzung von Soft Law „eine Anerkennung ihres Inhalts zum Ausdruck bringt."[30] Allerdings gilt zugleich: Wenn es mit der Anerkennung des Informalen übertrieben wird, droht ihr Erfolg zu schwinden. Wird Informales formalisiert, so ergeben sich neue Formen des Informalen und der Abweichung gegen die geschaffenen Regelungen.[31] Soft Regulation bindet gleichsam

---

[26]Möllers 2015, S. 138 Fn. 28 m. w. N.

[27]Möllers 2015, S. 138 weist insbesondere auf die diesbezügliche Diskussion im Völkerrecht hin.

[28]Heintz 2014, S. 239 ff.

[29]Heintz 2014, S. 232.

[30]Möllers 2015, S. 138.

[31]Siehe hierzu noch unten.

ungeahnte Ressourcen, die offenbar gerade dann geschöpft werden können, wenn Norm und Fall in einem Verhältnis „distanzierter Nähe" verbleiben; also wenn die Norm in der Entscheidungsflexibilität der Gegebenheiten an das *noch* oder *nicht mehr* Zulässige erinnert.

Damit wird sich die Diskussion in diesem Band nicht allein um die Sanktionswirkung der Regelungen drehen. Denn Abschreckung als präventive Verhinderung von Fehlverhalten ist nicht zwangsläufig wirksam, sondern kann auch Gegenreaktionen hervorbringen, indem die Verhaltensweisen erzeugt werden, die eigentlich verhindert werden sollten.[32] Zu erwägen wäre, ob und wann die Unterwanderung der formalen Norm selbst zu einer neuen informalen Norm werden kann.[33] Vor allem gilt für den Compliance-Diskurs, dass auch das bloße Aufzählen[34] einzuhaltender (Rechts-)Regeln dazu führen kann, dass sich die oben angesprochene Normflut[35] noch deutlicher abzeichnet und die Gegenreaktionen durch die eigentlich intendierten Normbefolger zur Unterwanderung der Norm zunehmen.[36] Denn es gilt auch, dass allein die Kenntnisnahme von Normen noch keine Schulung ist.[37] Daher wendet sich der wissenschaftliche Diskurs vermehrt der Verinnerlichung von Normen, der Sozialisation des Einzelnen im Unternehmen, also einem „Wertemanagement" zu, das Handeln nicht aus Angst vor Sanktion, sondern aus Überzeugung ermöglichen soll.[38] Aber auch diese Überlegungen werden schnell in ihr Gegenteil verkehrt: Auch wenn unternehmensinternes Handeln des Mitarbeiters von einer Unternehmenskultur getragen sowie aus ethischer Überzeugung und Sozialisation erfolgen soll, sollte man dies nicht zum Anlass nehmen, den Einzelnen „erziehen" zu wollen. Schulungen sind das eine; etwaige Brettspiele[39] oder Comics[40] rücken dagegen erstaunlich nahe an das Behandeln der Mitarbeiter als „Kinder"[41]. Mitarbeiter werden

---

[32]Palazzo/Rasche 2014, S. 1091. Auch in anderen Kontexten treten „Erst-Recht-Effekte" auf. So zeigen beispielsweise empirische Untersuchungen in den USA, dass überzogene Sanktionsmechanismen im Bereich des Urheberrechts bei illegalem Filesharing zu sogenannten Backlash-Effekten führen: Downloadaktivitäten können zunehmen, je härter die Sanktion ist, vgl. in diesem Kontext zum Zusammenspiel rechtlicher und sozialer Normen: Frey 2014, S. 556.

[33]Siehe hierzu noch unten.

[34]Vgl. Podolski/Legal Tribune Online v. 08.01.2016 mit einem Artikel über eine IT-Datenbank einer Kanzlei, die im Jahr 2014 fast 140.000 Paragrafen umfassen würde und selbstständig Pflichtenkataloge für Unternehmen erstellen könne.

[35]Schneider 2003, S. 646.

[36]Im Zusammenhang mit Compliance auch als Compliance-Paradox bezeichnet bei Bussmann 2016, S. 50 f.

[37]Steuber 2012, S. 1170.

[38]Statt vieler Wieland 2008, S. 15 ff.

[39]CompCor Compliance Solutions GmbH & Co KG – Brettspiel.

[40]CompCor Compliance Solutions GmbH & Co KG – Comics.

[41]Siehe den Vergleich von Compliance mit Kindererziehung bei Managerhaftung – Compliance – Spielregeln für Unternehmen.

Unmündige.[42] Man wird dies als Infantilisierung von Mitarbeitern und Organisations-strukturen registrieren können, so wie banalisierende Beschreibungen seit einiger Zeit auch in anderen Managementthemen zu beobachten sind. Es gibt in der Wirtschaftspresse eine regelrechte Dramatik psychologisierender Typenbestimmung. Was damit vor allem erreicht wird, ist eine Unterbeschreibung organisationaler Abhängigkeiten.[43]

Möglicherweise rührt diese Unterbeschreibung auch daher, weil vereinfacht werden muss, wo es scheinbar geht und gerade dann, wenn die Verunsicherung groß ist. Denn gerade bei Compliance ist eine Verunsicherung zu verzeichnen, welche Regeln überhaupt gelten und einzuhalten sind. Dieses Unsicherheitspotenzial kann sich womöglich dann noch größer darstellen, wenn Private an der Gesetzgebung mitwirken. Neben den mög-licherweise resultierenden demokratietheoretischen Problemen kann auch das allgemeine Vertrauen in die staatlichen Institutionen sinken.[44] Dennoch scheint es an vielen Stellen, also nicht nur bei der Gesetzgebung, im Interesse des Staates zu sein, mit den privaten Akteuren zusammenzuarbeiten. Dies hat sicherlich auch eine Entlastungsfunktion für den Staat, wenn er bestimmte Aufgaben nicht mehr wahrnehmen muss. Umgekehrt liegt es auch im Interesse der Unternehmen und ihrer Stakeholder, Einfluss auf die Gesetz-gebung zu haben.[45] Je attraktiver die Zusammenarbeit zwischen Privaten und dem Staat ist, desto eher wählen – insbesondere die multinationalen – Unternehmen die ihnen zusagenden politischen Rahmenbedingungen.[46] Für den Staat ist dies insoweit inte-ressant, als dass die Ansiedlung von Unternehmen Arbeitsplätze und Steuereinnahmen schafft. Ob des gewachsenen Einflusses multinationaler Unternehmen als „Typus der grenzüberschreitenden Organisation"[47] wird daher teilweise davon gesprochen, dass diese aktive Mitgestalter der „Spielregeln"[48] werden. Zugleich wachsen damit aber die

---

[42]Steuernagel/B. Frey, in: DIE ZEIT Nr. 17 v. 14.04.2016, S. 31.

[43]Siehe die Kritik von Kühl 2013 zur demonstrativ dramatischen Darstellung von Führungskräften in der Wirtschaftsliteratur.

[44]Vgl. aber die (recht geringe) Anzahl der Gesetzesentwürfe, die mithilfe externer Unternehmen ergangen sind: Kleine Anfrage u. a. der Fraktion DIE LINKE, Bundestagsdrucksache 16/14133 oder auch die Kleine Anfrage u. a. der Fraktion BÜNDNIS 90/DIE GRÜNEN Bundestagsdruck-sache 17/9266 oder auch Wetzel – The World Bank, 2016. Dennoch sind die Wege der Kooperation nicht immer sehr transparent, was im Zentrum einiger Kritik steht, siehe etwa Transparency Inter-national Deutschland e. V.

[45]Cragg 2005, S. 11 f.

[46]Palazzo/Rasche 2014, S. 1093.

[47]Mense-Petermann 2012, S. 43.

[48]Beschorner 2015, S. 172. Unternehmen treten durch ihre Wahrnehmung öffentlicher Interessen teil-weise „staatsähnlich" auf und werden daher als *corporate citizens* bezeichnet, vgl. Scherer/Palazzo/ Butz 2015, S. 354; wiewohl auch zunehmend staatliche Gebilde eine Verorganisierungstendenz (d. h. insbesondere der Konstruktion von Organisationscharakter) aufweisen können, siehe Brunsson/ Sahlin-Andersson 2000, S. 721 ff.

gesellschaftlichen Erwartungen an Unternehmen: Der Druck hin zu Unternehmenstrans-
parenz nimmt durch erhöhte mediale Aufmerksamkeit, das Internet und die Arbeit von
Nichtregierungsorganisationen zu.[49] Wachsen die Erwartungen an die Unternehmen,
wächst damit aber auch ihre gesellschaftliche Verantwortung.[50] Die Schaffung eines
globalen Ordnungsrahmens ist damit eine Kernfrage des Governance-Diskurses.[51]

2.3   Gesellschaftliche Verantwortung von Unternehmen

Die nachhaltigkeitsbetonte, gesellschaftliche Verantwortung von Unternehmen[52] ist ein
altes Thema, das in Zeiten der Globalisierung mit neuen Facetten diskutiert wird.[53] Auf
internationaler Ebene knüpft man dabei an den bereits genannten Begriff der Corporate
Social Responsibility an, wohingegen die aktuelle Fassung des Deutschen Corporate
Governance Kodizes von 2017 in der Präambel die alte Institution des Kaufmanns aufgreift: Das Wirtschaften verlange nicht nur „Legalität, sondern auch ethisch fundiertes,
eigenverantwortliches Verhalten (Leitbild des ‚Ehrbaren Kaufmanns‘)." Der Kaufmann
vereinte schon früher Moralvorstellungen, Tugenden und Rechtstreue, die Vertrauen
schufen.[54] Auch heute noch findet sich der gesetzliche Niederschlag im deutschen Recht,
in welchem das HGB an das Vorliegen der Kaufmannseigenschaft andockt. Fraglich ist
jedoch, ob das subjektive System mittels Anknüpfung an den personalen Status[55] insofern noch zeitgemäß ist.[56] Viele Begründungszusammenhänge im Handelsrecht sind
Ausfluss historischen Wuchses. Das ist auch durchaus sinnvoll, wenn der Kaufmannsbegriff im deutschen HGB Voraussetzung für die Teilnahme am Handelsverkehr ist und
als pars pro toto für Ehrbarkeit und Rechtstreue oder gar einen „allgemein akzeptierten
Sozialkodex"[57] stehen soll. In globaler Betrachtung aber könnte man Gefahr laufen,
den deutschen Kaufmannsbegriff sehr zu überfrachten, wenn denn der Begriff teilweise

---

[49]Scherer/Palazzo/Butz 2015, S. 353, 359.

[50]Vgl. van Aaken/Schreck 2015, S. 8; auch Bussmann 2016, S. 52.

[51]Spießhofer 2016, § 11 Rn. 1.

[52]Etwa Pfriem/Schneidewind/Barth/Graupe/Korbun 2017.

[53]Siehe auch jüngst die Richtlinie 2014/95/EU zu den sogenannten Berichtspflichten für –
untechnisch gesprochen – große Unternehmen sowie Kreditinstitute und Versicherungsunternehmen,
die verschiedene Bereiche der Corporate Social Responsibility (wie etwa Menschenrechte und
Umweltschutz) betrifft. In Deutschland umgesetzt durch das CSR-Richtlinie-Umsetzungsgesetz.

[54]Spießhofer 2016, § 11 Rn. 1; Bode 2014, S. 12.

[55]Statt vieler Oetker 2017, Einleitung, Rn. 12.

[56]Kritisch auch Hauschka 2017, S. 97.

[57]Spießhofer 2016, § 11 Rn. 1.

schon national brüchig[58] ist. Auch im Unionsrecht stellt man vor dem Hintergrund unterschiedlicher Rechtstraditionen eher auf eine gewerbliche oder selbstständige berufliche Tätigkeit ab[59] und rückt damit den Begriff des Unternehmers eher in den Vordergrund. Selbst wenn europarechtliche Wertungen in manchen Fällen keinen (unmittelbaren) Druck ausüben,[60] könnte eine – in diesen Fällen freiwillige – Angleichung auf Ebene der Mitgliedstaaten an diese europarechtlichen Wertungen sinnvoll sein. Während im Zivilrecht an vielen Stellen ob des unionsrechtlichen Einflusses an den Unternehmerbegriff angeknüpft wird, gilt im deutschen HGB immer noch der Kaufmannsbegriff. In Österreich vollzog man dagegen eine dogmatische Wendung vom Kaufmanns- hin zum Unternehmensbegriff:[61] Es gilt nicht mehr das österreichische HGB, sondern das Unternehmensgesetzbuch.[62] Zu beobachten bleibt, inwiefern die Umstellung in Österreich als geglückt gewertet werden kann und ob sie auch Deutschland und anderen Ländern der EU als Vorbild dienen sollte. Auf grundsätzlicherer Ebene wird jedenfalls in der Wissenschaft die Schaffung eines europäischen Handelsgesetzbuchs diskutiert.[63]

Auch wenn abzuwarten bleibt, wie die Dinge sich auf europäischer wie nationaler Ebene unter den Begriffen des Ehrbaren Kaufmanns oder der Corporate Social Responsibility weiter entwickeln werden, ist für Deutschland die unternehmerische Verantwortung ein integraler Bestandteil der sozialen Marktwirtschaft.[64] Art. 2 Abs. 1 sowie Art. 12 und 14 GG gewährleisten grundsätzlich freies Unternehmertum in einem freien Wettbewerb, allerdings begrenzt durch die Sozialbindung des Eigentums und die Grundrechtsschranken.[65] Soziologisch ist in diesem Zusammenhang interessant, dass diese sehr weiten Begriffe wie Ehrbarer Kaufmann oder eine nachhaltige Unternehmenspolitik auch von zeittypischen und teilweise politisch aufgeladenen Etikettierungen zehren. So ist häufig ein Appell an Verantwortung von Unternehmen seitens der Politik festzustellen, wenn gerade einmal wieder bezweifelt wird, dass diese Verantwortung überhaupt besteht. Überspitzt könnte man eine Doppelsinnigkeit der unternehmerischen Verantwortung formulieren, denn scheinbar sollen zugleich die Interessen des Unternehmens gefördert und auch noch die Verantwortung gegenüber dem Staat berücksichtigt werden. Dies deutet ein größeres Problem an, das an späterer Stelle behandelt wird: Die Herausforderungen für

---

[58]Man achte auf die vielen historisch bedingten Wertungen der §§ 1 bis 5 HGB im Kaufmannsbegriff, die heute nicht immer gleich verständlich sind. Vgl. Canaris 2006, S. 19–42.

[59]Oetker 2017, Einleitung, Rn. 14.

[60]Sie in Bezug auf das Handelsrecht Schäfer 2016, E 17 ff.; E 32 f.; im Übrigen aber Lehmann 2017, S. 9 ff. mit der Frage: „Braucht Europa ein Handelsgesetzbuch?".

[61]Zur neuen dogmatischen Ausrichtung des Handelsrechts als „Außenprivatrecht der Unternehmen" siehe K. Schmidt 2016, Vorbemerkung zu § 1, Rn. 6 ff.; Oetker 2017, Einleitung, Rn. 14 ff.

[62]K. Schmidt 2016, Vorbemerkung zu § 1, Rn. 26; Schäfer 2016, E 19.

[63]Lehmann 2017, S. 9 ff.: „Braucht Europa ein Handelsgesetzbuch?".

[64]Spießhofer 2016, § 11 Rn. 37.

[65]Ebd.

Unternehmen und Organisationen, mit verschiedenen, nicht gleichartigen Erwartungen konfrontiert zu werden, die nicht alle bzw. insbesondere nicht in ein und derselben Weise erfüllt werden können.[66] Schließlich ist zu sehen, dass diese Aufladung mit erweiterten Absichten und Interessen das Ergebnis einer immer höher veranschlagten Außenorientierung darstellt. „Eine Beobachtung in der Organisationsforschung ist, dass Unternehmen große Schwierigkeiten haben, schlicht zu akzeptieren, was sie sind: nämlich einzig Unternehmen – Wirtschaftsbetriebe, die (nach der Funktionslogik eines freien Marktes immerhin in vordringlicher Absicht, Anmerk. d. Verf.) auf Gewinnstreben ausgerichtet werden."[67]

2.4   Compliance als „Spiel mit der Angst"?

Die vielen Anforderungen, die sich aus Gesetzgebung, staatlich-privater Koregulierung und Selbstregulierung ergeben können, *müssen* für ein Unternehmen nach außen wie nach innen eingehalten werden. Staatliche Normen wie etwa Gesetze müssen und Verträge „wollen" Dritten gegenüber eingehalten werden.[68] Innerhalb des Unternehmens sind natürlich vertragliche Verpflichtungen ebenso denkbar, genau wie Bindungen durch unternehmensinterne Satzungen und Richtlinien.[69] Im Rahmen von Compliance wird versucht, diese Vielzahl von Anforderungen umzusetzen. Diese Organisationsaufgabe stellt sich insbesondere der Unternehmensleitung und für etwaige diesbezüglich beauftragte Personen (häufig Compliance-Officer genannt). Auch hier kann die Normflut zur Verunsicherung beitragen. Allein aufgrund der quantitativen Zunahme und Ausdifferenzierung der vorgegebenen oder selbstgesetzten Gebote kann weder bei den Unternehmensverantwortlichen und noch bei den Mitarbeitern die Kenntnis jeder einzelnen Norm vorausgesetzt werden. Damit kann auch ein allgemeiner Verweis der Unternehmensleitung an die Angestellten, dass mit jedwedem Handeln im Unternehmen die Befolgung interner[70] und externer Regeln verbunden sein muss, schon allein aus häufiger Unklarheit, welche Regeln überhaupt abstrakt bestehen und eingehalten werden müssen, nicht ausreichen: „Das an sich Selbstverständliche – Einhaltung von Recht und Gesetz – bedarf flankierender Prozesse und Kontrollen, was in Zeiten hoher Spezialisierung am effizientesten durch eine gesonderte Funktion – die Compliance-Funktion – sichergestellt wird."[71]

---

[66]Siehe hierzu Kap. 5.

[67]Schütz 2017, S. 81.

[68]Zu den Einschränkungen in der Diskussion um nützliche Pflichtverletzungen und dem effizienten Vertragsbruch siehe Kap. 6.

[69]Ohrtmann 2009, S. 1.

[70]Unternehmensintern sind dies z. B. die Satzung der Gesellschaft, die Geschäftsordnung bis hin zu internen Richtlinien, Prozessvorgaben und Organbeschlüssen.

[71]Schorn 2016, § 13 Rn. 5. Man beachte aber wiederum die unklare Verwendung des Effizienzbegriffs.

Einige stellen daher auf einen Sozialisationsprozess[72] in der Organisation ab. Dies gelte für Mitarbeiter wie auch für Verantwortliche gleichermaßen. Zu denken ist etwa an den Vorstand oder den Compliance-Officer. Dieser Sozialisationsprozess ist bereits daran zu erkennen, dass Compliance-Programme ethische Grundsätze beinhalten,[73] welche die Organisations- bzw. Unternehmenskultur widerspiegeln oder helfen sollen, eine solche zu entwickeln. Aus der Praxis ist zu hören, dass eine Trias aus unternehmens-spezifischer Risikoanalyse (respektive Aufdeckung von Fehlverhalten), Prävention und Reaktion auf (möglicherweise vorliegende) Compliance-Verstöße nicht selten durch eine Vielzahl von Maßnahmen realisiert werden soll. Es bedürfe der Einrichtung von Compliance-Strukturen, Verhaltenskodizes und Wertekanons sowie deren Ergänzung durch Fragebögen, Schulungen, E-Learning-Angebote und Classroom Trainings, die durch Überwachungssysteme und nicht zuletzt mittels Öffentlichkeitsarbeit und Reaktionsstrategien bei Compliance-Verstößen, abgerundet werden sollen. Ist dann ein Compliance-Management-System aufgesetzt, soll es implementiert sowie kontinuierlich verbessert und damit an sich ändernde äußere Umstände angepasst werden.

Freilich: Unsicherheit hinsichtlich des (Nicht-)Bestehens etwaiger Pflichten, der Vielzahl von Geboten, Maßnahmen und einer großen medialen Aufmerksamkeit schafft dabei ganz neue Geschäftspotenziale für externe Berater, verbunden mit der Angst der Unternehmer vor dem Haftungsfall.[74] Verstärkt wird die Angst vor Compliance-spezifischen Verfehlungen dadurch, dass zwar die Delegation von Aufgaben und Tätigkeiten (beispielsweise auf einen Compliance-Officer oder Fachabteilungen) möglich ist, nicht jedoch die rechtliche Verantwortlichkeit.[75] Die Betrachtung von Compliance zielt häufig singulär auf die Verhinderung von Schadensersatzzahlungen oder Bußgeldern ab, oder es wird nach Haftung gefragt. Compliance will helfen, nach einem Verstoß die „goldene Brücke" zurück ins Recht zu bauen. Dadurch, dass das *einzelne* Unternehmen als organisiertes Sozialsystem in das Blickfeld gerät, erscheint das rechtliche Spektrum – und dass (fast) jedes Rechtsgebiet Berührungspunkte mit Compliance haben soll – im Ergebnis als schier unüberschau-bar. Dies gilt gerade im Hinblick darauf, dass insbesondere bei großen Unternehmen das Wirkungsfeld zusätzlich durch die internationale Gesetzgebung geprägt ist; man denke als Beispiel allein an den UK Bribery Act oder den Sarbanes Oxley Act. Hieraus wird gemein-hin gefolgert, dass aus der Individualität des Unternehmens ein *one size fits all*-Ansatz für die Implementierung von Compliance betreffenden Maßnahmen nicht gelten kann.[76]

---

[72]Bussmann 2016, S. 52; Bussmann 2011, S. 57–81; Bussmann 2009, S. 515.

[73]Poppe 2010, S. 1.

[74]Ohrtmann 2009, S. 5.

[75]Moosmayer 2015, S. 1.

[76]Obgleich es viele Standards gibt, die aus Koregulierung resultieren können, verbleibt die Umsetzung aber bei den jeweiligen Unternehmen. Wiederum wird deutlich, dass in den Standards sehr weite Begriffe benutzt werden müssen, die möglichst flexibel handhabbar sind. Siehe auch Brunsson/Rasche/Seidl 2011, S. 613 ff.

Es liegt auf der Hand, dass die Rechtsberatung gerade an diesem Punkt anknüpfen will und mit individuellen, also unternehmensspezifischen Compliance-Angeboten wirbt. Hinsichtlich der drohenden und „empfindlichen" Buß- und Strafgelder erscheint die Betitelung der mit Compliance verbundenen Unsicherheiten als ein *Spiel mit der Angst*[77] nicht ganz fernliegend.

2.5   Folgerungen, Maßnahmen und Perspektivwandel

Das Feld, in dem sich Compliance betreffende Instrumente bewegen, stellt sich häufig als Spannungsfeld dar: Ist Haftungsvermeidung bezweckt, gehen mit der Reduzierung von Haftungsrisiken zumeist Kontrollmaßnahmen einher. Übermäßige Kontrollmaßnahmen können schnell als unnötige Bürokratie und damit als Belastung wahrgenommen werden, sodass das Compliance-Programm schlussendlich von unternehmensinternen Personen keine Akzeptanz erfährt. Blickt man hierbei auf den einzelnen Mitarbeiter, so ist eine einfache Kosten-Nutzen-Analyse anzustellen: Wenn Mitarbeiter Compliance nur als zusätzliche Bürokratie wahrnehmen, kann die Folge sein, dass Maßnahmen ignoriert oder gar abgelehnt werden.[78] Nicht ohne Grund wird daher die Implementierung von Compliance-Maßnahmen in die täglichen Geschäftsprozesse als „größte Herausforderung" angesehen.[79]

Das primäre, zeitübergreifende und unternehmensindividuelle Ziel von Compliance-Maßnahmen ist offenbar, Haftung zu vermeiden und diesbezügliche Risiken zu verringern.[80] Dabei können es Gesetzesverstöße sein, die im Unternehmen inhaltliche Schwachstellen und daraus folgend Handlungsbedarf deutlich werden lassen. Auslöser für die Befassung von Unternehmen mit Compliance können aber auch vielfältig sein und sich überlagern. Man denke etwa an erhöhten wirtschaftlichen Druck, der die Sinnhaftigkeit von Compliance vor Augen führt. Horizontaler und vertikaler wettbewerblicher Druck kann dabei von Geschäftspartnern oder Zulieferern ausgehen, wenn der Nutzen von Compliance für ein Unternehmen die Kosten übersteigt, demnach Compliance „im Markt angekommen" ist.[81] Der wettbewerbliche Druck führt dann häufig bei kleinen und mittleren Unternehmen zur Anpassung an die Nachfrage von Compliance im Markt. Exemplarisch folgender Fall: Im Zuge des seit Ende 2015 schwelenden „VW-Skandals" wird von Fissenewert die Frage in den Raum gestellt, ob diese Entwicklungen mittelfristig zu Verbesserungen bzw. vielmehr einer weiteren Verbreitung von Compliance führen. Wettbewerblicher Druck und öffentliche Aufmerksamkeit könnten dazu führen, dass sich in der Automobilbranche in Zukunft kein

---

[77]Ähnlich Ohrtmann 2009, S. 5.
[78]Zu Relativierungen dieses Ansatzes in den Fällen brauchbarer Illegalität siehe Kap. 6.
[79]Moosmayer 2015, S. 2.
[80]Vgl. etwa Sonnenberg 2017, S. 917.
[81]Schorn 2016, § 13 Rn. 8–12.

Konzern es mehr leisten könne, mit Zulieferern ohne Compliance-Management-System zusammenzuarbeiten.[82] In vielen Fällen dieser Art erinnert man sich schnell an gesetzliche Nachjustierungen (zumeist „Gesetzesverschärfungen").[83] Werden derartige Fälle zum Politikum, versuchen die Unternehmen, eine Vorreiterrolle einzunehmen, um für die Verbesserung des öffentlichen Ansehens nach Branchenverstößen[84] zu sorgen. Daher wird in Compliance auch ein Marketingeffekt gesehen, der sich neben die üblicherweise genannten Schutz- und Überwachungsfunktionen gesellt.[85] Wird also ein Unternehmen von Kunden als besonders vertrauenswürdig angesehen, so kann sich durch zusätzliche Compliance-Maßnahmen die Unternehmensreputation und damit der Unternehmenswert erhöhen. Die Außendarstellung und -wirkung des Unternehmens ist sicherlich ein wichtiger Faktor, Vertrauen zu schaffen und den Unternehmenswert zu erhöhen. Dennoch hängt der Unternehmenserfolg nicht nur von externen Faktoren, wie dem Kundenvertrauen oder der Kundenbindung, ab. Auch das unternehmensinterne Klima beeinflusst die unternehmerische Außenwirkung.

Während in der Vergangenheit teilweise vertreten wurde, dass Verstöße gegen Compliance-Vorgaben besonders hart sanktioniert werden sollten (sogenannte *Zero Tolerance* oder „Nulltoleranzpolitik"), um eine möglichst effektive Reduzierung von Haftungsrisiken zu erreichen,[86] so hat sich doch der Meinungsstand in Praxis und Wissenschaft überwiegend dahin gehend verändert, dass eine unternehmensinterne „Vertrauenskultur" Pflichtverstöße wirksamer verhindere als eine „Angstkultur". Rechtlich wird dies zudem dadurch gestützt, dass das Arbeitsrecht unverhältnismäßigen Sanktionierungen von Pflichtverstößen entgegensteht.[87] Wie oben angedeutet, wird aus diesen Gründen vermehrt gefordert, dass der einzelne Mitarbeiter im Unternehmen sozialisiert werden muss. Begründet wird dies vor allem damit, dass ein Sozialisierungsprozess die beste Strategie zur Haftungsvermeidung sei.[88] Je weniger Haftungsfälle auftreten, desto vorteilhafter erscheint auch das Vertrauen Außenstehender (wie Kunden) in das Unternehmen. Verkürzt gesprochen, bedeutet dies: Steht für die Organisation und auch den einzelnen Mitarbeiter der Nutzen von Compliance im Vordergrund, ist ein diesbezüglicher, dann möglicherweise nachhaltig wirkender Erfolg in Gestalt der Erhöhung der

---

[82]Fissenewert 2017, S. I.

[83]Dazu Schorn 2016, § 13 Rn. 16–20.

[84]Vgl. Schorn 2016, § 13 Rn. 13 f.

[85]Siehe mit der Aufzählung weiterer Funktionen Lösler 2005, S. 104 ff., wobei die Marketingfunktion nur im Finanzbereich so hieße, vgl. Hauschka/Moosmayer/Lösler 2016, § 1 Rn. 16.

[86]Vgl. die Nachweise bei Kark 2012, S. 183.

[87]Harte Sanktionen, wie der Ausspruch einer (außerordentlichen) Kündigung, können in Relation zum Verstoß schnell grob unverhältnismäßig sein, sodass derartige Sanktionen arbeitsrechtlich nicht durchzuhalten sind. Im Zusammenhang mit Compliance siehe hierzu unten die Kap. 6 und 7.

[88]In diese Stoßrichtung Bussmann 2016, S. 52; Bussmann 2011, S. 57 ff., wobei schon der Titel „Sozialisation im Unternehmen durch Compliance" besonders hervorsticht.

Unternehmensreputation denkbar.[89] Aus diesem Grund ist – in Ergänzung zu den bereits genannten Funktionen – die Aufgabe von Compliance auch, die Reputation des Unternehmens (wieder-)herzustellen oder zu verbessern oder aufrechtzuerhalten sowie nachhaltiges, erfolgreiches Wirtschaften möglich zu machen.[90]

Um gesetzeskonformes Verhalten bestmöglich zu gewährleisten, wird in der Beratung häufig an die Unternehmensziele angeknüpft.[91] Dabei dürfte es allerdings schwierig sein, allein hieraus Compliance-Ziele zu definieren, wenn der Unternehmenszweck allein in der Gewinnerzielung liegt.[92] Hilfreich dürfte dennoch ein Blick in die Satzung und dabei im Besonderen auf die Umschreibung des Unternehmensgegenstands sein. Der Unternehmensgegenstand definiert die rechtlichen Grenzen, innerhalb derer die Aktivitäten des Unternehmens liegen dürfen, was auch Anhaltspunkte für die künftige Ausrichtung des Unternehmens geben kann.[93] Hier wird für die Festlegung der Ziele eine Risikoanalyse sinnvoll sein, in der die Geschäftsaktivitäten betrachtet werden müssen. Compliance bedarf fraglos der engen Verzahnung verschiedener Unternehmensabteilungen (z. B. wie Interner Revision und der Compliance-Abteilung, gegebenenfalls auch unter Einbeziehung Externer), damit die mit dem Programm verfolgte Strategie wirksam verfolgt oder gegebenenfalls auch neu justiert werden kann. Dazu gehört auch die stetige Anpassung und Verbesserung eines bestehenden Systems bei bereits vorliegenden Compliance-Verstößen. Zur Ressourcenschonung und Kostenminimierung sind mittels unternehmensspezifischer Risikoanalyse Teilbereiche zu identifizieren, aus denen sich Risiken für Pflichtverstöße ergeben.

Teile der Literatur stellen darauf ab, dass es bei einer gelebten „Integritätskultur"[94] mindestens zu einer Verringerung systematischen Fehlverhaltens kommt[95] und individuelles Fehlverhalten entdeckt und konsequent geahndet wird.[96] Zu fragen wäre dann aber im Bereich der Risikoanalyse, wie groß der Faktor von Zufällen und Gelegenheiten ist, der Verstöße an das Tageslicht bringt.

Bevor aber darüber gesprochen werden kann, wie Regeln in Organisationen wirken und was sie bewirken können, muss gefragt werden, was Organisationen eigentlich sind. Daher wird im folgenden Kapitel näher auf den Organisationsbegriff eingegangen.

---

[89]Siehe für das Beispiel der Automobilindustrie Kirstein 2009.

[90]Moosmayer 2015, S. 2.

[91]An solche knüpft beispielsweise IDW PS 980 Rn. 23, 6 an.

[92]Schorn 2016, § 13 Rn. 28.

[93]Schorn 2016, § 13 Rn. 27, 31.

[94]Siehe zur Integrität auch Reinhard 2013, S. 214 ff. Siehe zum Kultur-Begriff im Zusammenhang auch mit „Unternehmenskultur" im nächsten Kapitel.

[95]Moosmayer 2015, S. 24.

[96]Moosmayer 2015, S. 84.

Organisation und Management sind in Darstellungen zu betrieblichen Verfahren und Instrumenten zwei stets nebeneinander gebrauchte Bezeichnungen. Gleichwohl sind hierunter nur auf den ersten Blick synonyme Termini zu verstehen. Für eine an Fragen der Regelbildung und Regelabweichung interessierte Analyse kann auf nähere Ausdifferenzierungen hingewiesen werden, die wir in diesem Kapitel diskutieren. Wir betrachten dazu einige elementare Einordnungen zum Begriff der Organisation, woraufhin sich praktische bzw. operativ bedeutsame Facetten aus dem Bereich der Managementlehre anschließen. Zuvor jedoch sichten wir noch zwei bereits hochbetagte managementwissenschaftliche „Klassiker", die unter dem Label bürokratisch-rationale Unternehmens- bzw. Organisationsführung die Vorstellungen von Norm und Ordnung in betrieblichen Systemen in den vergangenen einhundert Jahren maßgeblich beeinflussen konnten und – trotz ihrer vielfältig zu erklärenden Revision und teilweisen Überholung – weiterhin die gelebte Organisationswirklichkeit immer noch planerisch (mit-)prägen: das Bürokratiemodell von Max Weber und die wissenschaftliche Betriebsführung nach Frederick W. Taylor. Es ist die abgeschwächte, aber immer noch vorhandene Präsenz der beiden Denkmodelle mit ihren charakteristischen Hintergrundselbstverständlichkeiten, die uns veranlasst, sie in eine Compliance-orientierte Darstellung aufzunehmen und auf ihren Nachhall mit einem kritischen Blick hinzuweisen.

Am Anfang dieses Kapitels steht eine Sichtweise auf Organisationen, die nicht nur in der betriebswirtschaftlichen Managementforschung, sondern auch im ganz alltäglichen Leben weiterhin als die vorherrschende gelten dürfte: die Beschreibung von Unternehmen, Verwaltungen, Schulen, Krankenhäusern etc. spezifisch als *rationale* (svw. vernünftige, vernunftgeleitete, zweckbezogene) Systeme, in denen gut informierte, eben rationale Akteure darüber entscheiden können, was in ihren Organisationen „falsch" ist und was „richtig", was Nutzen bringt und was als ineffizient gilt. Was auch immer getan oder nicht getan wird, der sogenannten *Rationalität* (Vernunftleitung) des Entscheidens wird schlagende Bedeutung beigemessen. Und nichts, so könnte man meinen, erscheint zunächst so selbstverständlich, wie die Rede von der Rationalität. Eben darum, weil es so selbstverständlich erscheint, lohnt sich der Blick darauf, was dieser Bestimmung rationaler Steuerung und Gestaltung an Annahmen vorangeht.[1]

Unter bürokratisch-rationaler Organisationslehre ist, stark vereinfacht, zu verstehen, dass alles Handeln in Betrieben und Verwaltungen nach Effizienz, Messbarkeit und Genauigkeit (also rational geleitet) erfolgt bzw. normativ danach gerichtet zu erfolgen hat. Input (Kapital, Ressourcen, menschliche Arbeitskraft) wird prozessgeleitet und kontrollförmig in Output (Produkte, Dienstleistungen, Wissen etc.) gewandelt. Es bestehen feste Zwecksetzungen bzw. Ziele, deren Erreichen in verschiedener Weise zu quantifizieren und bewerten versucht wird. Es ist ebenjener Theoriehintergrund, der bis heute die dominierende Logik der Wirtschaftswissenschaften bzw. der Unternehmensführung darstellt; längst jedoch mit Auswirkungen und Abstrahlungen auf viele andere Bereiche wie das Management sozialer, medizinischer oder pädagogischer Abläufe in öffentlichen Bereichen.

Alles, was nach dieser Sichtweise geschieht, wird an möglichst messbaren Zielen ausgerichtet. Ausgiebige Regelungen bzw. Regelwerke und Anweisungen gelten als die alles entscheidende Grundbedingung einer funktionstüchtigen Organisation. Über die geordnete Regelsetzung wacht die Leitung von „ganz oben". Insofern steht auch das Management unter dem Erwartungsdruck, allen erforderlichen Entscheidungen rational nachzukommen. So kommt es auch zur Vorstellung von Leitenden bzw. Führungskräften als den bestenfalls erfolgreichen Könnern, die auf ihre Organisation mit hoher Ausstrahlung, Zugkraft und Vorbildhaftigkeit einwirken. Bezüglich der Compliance-Kontrolle ist man dann schnell an die Forderung erinnert, dass Ziele mittels einer spezifischen Compliance-Kommunikation als *Tone from the Top*[2] zu erreichen sind. Die Organisationsmitglieder schauen auf zu jenen, die das Unternehmen voranbringen, es gut entwickeln und zum Erfolg führen; jeder an seinem Platz, mit seiner Aufgabe und seiner Verantwortung hilft leistungsorientiert und nutzbringend mit am Gelingen des Werkes mit.

Die Interessen des einzelnen Akteurs sind abgestimmt auf den wirtschaftlichen Nutzen und Erfolg seiner Organisation. Nach dem Leitbild des *homo oeconomicus* sind die Organisationsmitglieder imstande, unter Abwägung aller Alternativen mit bestem Wissen und Gewissen, sehr gut informiert eine wirtschaftlich rationale Entscheidung zu treffen. In diesem Zusammenhang sind Maßstab allen Tuns dabei jene Ziele, die den Zwecken der Organisation zugutekommen. Insofern ist Rationalität überhaupt nur als solche für die Organisation relevant, nicht aber als möglicherweise auch konkurrierende subjektive Rationalität (Eigennutz). Die genuin individuellen Absichten, welche gerade mit jenen der Organisation konfligieren können, bleiben tendenziell ausgespart bzw. müssen

---

[1]Wir legen unserer Darstellung der Ansätze nach Weber und Taylor im Folgenden die Diskussion bei Preisendörfer 2011, S. 95–105 zugrunde.
[2]Grützner/Jakob 2015, S. 61.

als nutzenfeindliche Phänomene abgelehnt, wenn nicht sanktioniert werden. Unterstellt wird dabei, dass die Mitglieder diesbezüglich Einsicht zeigen oder dazu gebracht werden können.

Die frühen Rationalitätsansätze nach Max Weber und Frederick Taylor sind rund einhundert Jahre alt. Auch nach all den Jahrzehnten gewinnen sie jedoch immer wieder an Popularität. Gerade in den vergangenen Jahren ist offensichtlich geworden, dass die Grundvorstellungen einer strikt rational begründeten Organisationsführung auch in vielen Organisationen eine gewisse Renaissance erfahren. Man denke hier nur an die folgenden Bereiche: „prozessorientierte" Gestaltung, die Terminologie von „Input- und Outputorientierung", Themen der „Kompetenzdiagnostik" und „Kompetenzentwicklung" im Personalwesen, das sogenannte „Zeit- und Selbstmanagement", Ideen zur „leistungsorientierten Vergütung", um nur einige viel diskutierte Felder zu nennen.

3.1 Die Bürokratie als „Idealkonzept" moderner Organisation

Max Weber (1864–1920) hat 1922 in der Schrift „Wirtschaft und Gesellschaft" seinen Bürokratieansatz vorgestellt.[3] Auch wenn der Titel der Schrift anderes nahelegt: Genauso wie hierin die staatliche Verwaltung beschrieben wird, wird ebenso Bürokratie anders als im heutigen Begriffsgebrauch gewohnt auch auf wirtschaftliche Betriebe bezogen. Bürokratie ist in der Darstellung Webers nicht etwa Ungemach oder Schimpfwort, wie wir es heute kennen, sondern im Gegenteil geradezu ein „Segen" moderner Gesellschaft. Denn dort, wo Bürokratie vollzogen wird, dort können auch – manchmal wohl wiederum konträr zur bekannten Alltagserfahrung – Willkür und Eigennutz vermindert werden. Die bürokratische Organisation bietet Verlässlichkeit und Vertrauensschutz. Wer zu prüfende Vorgänge einleitet, muss nach Regeln und Vorschriften handeln und darf bzw. kann sich nicht mit Privatansichten darüber hinwegsetzen, auch nicht mit politischem Mandat oder unter Einflüssen von Günstlingswirtschaft und Korrumpierung.[4] Nach Weber ist die Rationalisierung der Lebensbereiche das Erkennungsmerkmal moderner westlicher Gesellschaften. In ihnen wurden (und werden) Glaubenssätze und Weltbilder durch bürokratische Ordnungsbildung zunehmend ersetzt, welcher ein hoher Nutzen für die Produktivität des Wirtschaftens zugeschrieben wird. Haushaltsführung, Budgetkontrolle, Lagerhaltung etc. – die Anwendungsfälle der bürokratischen Ordnung sind Legion.

Bürokratie bedeutet für Weber „legale Herrschaft".[5] Ihre einzige Grundlage bildet formale Ordnung, also offiziell regulierte und nach formalen Verfahren oder Wahlakten übertragene Macht. Sie kann aufgehoben und limitiert werden, wird also auf Zeit und für

---

[3]Weber 1972.

[4]Siehe für eine Studie zur Organisation der Verwaltung in theoriegeschichtlicher Absicht (und dennoch für breite Leserschaft zugänglich) Seibel 2016.

[5]Kieser/Walgenbach 2007, S. 39.

objektiv fassbare Sachverhalte erteilt. Legal bleibt Herrschaft in Bürokratien, solange sie an Statuten, Verträge, offizielle Rollen etc. gebunden ist. Sie ist geliehen und aufkünd-bar, letztlich abhängig vom System der Bürokratie, das Führungsgewalt nur so lange gewährt, wie die Funktion für die Bürokratie effektiv erfüllt werden kann oder soll. Lei-tende werden eingestellt und auch wieder entlassen. Anders als in charismatischen bzw. autoritären Führungsstilen werden im legalen Verständnis (nahezu selbstredend) Funk-tionen auf begrenzte, befristete Dauer besetzt bzw. mit aufgabenbezogenen, definierten Rollen und Stellenbeschreibungen verbunden.

Stellen werden losgelöst von Personen konzipiert, ganz im Sinne einer Ersetzbarkeit der Stelleninhaber. Arbeitsplätze können abgebaut, Stellen gestrichen werden. Jede Stelle hat ihre zugewiesenen Kompetenzen. Die Hierarchie und der Instanzenzug können nicht einfach umgangen oder übersprungen werden – einer nach dem anderen und alles baut wohlgeordnet aufeinander auf. Erscheinen solche Beschreibungen reichlich unpersön-lich, so ist eben das nicht etwa ein Defizit, sondern gerade Beleg funktionierender Ordnung. Regeln bestimmen, wie Anträge geprüft und Bescheide erteilt werden, nicht Persönlichkeit, nicht Geschmack, nicht soziale Sympathien. Jeder Vorgang muss offiziell werden, losgelöst vom Einzelnen jederzeit prüfbar. Dazu tritt Aktenmäßigkeit als Grund-prinzip aller Dokumentation. Was in die Akten kommt, wird offiziell, und was nicht zu den Akten kommt, existiert praktisch nicht.[6] Dies ist wiederum eine Konstruktion, die darauf fußt, jederzeit unpersönlich Kenntnisse erwerben und nach Aktenlage entscheiden zu können. Um diesen Ansprüchen zu genügen, werden formale Qualifizierungen durch-laufen, um reibungslos und ganz nach dem Prinzip sachlicher Befähigung der Organisa-tion zu dienen. Die Bezahlung wird solide veranschlagt, regelmäßige Beförderung wird gewährt, um Bestechlichkeit und Motivationsverluste zu mindern. Zusammengefasst tre-ten damit folgende Anforderungen bzw. Merkmale eines Idealtypus von bürokratischer Ordnung hervor:

- Arbeitsstellen (nicht Individuen bzw. Individualinteressen) sind die Grundelemente der Organisation; Grundprinzip: Versetz- und Austauschbarkeit auf Anordnung/Weisung
- Alle Aufgaben/Ämter sind mit definierten Kompetenzen ausgestattet
- Hierarchie und Instanzenzug regeln, wer was für oder mit wem worüber zu entscheiden hat
- Unpersönlichkeit der Amtsführung: Regeln bestimmen, was zu tun ist

---

[6]Andererseits können Akten – und dies wurde dann eine korrigierende Einsicht der neueren Ver-waltungs- bzw. Organisationssoziologie – geradezu Füllbecken zusätzlicher, eben auch informaler Informationen bereitstellen: „Man denke etwa an die unmeßbare Macht des „Mitzeichnens" bzw. „Nichtmitzeichnens" oder an die Möglichkeit der aktenmäßigen Fixierung von Bedenken in Ver-waltungsbürokratien, mit der Verantwortung verlagert bzw. zugespitzt werden kann." (Luhmann 1994, S. 311).

- Aktenmäßigkeit aller Vorgänge: Was offiziell ist, steht in den Akten
- Umfassende Qualifizierung des Personals: Loyalität sicherstellen und Korrumpierung erschweren[7]

Es liegt auf der Hand, dass der Bürokratieansatz eine kritische Kommentierung erfahren hat. Insbesondere spielen Informalität und Abweichung von der Regel dieser Vorstellung allenfalls die Rolle unerwünschter Begleitphänomene, denen man, zugespitzt betrachtet, eilig mit einer noch verschärften Formalisierung beizukommen hat. Organisationen erscheinen wie Automaten oder Maschinen. Weber selbst war nicht unkritisch gegenüber seiner Perspektive, die für ihn zunächst Diagnose einer organisatorisch formbaren Wirklichkeit (allerdings auch mit idealtypischen Pointierungen) war. Er sah die Gefahr, dass sich Organisationen im schlechtesten Fall zu einem „stahlharten Gehäus der Hörigkeit"[8] entwickelten und abstrus erscheinende Entscheidungen in bürokratischen Apparaten (hier kommt die berühmte Alltagsbeobachtung vieler Menschen ins Spiel) zustande kommen können, weil im Korsett der Sachzwänge feststehende Regeln als alles entscheidende Prämisse guter Ordnung gelten. So sehr die Unpersönlichkeit der Bürokratie den Einzelnen von Verantwortung und emotionaler Betroffenheit entlasten kann, so sehr gilt natürlich die Vorstellung vom großen Getriebe und den Einzelnen als „kleinen Rädchen".

3.2 Wissenschaftliche Betriebsführung

Bei der wissenschaftlichen Betriebsführung handelt es sich um einen stärker im industriellen Umfeld entstandenen Ansatz, der allerdings längst für viele andere Arbeitsbereiche weiterentwickelt wurde. Aus der Praxis heraus machte sich der amerikanische Ingenieur Frederick W. Taylor (1856–1915) Gedanken darüber, wie Arbeitsprozesse auf der Grundlage verbesserter Informationen optimiert werden könnten. Taylor wendete sich gegen eine Formalisierung auf der Basis von Anschauungen, Leitbildern oder allgemeinen Grundsätzen. Er sah in der präzisen wissenschaftlichen Beschreibung der Arbeit eine lukrative unternehmerische Aufgabe unter Zuhilfenahme von Methoden der detaillierten Beobachtung und Dokumentation von Arbeitsabläufen, einschließlich einer systematischen Erfassung von Einzelschritten, Bewegungsverhalten und Zeitverbrauch.

Dies führte zu einer regelrechten Forschung in Firmen. Handgriff für Handgriff schaute man den Arbeitern bei der Verrichtung ihrer Tätigkeiten zu und führte genaues Protokoll darüber; immer mit dem Ziel verbunden, eine möglichst präzise Aufschlüsselung aller Sequenzen der Arbeitstätigkeit zu erfassen. Man betrachtete dabei auch, wie Arbeiter sich durch ihre Tätigkeiten voneinander unterschieden. Der bekannte Ansatz der höchstmöglichen Aufteilung von Arbeitsschritten zur Effektivierung großer

---

[7]Modifiziert nach Darstellung bei Preisendörfer 2011, S. 100.
[8]Weber zitiert nach Preisendörfer 2011, S. 101.

Industrieanlagen führte zur sogenannten tayloristischen Produktionsweise (Taylorismus oder Fordismus sind die bekannten Schlagworte). Diese Arbeitsteilung hatte nach Ansicht von Taylor aber auch den Nutzen, Arbeiter von unnötigen oder für sie ungeeigneten Arbeitsschritten zu entlasten.

Daneben konnte man so die Betriebe unabhängiger von solchen Arbeitern machen, die bisher ihre Fertigkeiten nur für sich reserviert hielten oder aber durch verdeckt gebliebene Arbeitsverweigerung im Verdacht standen, „ineffizient" oder „betriebsschädlich" zu agieren. Im Menschenbild von Taylor war die Annahme prominent, dass Mitarbeiter auch Arbeitsscheue und „Bummelei" an den Tag legen, sofern ihnen Möglichkeit dazu gegeben wird. Taylors Ansatz argumentiert dahin gehend, dass fleißige und motivierte Arbeiter durch wissenschaftliche Betriebsführung überhaupt positiv auffallen und mit Boni positiv sanktioniert werden können, während leistungsschwache Arbeiter negativ auffallen und gegebenenfalls Kürzungen ihrer Entlohnung riskieren.

Leistungsschwäche muss nach Taylor aber nicht unbedingt aus Bequemlichkeit und Schonverhalten herrühren, sondern kann auch dadurch zustande kommen, dass eigentlich einsatzbereite Arbeiter schlicht die für sie ungeeignete Aufgabe erhalten. Genau hier, im systematischen Abgleich von Eignung/Leistungsvoraussetzungen und Einsatzmöglichkeit/Aufgabenprofil, sieht Taylor den Nutzen der systematischen Arbeitsanalyse.

Die detaillierte Erfassung von Arbeitsprozessen hat seit Taylor an Attraktivität nicht verloren. Daher auch seine Vorstellung an dieser Stelle. Mögen seither auch viele Probleme der wissenschaftlichen Betriebsführung (besonders Monotonie durch Segmentierung in kleinteilige Arbeitsmaßnahmen) erkannt worden sein, wird mit Blick auf zeitliche Optimierung auf gründliche Arbeitsdokumentation zum Zweck der Maßnahmenableitung zurückgegriffen.[9] Ganz zu schweigen von einer längst verfeinerten und empirisch ausgearbeiteten arbeits- und personalpsychologischen Erforschung der Arbeitsprozesse im Einzelnen. Vor allem in der Vorstellung einer möglichst lückenlosen Dokumentation und Feinsteuerung besonders technischer bzw. manuell zu verrichtender Arbeitsschritte, verbunden mit regulatorischen Auflagen, scheinen taylorische Neigungen und Ansichten im Wirtschaftsleben nicht in Gänze an Bedeutung eingebüßt zu haben, sondern nur weiter raffiniert worden zu sein. Mancherorts ist heutzutage dann von „Vermessung", von „Strukturierungs- oder Steuerungswut" zu hören, verbunden mit der Kritik an einem „flexibilisierten" Menschen als einer permanent technisch weiter formbaren Arbeitskraft. Gerade neue Arbeitsformate (z. B. die zunehmende Projektarbeit und Formen der zeitlichen Strukturierung/Taktung) haben sicherlich zu diesem Bild beigetragen.[10] Vorschläge, die auf stärkere Kontrollen von Mitarbeitern setzen und strengere Maßstäbe bei der Eignungsprüfung einfordern oder „vollständige Transparenz" propagieren, weisen – wie bei Taylor – auf ein gewisses Misstrauen gegenüber Beschäftigten und ihren Arbeitsgewohnheiten hin.

---

[9]Breisig 2016, S. 142.
[10]Sennett 2000.

Webers und Taylors Organisations- bzw. Führungsansätze werden – bewertet nach ihrer theoretischen und methodischen Durchdringung – üblicherweise höchst divergent betrachtet. Dennoch weist Preisendörfer darauf hin, dass in den „inhaltlichen Kernaussagen [...] gleichwohl erstaunliche Parallelen" bestehen, „denn beide sehen einen gesellschaftlichen Generaltrend hin zu Versachlichung, Verwissenschaftlichung und Rationalisierung, der im Wesentlichen getragen wird von modernen Organisationen, seien es nun Bürokratien oder industrielle Großbetriebe."[11] Dieser Position schließen wir uns an und stellen zugleich heraus, dass es eben diese Modernisierungs- und Effizienzlogik ist, die bis in unsere Gegenwart in wesentlichen Ansätzen organisatorischer Steuerung und Kontrolle fortlebt.

Eine ganz wesentliche Einsicht der Sozialwissenschaften bzw. Psychologie ist es seit der Mitte des vergangenen Jahrhunderts im Übrigen gewesen, dass rationale Entscheidungsfindung bzw. Organisationssteuerung nur in gewissen Grenzen tatsächlich nach überindividuellen Maßstäben als „rational" anzunehmen ist. Simon begründete die Beobachtung, wonach Entscheidung und Steuerung in Organisationen vielmehr auf einer *bounded rationality* beruhen.[12] Der Aspekt der Nutzenmaximierung wird dann irritiert, wenn die organisatorischen bzw. Arbeitsbedingungen eine steigende Komplexität annehmen und es für einzelne Personen immer schwieriger wird, sich auf eine stabilisierte rationale Betrachtung der Umstände beschränken zu können. Die Folgerungen haben das heutige Verständnis von Möglichkeiten des Managements und der Arbeitsorganisation nachhaltig geprägt und erheblich zu einer differenzierten Analyse betrieblicher Steuerungsmöglichkeiten beigetragen.

3.3   Die (All-)Gegenwart von Organisationen

Vor dem Hintergrund der vorherigen Ausführungen dürfte deutlich geworden sein, weshalb heutzutage Organisationen unser Leben und unseren beruflichen und wirtschaftlichen Alltag so maßgeblich bestimmen. Einer basalen und daher sehr etablierten Beschreibung aus der systemtheoretischen Soziologie folgend, bestehen Organisationen mindestens aus drei Strukturprinzipien: *Mitgliedschaft, Hierarchie* und *Zwecke*.[13] Wir legen diese Merkmale zugrunde, gehen im Weiteren aber auf ergänzende bzw. ausdifferenzierte Bestimmungen ein. Kieser und Walgenbach bezeichnen Organisationen mit einer kompakt-griffigen Definition als „soziale Gebilde, die dauerhaft ein Ziel verfolgen und eine formale Struktur aufweisen, mit deren Hilfe Aktivitäten der Mitglieder auf das verfolgte Ziel ausgerichtet werden sollen."[14] Die Universalität von Organisationen in der

---

[11]Preisendörfer 2011, S. 105.

[12]Simon 1959; siehe auch Kap. 6, insbesondere der Aspekt des Nudgings.

[13]Siehe für eine kompakte Darstellung Kühl 2011, S. 23–88.

[14]Kieser/Walgenbach 2007, S. 6 (i. O. kursiv).

Gesellschaft – und damit organisationsförmig gebildeter Regelwerke – ist augenfällig; und das gilt umso mehr, vergegenwärtigt man sich die Vielfalt organisatorischer Typen und entsprechende Ausdifferenzierung in der Art und Weise der Regelbildung selbst.[15] Kaum ist es möglich, nur einen Tag zu verleben, ohne auf Organisationen und deren „Spielregeln" angewiesen oder doch zumindest hiervon betroffen zu sein: schon mit dem Gang in den Supermarkt, beim Besuch der Universität, der Teilnahme an einer Weiterbildung, der Untersuchung im Krankenhaus, dem Beratungstermin in der Bank. Und man könnte vielleicht – wenn auch mit einer gewissen Überspitzung – noch weitergehender positionieren, dass die Gesellschaft, in der wir leben, „wahrhaft eine Organisationsgesellschaft" ist.[16] Auch wenn man eine „Organisationsgesellschaft" für zu übertrieben halten mag, wird doch jeder gegenwärtig Lebende gewahr: Der Weg in die Gesellschaft geht in und über Organisation, der Weg aus ihr ebenso. Organisationen prägen also jedes soziale Leben buchstäblich von der Wiege bis zur Bahre.[17] Organisationsverbundenheit ist in der Gesellschaft universell und unvermeidlich. Das gilt ebenso prominent für das Gesundheitssystem, als auch für die Wirtschaft, die Politik oder die Justiz. Weil auch Compliance-Abteilungen und -Instrumente nicht im luftleeren Raum entwickelt und organisiert werden, sondern in übergreifende (Ordnungs-)Strukturen eingebettet werden (und mit diesen vielleicht auch in Konflikt geraten könnten), wollen wir einige Beobachtungen auf elementare Systematisierungsversuche der Organisations- und Managementforschung verwenden.

3.4 Institutioneller versus instrumenteller Blick auf Organisationen

In der Organisationsliteratur finden sich u. a. traditionell zwei unterschiedliche Sichtweisen auf den Begriff Organisation: der institutionelle und der instrumentelle Organisationsbegriff.[18] Diese zugegeben sehr schematische, aber unseres Erachtens für eine elementare Einordnung hilfreiche, Unterscheidung lässt sich mit zwei Leitsätzen auf den Punkt bringen: Das Unternehmen *ist* eine Organisation. Und: Das Unternehmen *hat* eine Organisation. Während der erste Satz ein *soziales Gebilde* oder eine Institution[19] beschreibt, deutet der zweite Satz vereinfacht gesagt auf eine Art Werkzeug- oder Instrumentencharakter von

---

[15]Ein Handbuch über die gängigen Organisationstypen der Gesellschaft haben Apelt/Tacke 2012 herausgegeben. Wir können auf die Ausdifferenzierung im Rahmen unserer Darstellung nur gelegentlich bzw. in den juristischen Abschnitten näher eingehen. Die typenspezifische Akzeptanz und Eignung von Compliance-Maßnahmen ist weitgehend unergründet und lohnte, in einer weiteren Arbeit mit empirischer Unterfütterung betrachtet zu werden.

[16]Schimank 2001, S. 278.

[17]Kühl 2011, S. 9–11.

[18]Schreyögg/Geiger 2016, S. 5 ff.

[19]Siehe Kap. 5.

Organisation hin und beschreibt dementsprechend gestalterische Formen bzw. Prozesse der Leistungserstellung. Hier ist es kein Zufall, dass das altgriechische, dann das französische Wort für Werkzeug, *organon* und *organe*[20], sich in unserer heutigen (oft gerade technisch verstandenen) Organisation wiederfindet. Beide Begriffe werden in unterschiedlichen Zusammenhängen gebraucht oder nur implizit in der Organisationswirklichkeit reflektiert.

3.4.1 Institutioneller Organisationsbegriff

Mit einer institutionellen Sichtweise auf Organisationen ist die Frage gestellt: Welche Eigenschaften bringt die Organisation hervor, um als Organisation identifiziert werden zu können bzw. von ihrer Umwelt (Nicht-Organisation) und damit von anderen sozialen Systemen, etwa reinen Interaktionssystemen (Kommunikation unter Anwesenheit) und der gesamten Gesellschaft, unterscheidbar zu sein? Neben vielen Bestimmungsformen sind in der wissenschaftlichen Analyse die folgenden Beschreibungen anzutreffen:[21]

Spezifische Zweckorientierung
Jede Organisation verfolgt typischerweise gemeinsame (kooperative) Ziele. Ein Wirtschaftsunternehmen ist bestrebt, über fortlaufende Refinanzierung Profite zu erwirtschaften, eine Behörde ist im weitesten Sinne mit der Beaufsichtigung öffentlicher Angelegenheiten betraut, und auch ein Fußballverein verfolgt formale Ziele, mindestens das nächste Spiel zu gewinnen und im besten Fall aufzusteigen oder den Klassenerhalt zu sichern. Die in wirtschaftlichen Organisationen typische Motivation zur Zweckerfüllung durch die Mitglieder sind Geldleistungen in Form von Löhnen und Gehältern. Zweckorientierung in Organisationen bedeutet im Wesentlichen gleichermaßen eine Stabilisierung und eine Fortentwicklung bzw. Expansion der zu erledigenden Aufgaben.

Die meisten Organisationen sind bemüht, Zwecksetzungen präziser zu wählen, als dass sie nur als Werte und damit als auslegungsfähig erkannt werden könnten. Zwar wird man selbst in großen Konzernen keine Handbücher finden, in denen qua „Ordnung" festgelegt wäre, welche Zwecke die Organisation auf Dauer verfolgt, doch die Besonderheit wirtschaftlicher Organisationen besteht darin, dass diese auf eine Refinanzierung am Markt angewiesen sind. Die Zwecke der Unternehmen stehen mittelbar in ihren Bilanzen, in Aktionärsberichten und Quartalszahlen. Zwecke mögen als die „Basis" aller Organisationswerdung und -entwicklung anzusehen sein; indes sind sie aber auch als besonders voraussetzungsvoll anzusehen. Zwecke können sich sowohl ausdifferenzieren und damit unter Umständen schwieriger bestimmten Entscheidungen und ihre Legitimation zugeordnet werden. Es können Fälle eintreten, die es erforderlich oder möglich

---

[20]Duden 1997: 503, Sp. a.
[21]Schreyögg/Geiger 2016, S. 9–11; Laske/Meister-Scheytt/Küpers 2006, S. 16–22.

machen, nicht mehr beispielsweise allein die Produktion und den Vertrieb von Back-
pulver und Puddingrezepturen als *zweckmäßig* anzusehen, sondern den Zweck der
Organisation auf die Vermarktung auch von Versicherungen und Bier zu erweitern. Die
in vielen Unternehmen gewissermaßen *zweckerweiternd* oder *zweckergänzend* heraus-
gestellte Betonung von *Werten* ist dahin gehend nützlich, als dass sie Einigung auf
einem hohen Niveau der Unbestimmtheit ermöglicht und damit in ihren Auswirkungen
gegebenenfalls mehr oder weniger folgenlos bleiben kann. Dies gilt insbesondere in der
Auseinandersetzung über die Auslegung oder Präferenz der Organisationszwecke zwischen den Mitgliedern selbst, da sich die dauerhafte Etablierung von Werthierarchien
auch in Organisationen als nicht formalisierbar erweist.[22] Diese Form von Konflikten ist für die Organisation nicht entscheidbar, zumindest nicht in einer Art und Weise,
die Orientierung in vergleichbaren zukünftigen Situationen ermöglicht. Dies mag für
einzelne Mitglieder frustrierend sein, birgt aber einen entscheidenden Vorteil für die
Organisation, da der Konflikt weder dauerhaft zugunsten der Mitglieder, aber eben auch
nicht grundlegend gegen diese entschieden werden kann.[23]

Geregelte Arbeitsteilung und Hierarchie
In der Regel sind die Ziele einer Organisation deutlich zu komplex, als dass sie von
einer Einzelperson erreicht werden könnten. Schon aufstrebende Start-Up-Unternehmen,
die zwischen nächtlich entleerten Pizzakartons und Bierkästen ihren Anfang nehmen,
benötigen ebenso zügig eine minimale Form von Belegschaft wie es auch der Weg in
die Selbstständigkeit beispielsweise für einen Arzt oder Ingenieur mit sich bringt. In
jeder Organisation arbeiten verschiedene (üblicherweise auch verschiedenartig quali-
fizierte) Personen arbeitsteilig zusammen, deren Aufgaben nach bestimmten Kriterien
bzw. Anforderungen gebündelt und koordiniert werden. Arbeitsteilung ist die elementare Voraussetzung zur Erreichung der Ziele eines Unternehmens. Hierarchien bieten
Organisationen ein bewährtes Prinzip oder Instrument, um Entscheidungswege vorzu-
zeichnen, also abzusichern und erwartbar zu machen. Erwartbarkeit der Funktion und der
Folgen von Entscheidungen ist gewissermaßen der harte Vorteil dieser Ordnungsform.
Die Ausbildung eines Instanzenzugs, verbunden mit einer formalen Hierarchie bzw.
hierarchischer Kommunikation (wechselseitige Zuordnung der Weisungs- sowie Erfül-
lungsaktivitäten) entlastet die Organisation, da sie Unsicherheit in Entscheidungsläufen
minimiert bzw. auf bestimmte, definierte Stellen Entscheidungen zurechnen kann.

Beständige Grenzen
Organisationen sind auf Beständigkeit ausgerichtet. Ihre Grenzen ermöglichen es, zwischen (interner) Organisation und externer Umwelt zu unterscheiden. Im Gegensatz zu
einer Arbeitsgruppe im Studium oder im Vereinsleben, deren Gruppenstruktur sich nach

---

[22]Luhmann 1964, S. 240.
[23]Dieser Abschnitt ist zuerst diskutiert worden in Schütz/Bull 2017, S. 7.

einem jeweiligen Vorhaben immer wieder auflöst, sind die Strukturen einer Organisation gerade auf Dauer angelegt, um verlässliche Arbeitsroutinen und Stabilität für interne und externe Akteure zu ermöglichen. Wirtschaftliche Organisationen lassen sich insgesamt als das permanente Bemühen verstehen, inmitten von Märkten und deren Transaktionen ein Mindestmaß an Sicherheit und Komplexitätsreduktion sicherzustellen. Sie sind die notwendige strukturelle Antwort auf eine Wirtschaft des freien Waren- und Kapitalverkehrs. Auf einem Kontinuum dargestellt, bewegen sich Organisationen also zwischen kleinräumigen sozialen Formen wie Netzwerken oder Gruppen einerseits und mehr oder weniger großräumigen Märkten andererseits, in denen sie durch Regelbildung eine Stabilisierung ihrer Zwecke und dementsprechend soziale Berechenbarkeit erreichen wollen.

Mitgliedschaft
Die Grenze zwischen Organisation und Umwelt wird über die Mitgliedschaft geregelt. Die Kunden einer Unternehmung gehören nicht zur Organisation, da sie z. B. nicht über einen formalen Arbeitsvertrag verfügen. Für sogenannte utilitaristische (nutzenorientierte) Organisationen, wie etwa Unternehmen, aber auch Krankenhäuser und Bildungseinrichtungen, gilt, dass ihre Mitgliedschaft „überwiegend aus der vertraglich vereinbarten Aussicht auf materielle Entlohnung resultiert."[24] Entlohnungen bilden einen wesentlichen Anker für die Erfüllung von Mitgliedschaftserwartungen. Die Mitglieder werden daher vertraglich an die Organisation gebunden, unabhängig davon, ob sie auf Gewinnerzielung ausgerichtet ist oder nicht. Daneben gibt es andere soziale Gebilde, wie etwa Psychiatrien, deren Patienten durch Zwang zu Mitgliedern werden (Zwangsorganisationen); die Mitgliedschaft in normativen Organisationen bzw. sogenannten Tendenzbetrieben, wie z. B. Kirchen (Glaubensbekenntnis), Verlagshäusern (sogenannte Blattlinie) oder Gewerkschaften (teilweise sichtbare politische Zuordnung), beruht hingegen auf gemeinsam geteilten Überzeugungen.

Arbeits- und Rollenaktivität
Schließlich ist zu fragen, wie umfassend die Mitglieder mit ihren Aktivitäten in die Organisation eingebunden sind. Die Mitgliedschaft in einer Organisation bezieht sich typischerweise nur auf einen Teil der Aktivitäten eines Individuums, wie etwa die Arbeitskraft, und nicht auf die gesamte Persönlichkeit oder das gesamte Leben der Mitglieder.[25] Daher kann eine Person auch parallel Mitglied in verschiedenen Organisationen sein, wie etwa als Arbeitnehmer in einem Unternehmen und als Vorsitzender des örtlichen Schützenvereins. In diesem Zusammenhang wird auch häufig der Begriff der *Rolle* verwendet. Als Mitglied einer Organisation schlüpft die Person in eine bestimmte Rolle, die mit spezifischen Verhaltenserwartungen verknüpft ist.

---

[24]Laske/Meister-Scheytt/Küpers 2006, S. 19.
[25]Kühl/Schütz 2017, S. 65 f.

Insofern „switchen" Organisationsmitglieder in aller Regel zwischen Organisationen, gesellschaftlichen Bereichen, privaten und nichtprivaten Räumen und befinden sich dadurch in Rollenkonvergenz und -konflikt.[26] Zu unterscheiden ist eine partielle Inklusion (svw. individuelle Einbindung, Zugehörigkeit) von einer Totalinklusion. Während die Beschäftigten eines Unternehmens nur teilweise (aufgabenbezogen) inkludiert sind, weil sie neben ihrer beruflichen Tätigkeit in der Regel auch noch ein Privatleben jenseits des Arbeitgebers führen, trifft dies auf die Insassen eines Gefängnisses oder die Patienten eines Krankenhauses schon nicht mehr zu.

3.4.2 Instrumenteller Organisationsbegriff

Während der institutionelle Organisationsbegriff vorwiegend soziologischen Studien zugrunde liegt, dominierte lange Zeit in der betriebswirtschaftlichen Debatte die instrumentelle Sichtweise über Formen des *Organisierens* (mit einem einflussreichen Beitrag zur ökonomischen Organisationslehre).[27] Die Organisation dient (man beachte die Zweckrichtung!) hier zunächst als Instrument zur effizienten Steuerung eines Unternehmens oder einer Verwaltung. Sie ist das Ergebnis eines rationalen Gestaltungsprozesses, der die Regeln, Verfahrensweisen, Hierarchieebenen, Weisungsbefugnisse und Kompetenzbereiche der Einrichtung festlegt. In jeder weiter entwickelten Organisation existiert eine Vielzahl von Abläufen, die sich regelmäßig wiederholen. In all diesen zeitlich und organisatorisch relevanten Konstellationen bietet es sich an, generelle, auf Dauer gestellte Regelungen zu schaffen, die allen Beteiligten ein bestimmtes Verhalten vorschreiben und ihnen damit die Möglichkeit nehmen, nach eigenem Ermessen zu verfahren.[28] Jede Organisation muss spezifische Überlegungen dazu anstellen, welche Bereiche sich generell regeln lassen und in welchen eher fallweise zu entscheiden ist.

Schreyögg und Geiger differenzieren den instrumentellen Organisationsbegriff noch in funktionaler und in konfigurativer Hinsicht aus.[29] In funktionaler Perspektive gilt Organisation als eine von mehreren Unternehmensfunktionen, die beispielsweise neben der Planung und Kontrolle dazu dient, die Ziele eines Unternehmens zu erreichen. Dieses Konzept wurde insbesondere von Erich Gutenberg in der klassischen Betriebswirtschaftslehre vertreten. Davon abzugrenzen ist der konfigurative Organisationsbegriff, der vor allem von Kosiol geprägt wurde.[30] Die Organisation wird als dauerhaftes Gerüst bzw. festes Gefüge (Konfiguration) definiert, die allen anderen Funktionen vorgelagert ist. Sie ist sozusagen Voraussetzung dafür, dass überhaupt Aufgaben wahrgenommen

---

[26]Luhmann 1971, S. 217 ff.

[27]Siehe exemplarisch als klassischen Beitrag Kosiol 1968 und 1976.

[28]Gutenberg 1983, S. 239.

[29]Schreyögg/Geiger 2016, S. 5 f.

[30]Kosiol 1962.

oder Entscheidungen gefällt werden können und weist damit gewisse Parallelen zum institutionellen Organisationsbegriff auf.[31]

3.5   Entscheidungen und Entscheidungsprämissen

Entscheidungen können als die Grund- bzw. Letztelemente in Organisationen angesehen
werden. Es sind – vor allem einer systemtheoretischen Perspektive folgend – *die*
zentralen Operationen, ja die *Kommunikationen*, mit denen eine Organisation sich selbst
konstituiert und fortentwickelt. Entscheidungen stellen die bevorzugte oder erwählte
Seite einer Alternative dar. Einen Zusammenhang weisen Entscheidungen schon dadurch
auf, dass sie in Form einer „Verkettung" fortlaufend aufeinander referieren.[32] Mit Entscheidungen können Organisationen Unsicherheit absorbieren. Es bilden sich Routinen
und Gewohnheiten, die der Organisation Stabilität und die Möglichkeit der Steuerung
verleihen. Allerdings erhöhen Entscheidungen wiederum den Grad der Ungewissheit,
da sie bestimmte Praktiken stabilisieren und andere hingegen verdrängen können. Die
Folgen dessen sind für Organisationen nur sehr begrenzt zu antizipieren. Zentral ist
der Gedanke, dass Entscheidung und Entscheidungsfähigkeit in Organisationen einen
maßgeblichen, wenn nicht „entscheidenden" Bezug zur Frage der Absicherung gegenüber inneren Irritationen und solchen der Umwelt und damit also auch zu Compliance-
Interventionen aufweisen.[33]

Den Entscheidungen selbst liegen, mit der besagten systemtheoretischen Perspektive betrachtet, wiederum organisatorische *Entscheidungsprämissen* zugrunde.[34] So
gibt es buchstäblich „Vor"-Stellungen dazu, welches Personal in Betracht kommt, wie
zu kommunizieren und mit welchen Verfahren die Arbeit zu programmieren ist. Mit
Folgen: Entscheidungen werden weder völlig frei gefällt, noch sind sie Resultate einer
universellen Vernunft. Innerhalb eines diffusen Entscheidungsflusses orientieren sich
die Entscheider an (einschränkenden) Erwartungen. Die maßgeblichen formalen (man
spricht hier auch von den entschiedenen, d. h. also geklärten, vorbestimmten) Prämissen
des Entscheidens in Organisationen sind *Programme, Personal und Kommunikation*. In
Abgrenzung von entschiedenen (formalen) Prämissen wird dann von unentschiedenen
oder nicht entscheidbaren Prämissen gesprochen, wenn informale Wege gewählt werden
bzw. das weite Feld der schon dargestellten Organisationskultur adressiert ist. Unent-
schiedene Prämissen können bedeutsam sein, weil es (informale) Abläufe in Organisationen geben kann, die keine formale Ordnung bis ins letzte Detail der Arbeitsverrichtung
erfordern bzw. sogar negative Störungen eintreten könnten, würde jeder Vorgang exakt

---

[31]Schreyögg/Geiger 2016, S. 9.

[32]Luhmann 1966, S. 25.

[33]Zu Entscheidungen grundlegend: Baecker 2008, S. 45–47; Kette 2018, S. 40–47.

[34]Luhmann 2017, S. 217.

reguliert. Nicht- bzw. unentscheidbare Prämissen liegen dann vor, wenn die Organisation formal keine Möglichkeit dazu hat oder es nur mit erheblichen Problemen verbunden wäre, sämtliche Entscheidungsvorgänge formal zu regulieren.[35]

Unter den formalen Prämissen des Entscheidens stellen *Programme* das inhaltlich Grundlegende der formalen Ordnung einer Organisation dar; sie ermöglichen die Zwecke und geben Auskunft über die Zulässigkeit der Mittel, die zum Erreichen der Zwecke angewandt werden können. Mit der Prämisse *Personal* wird adressiert, welche Personen in welchen Funktionen bzw. auf welchen Stellen für Entscheidungen in Betracht kommen sollen. Dies beginnt mit dem Prozess der Personalauswahl und führt über Einstellung und Entwicklung des Personals bis zu Fragen der Versetzung und Trennung bzw. Kündigung. Zu beachten ist, dass speziell (aber nicht nur dort) nach systemtheoretischer Perspektive nicht „ganze" Menschen unter Personal verstanden werden, sondern primär Funktionsträger, die an bestimmte arbeitsvertragliche und somit an Mitgliedschaftsbedingungen gebunden sind. Schließlich wird über die Prämisse der *Kommunikation* festgelegt, welche Kanäle bzw. Wege in der Hierarchie der Organisation für Entscheidungen beansprucht werden können.[36]

Ein näheres Verständnis dieser Prämissen kann bei der Gestaltung von Compliance-Instrumenten und einer Compliance-Organisation einen hilfreichen Beitrag leisten. Wird gesehen, dass Entscheidungen in Organisationen sich nach bestimmten hervortretenden Kriterien in der betrieblichen Praxis einordnen lassen, können Regulierungen womöglich genauer auf die jeweiligen Voraussetzungen und Bedingungen hin gelenkt werden. So sehr es typisch ist für Entscheidungsprämissen, dass sie – daher sind sie ja Prämissen – nicht mehr im Rahmen jeder Einzelentscheidung (Entscheidungsepisode) hinterfragt und wieder gänzlich neu bestimmt werden können und sollen (ihr Nutzen liegt darin, diese immer wieder aufkeimende Ungewissheit zu minimieren!), so sehr sind es aber spezifisch Veränderungsphasen und Projekte als gewissermaßen „Entscheidungen über Entscheidungsprämissen"[37] bzw. Reformen als „Defizienzbeschreibungen"[38] zum Zweck der Implementierung neuer organisatorischer Verfahren, die die Prämissen dann selbst zum Thema der Organisation machen. So kann gesehen werden, dass beispielsweise Programme eine hohe Bedeutung für den „Identitätskern" eines Unternehmens entfalten und die Orientierung an Programmen üblicherweise in enger Verbindung mit Erwartungen der Rechtmäßigkeit organisatorischer Ordnung steht. Ferner ist zu sehen, dass Kommunikationskanäle mindestens ebenso Unsicherheiten, ja vielleicht gar organisiertes Missverstehen produzieren können, wenngleich sie dazu entwickelt werden, eben diese zu minimieren. Und schließlich tragen Personen aus der Umwelt der Organisation bzw. mit ihrer Persönlichkeit (als „ganze" Menschen) und einer unterschiedlich

---

[35]Siehe für eine Übersicht Kühl 2011, S. 95–136.
[36]Kühl 2011, S. 103–109; Luhmann 1964.
[37]Luhmann 2017, S. 56.
[38]Martens/Ortmann 2014, S. 423.

entwickelten Fachlichkeit bestimmte Voraussetzungen bzw. Stile in die Organisation hinein, die sich auf die Art, *wie* entschieden wird, als funktional oder nachteilig, jedenfalls als folgenreich erweisen können.

3.6   Informale Regeln und Organisationskultur

Eine weitere wichtige Unterscheidung betrifft die in formale und die informale oder auch inoffizielle Organisation.[39] Die formalen Regeln umfassen alle sichtbaren, willentlich festgelegten Elemente der Organisation, wie etwa die formale Arbeitsteilung, die Beschreibung von Arbeitsabläufen oder die Festlegung von Weisungsbefugnissen. Wie schon verschiedentlich angedeutet wurde, ist allerdings nur zu gut bekannt, dass neben dieser offiziellen Seite auch viele weniger sichtbare, wenn nicht gänzlich latente Strukturen in Organisationen existieren, die das Verhalten der Personen und die Ergebnisse der Organisation ebenfalls maßgeblich beeinflussen. Zu dieser informalen Struktur zählen z. B. verkürzte Dienstwege, Korridorgespräche, informale Normen, die auch dazu dienen können, persönliche Ziele durchzusetzen, anstatt lediglich Organisationsziele erreichen zu wollen. Kurz gefasst, ist Informalität all das in Organisationen, was abschließenden (formalen) Entscheidungen nicht zugewiesen werden kann oder nicht soll, oder aber es schlicht an geeigneten Mitteln bzw. Anlässen dafür fehlt.[40] Wir werden später auf diesbezügliche Differenzierungen anhand etablierter Ansätze eingehen. Für den Moment ist festzuhalten, dass informale organisatorische Regeln sowohl funktionale als auch dysfunktionale Effekte auslösen können – gemessen an den jeweiligen formalen Zwecken. Mit ihnen lassen sich Entscheidungsprozesse beschleunigen und Ressourcen einsparen oder gegenteilige Effekte bewirken. Im Wissensaustausch kommt die Relevanz der Informalität häufig besonders zum Tragen, fördernd wie blockierend, da es sich bei Wissensstrukturen gerade um jene „Bereiche" handelt, die letztlich primär in psychischen Systemen, also von Menschen, in Köpfen eingelagert sind und manageriale Zugriffe hierauf insofern immer nur versuchsweise unternommen werden können.[41]

Unter dem Stichwort *Organisationskultur* werden üblicherweise jene in einem sozialen System getragenen, impliziten Annahmen („ungeschriebene Gesetze") zusammengefasst.[42] Die Grundlage des Ansatzes „besteht – überspitzt formuliert – darin, Organisationen nach dem Muster eines abgeschotteten Mikrokosmos bzw. eines isoliert lebenden Volksstammes zu sehen, mit einem eigenen Sprachcode, eigenen Werten und

---

[39]Siehe ausführlich Kap. 5.

[40]Kühl 2011, S. 113–136.

[41]Zech 2009, S. 4.

[42]Siehe mit einer aktuellen systemtheoretischen (Neu-)Bestimmung des schimmernden Kultur-Begriffs in der Organisationsforschung und der -praxis: Kühl 2018b.

Normen und einem eigenen Symbolsystem."[43] Da gerade wachsende Organisationen typischerweise zunehmend fragmentierter und teilweise auch lose gekoppelt geführt werden, kann ein (lokales) „Kulturempfinden" zumindest eine basale Konformität erzeugen (man weiß im Zweifel, was man im Hinblick auf soziale Akzeptanz des Umfelds eher tun kann und was eher nicht) und damit Kooperation fördern.[44] Gleichwohl bringen Organisationen mit zunehmender Größe eine fortschreitende *innere* oder *Binnendifferenzierung* hervor; das Organisationssystem gliedert sich Stück für Stück in Untersysteme, die mehr oder weniger eine gewisse Eigenständigkeit entwickeln und damit auch in eine Abgrenzung zum Gesamt- oder Obersystem treten, also „eine eigene Normordnung stabilisieren"[45] können. Insofern ist es unvermeidlich, die durchaus verbreitete Ansicht zu relativieren, dass „eine Organisation (nur weil sie im rechtlichen Sinne Einheit darstellt, Anmerk. d. Verf.) nur eine Organisationskultur hat und diese Kultur einigermaßen konsistent gehandhabt (also: formal organisiert, Anmerk. d. Verf.) werden kann."[46] Gerade Konzerne und Großverwaltungen neigen zur Herausbildung von Bereichs- und Fach-„Kulturen", die enorme Widersprüche anzeigen. Der Laboringenieur arbeitet trotz ähnlicher Ausbildung anders als der Chemievorstand in der Unternehmensverwaltung, der Justizminister pflegt andere Arbeitsroutinen als der Regierungsrat, die Dachdecker wollen nicht mit den Anstreichern verwechselt werden. Mithilfe von Werten, Leitbildern und Firmenphilosophien können Verhaltensweisen sicherlich plakativ verständlich und überschaubar gemacht werden. Gleichzeitig fördert die orientierungsstiftende Kraft der Organisationskultur Motivation und soziale Zusammenarbeit und lässt die Bereitschaft entstehen, sich zu engagieren.[47] Wird die organisatorische Kultur durch bewusstes Handeln der Leitung erarbeitet und vorgelebt, kann sie sich womöglich gar als, wenn auch in formaler Hinsicht, immer prekäres Koordinationsinstrument erweisen. Die Forschung in Unternehmen mahnt zur Skepsis; insbesondere, da sich der Ansatz der Organisationskultur „von einer ursprünglich wissenschaftlichen Ausrichtung ziemlich schnell zu primär anwendungsorientierten Management-Philosophien verwandelt" habe.[48] Einesteils ist Kultur ein schillernder Begriff, der unter Praktikern, denen eine neue „Kulturagenda" oder „Corporate Philosophy" verordnet wird, zur Witzelei verleitet: Man frage, getreu der Binnendifferenzierung, nur in drei Abteilungen nach der Hauskultur und man erhalte gut doppelt so viele

---

[43]Preisendörfer 2011, S. 116.

[44]Kuh/Whitt 1988.

[45]Luhmann 1964, S. 306 f. Dazu ausführlicher Kap. 6.

[46]Luhmann 2011, S 242.

[47]Morgan 2006, S. 116 ff.

[48]Preisendörfer 2011, S. 117. Dies bedeutet nicht, dass Organisationskultur kein brauchbares Thema für die Praxis wäre. Nur muss davon der wissenschaftliche Beitrag unterschieden werden. Die Wissenschaft kann kulturellen (Selbst-)Beschreibungen, also Wünschen, Neigungen, Eindrücken etc., in Organisationen nicht einfach bestätigend folgen, nur um damit besonders praktische und positiv anmutende Beschreibungen bereitstellen zu können.

Antworten. Andernteils wird Steuerung, erst recht die Vorgabe von „Kultur-
dimensionen", in der Wirkung überschätzt und überkausalisiert (man kann weniger
genau Ursache und Wirkung rekonstruieren, als es scheinen mag). Es scheint die Stärke
vor allem größerer Organisationen zu sein, zum Teil erhebliche Konformitäts- und
Identitätskonflikte innerhalb ihrer Grenzen schlicht deshalb aushalten zu können, da
man sie unterschwellig überspielt bzw. gerade nicht über Gebühr artikuliert. Dass sich
Unternehmen immer häufiger Leitbilder geben, widerspricht dieser Beobachtung nicht.
Im Gegenteil: Durch Wertekommunikation bleiben gerade Unverbindlichkeit und Uneindeutigkeit gewahrt, da sich in lockeren Wertbeschreibungen ganz verschiedene Bereichs-
kulturen „wiederfinden" können.[49] Dass Maßnahmen der formalen Regulierung qua
Organisationskultur damit zugleich erleichtert wie erschwert werden können, darf als
eine zentrale Einsicht angenommen werden.

3.7 Formale Gestaltung von Organisationen

Zu den Strukturdimensionen einer regelgeleiteten organisatorischen Gestaltung – man
könnte vielleicht auch vom organisatorischen „Innenausbau" sprechen – zählen nach
Kieser und Walgenbach[50] *Spezialisierung, Koordination, Konfiguration, Entscheidungsdelegation* und *Formalisierung.* Die Spezialisierung betrifft die Arbeitsteilung, die
Koordination die Art und Weise, wie die einzelnen Aktivitäten gebündelt werden sollen.
Unter Konfiguration wird das Leitungssystem verstanden, welches üblicherweise durch
ein wie auch immer eingerichtetes Management übernommen wird.[51] Interessant ist auch
die Entscheidungsdelegation, worunter die Kompetenzverteilung innerhalb einer Belegschaft bzw. Personalstruktur zu verstehen ist. Mit der Formalisierung wird erfasst, „in
welchem Ausmaß die Strukturen und Abläufe einer Organisation schriftlich fixiert sind
und fortlaufend schriftlich festgehalten werden."[52]

3.7.1 Spezialisierung

Das Phänomen der Arbeitsteilung oder auch Spezialisierung gilt als Ausgangsproblem jeder
organisatorischen Strukturierung.[53] Organisatorische Ziele sind üblicherweise so umfang-
reich, dass sie nicht von einer Einzelperson erreicht werden könnten. Die Festlegung

---

[49]Kühl 2016a. Dies kann sogar auf Ebene sogenannter Metaorganisationen, das heißt großflächiger
staatlicher oder wirtschaftlicher Apparate bzw. Verbände, geschehen. Siehe dazu mit dem Beispiel
der Europäischen Union: Schütz/Bull 2017, S. 27–31.

[50]Kieser/Walgenbach 2007, S. 77.

[51]Kieser/Walgenbach 2007, S. 136 ff.

[52]Preisendörfer 2008, S. 72.

[53]Kieser/Kubicek 1992, S. 80.

der Arbeitsteilung bzw. Spezialisierung ist der grundlegende Schritt zur Gestaltung der Organisationsstruktur. Jede Organisation muss zunächst entscheiden, welche Form der Spezialisierung für sie optimal ist, wenn sie ihre Aufgaben in puncto Dienstleistungen oder Produktportfolien erfüllen will. In der Managementlehre werden zwei Arten der Spezialisierung unterschieden: die *funktionale* und die *divisionale* Organisationsstruktur.[54] Beim *funktionalen* Typ wird die Organisation nach gleichartigen Funktionen bzw. nach dem sogenannten Verrichtungsprinzip gegliedert. Viele Wirtschaftsorganisationen werden klassisch nach den Funktionen Beschaffung, Produktion, Absatz, Forschung und Entwicklung, Personal, Finanzen usw. gegliedert. Die *divisionale* Organisationsstruktur wird mit der Differenzierung nach dem Objektprinzip (Produkte/Produktgruppen, Regionen/ Länder, Kunden/Kundengruppen) verbunden. Auf der zweiten Hierarchieebene entstehen Geschäftsbereiche (oder auch Sparten bzw. Divisionen), die relativ autonom handeln, jedoch in der Regel nicht alle Funktionsbereiche aufweisen. Die funktionale und die divisionale Organisationsstruktur sind ideale bzw. extreme Grundtypen, die in der Praxis oft miteinander verbunden werden. Viele Organisationen folgen sowohl dem Objekt- wie auch dem Verrichtungsprinzip. Damit wird eine eindeutige Zuordnung konkreter Organisationsstrukturen zu einem dieser beiden Typen erschwert oder sogar unmöglich.

3.7.2 Koordination

Je nach Spezialisierungsform müssen arbeitsteilige Aktivitäten auf gemeinsame Ziele hin ausgerichtet, also koordiniert werden. Die betriebliche Praxis kennt verschiedene Koordinationsinstrumente[55], die je nach Erfordernissen der Arbeitsläufe sehr unterschiedliche Relevanz entfalten können. Offensichtlich wird jedoch schnell, dass die koordinatorische Dimension der Organisationsgestaltung mit besonderem Bezug für die Gestaltung eines wie auch immer realisierten Regel- und Compliance-Managements verbunden ist, da Koordinationsinstrumente sehr unterschiedliche Begrenzungen bzw. Erweiterungen an Gestaltungsspielraum bedingen. Koordination wird in folgenden Varianten verwirklicht:

- Persönliche Weisung (zeitlich limitiert, personen- bzw. stellenscharf),
- Pläne bzw. schriftlich fixierte Regelungen (Gesetzeswerke, Richtlinien, Vorschriften),
- Standardisierung von Rollen (Stellenbeschreibungen),
- Interne Märkte,[56]
- Organisationskultur (örtliche, spezifische Gepflogenheiten als informale Erwartungen),

---

[54]Kieser/Kubicek 1992.
[55]Kieser/Walgenbach 2007; Müller-Böling 1997, S. 605 ff.
[56]Kühl/Schütz 2017, S. 70 f.

- Selbstabstimmung/Selbstverwaltung (Kollegialitätsprinzip),
- Ziel- und Leitungsvereinbarungen.

3.7.3 Entscheidungsdelegation

Manager stehen immer wieder vor der Frage, wie viel Entscheidungsspielraum sie selbst wahrnehmen möchten und wie viel sie an ihre Mitarbeiter delegieren möchten. Und dies hängt nicht einmal so sehr an den formalen Möglichkeiten, sondern an der Frage, wie sicher man gehen kann, dass Prozesse so regelförmig verfolgt werden, wie es der eigenen Intention entspricht („Wenn man es nicht selbst macht, dann…"). Kurzum: In der Organisationsgestaltung muss auch der inhaltliche Umfang der Entscheidungsbefugnisse berücksichtigt werden. Dabei ist zu beachten, dass Entscheidungsbefugnisse lediglich auf die Handlungsspielräume bei der *Ausführung* der Arbeitsaktivitäten bezogen sind; sie berechtigen aber noch nicht dazu, Weisungen an Organisationsmitglieder zu erteilen.[57] Konkret beinhaltet die Delegation von Entscheidungsbefugnissen die Zuweisung von Aufgaben, die Vorgabe von Zielen für die Aufgabenerfüllung, die Ausstattung mit den zur Aufgabenerfüllung erforderlichen Rechten und die Übertragung von Verantwortung.[58]

3.7.4 Konfiguration

Eine weitere Dimension formaler Organisationsstrukturen ist die Konfiguration, bei der Entscheidungs- und Weisungskompetenzen im Zentrum stehen. Diese Dimension ist auch unter dem Begriff Leitungssystem bekannt.[59] Den ausführenden Stellen einer Abteilung werden Leitungsinstanzen übergeordnet, die für die Koordination innerhalb und zwischen den Abteilungen zuständig sind. Die Leitungsinstanzen werden mit spezifischen Weisungs- und Leitungsbefugnissen ausgestattet, um die Aktivitäten der Organisationsmitglieder aufeinander abzustimmen. Die Organisationslehre unterscheidet zwei Idealtypen: das Einlinien- und das Mehrliniensystem. Beim Einliniensystem hat jeder Mitarbeiter einen direkten Vorgesetzten, d. h. der Mitarbeiter erhält nur von einer übergeordneten Stelle Anweisungen und Arbeitsaufträge. Man nennt dieses System deshalb auch „Prinzip der Einheit der Auftragserteilung". Dagegen hat beim Mehrliniensystem jeder Mitarbeiter mehrere unmittelbare Vorgesetzte, von denen er seine Aufträge erhält („Mehrheit der Auftragserteilung"). Das Mehrliniensystem bezeichnet man auch

---

[57]Kieser/Kubicek 1992, S. 353 ff.

[58]Kieser/Kubicek 1992, S. 159.

[59]Kieser/Walgenbach 2007, S. 136.

als „Prinzip des kürzesten Weges".[60] Organisationen können sich sehr unterschiedlich konfigurieren, z. B. hinsichtlich ihrer Gliederungstiefe (Anzahl der Hierarchieebenen), ihrer Leitungsspannen (Anzahl der untergeordneten Stellen einer Leistungsinstanz) und hinsichtlich ihrer Leitungsintensität (Verhältnis zwischen Leistungsinstanzen und ausführenden Stellen).[61]

3.7.5 Formalisierung

Unter Formalisierung verstehen Kieser und Walgenbach „den Einsatz schriftlich fixierter organisatorischer Regeln in Form von Organisationsschaubildern, -handbüchern, Richtlinien, Stellenbeschreibungen usw."[62] Sie differenzieren drei Dimensionen der Formalisierung: die schriftliche Fixierung organisatorischer Regeln, die Formalisierung des Informationsflusses und die Formalisierung der Leistungserfassung und -beurteilung. Im ersten Fall werden die wichtigsten organisatorischen Regeln z. B. in Schaubildern, Organigrammen, Handbüchern, im Intranet u. Ä. visualisiert und dokumentiert. Den Aspekt der Formalisierung des Informationsflusses hat Max Weber als Aktenmäßigkeit bezeichnet (siehe oben). Sie bezeichnet die schriftliche Kommunikation in einer Organisation, die z. B. für Kontrollzwecke, zur Erleichterung der Einarbeitung neuer Mitarbeiter oder zu Legitimationszwecken praktiziert wird. Schließlich wird in Organisationen typischerweise die Leistungserfassung der Mitarbeiter formalisiert, um personalbezogene Entscheidungen für Beförderungen, Sanktionen oder Vergütungen transparent und nachvollziehbar zu gestalten. Typische Instrumente für diese Teildimension umfassen z. B. Arbeitszeitkarten, Arbeitsstatistiken, Fragebögen oder klassische Beurteilungsbögen für Mitarbeiter.[63]

3.8 Abgrenzung Organisation und Management

Neben dem Organisationsbegriff ragt auch jener des Managements in Unternehmen und Verwaltungen naheliegend prominent hervor. Historisch betrachtet ist der Beruf des Managers vergleichsweise jung. Steinmann und Schreyögg weisen darauf hin, dass es diese Berufsbezeichnung vor 150 Jahren noch nicht gab, da die meisten Organisationseinheiten klein waren und personengebunden als Manufakturen geführt wurden.[64] Hier lagen Regelsetzung und Ausführung noch buchstäblich weitgehend in einer Hand.

---

[60]Kieser/Kubicek 1992, S. 138.
[61]Preisendörfer 2008, S. 70 f., Kieser/Walgenbach 2007, S. 137 ff.
[62]Kieser/Walgenbach 2007, S. 169 (i. O. teilw. kursiv).
[63]Kieser/Walgenbach 2007, S. 176.
[64]Steinmann/Schreyögg 2000, S. 29 ff.

Kleine Handwerksbetriebe und Handelsunternehmen wurden in der Regel vom Eigentümer selbst geleitet. Erst durch die Entstehung von modernen Großorganisationen im Zuge der Industrialisierung gegen Ende des 19. Jahrhunderts kamen neue Steuerungs- und Koordinationsprobleme auf, die durch den Eigentümer nicht mehr allein kontrolliert werden konnten. Durch die wachsende Komplexität der Geschäftsprozesse mussten daher auch Organisation und Führung neu konzipiert werden. Auf diese Weise entstand so ein neues Organisationsmuster für die Koordination immer umfangreicherer Aufgaben. Nicht mehr der Eigentümer traf Regelsetzung und Entscheidungen persönlich nach seinen eigenen Vorstellungen, diese wurden aus dem persönlichen Bereich des Eigentümers herausgelöst und in eine „überpersönliche" Struktur von Stellen und Positionen überführt. Der Beruf des Managers war entstanden.[65]

Das Management hat seitdem einen gewaltigen Professionalisierungsschub erfahren. Beachtlich ist die Tatsache, dass Management mittlerweile weit über seine Geburtsstätte, den Wirtschaftsorganisation, hinausgewachsen ist. Seit Ende der 1980er Jahre werden Managementansätze, z. B. zunehmend im öffentlichen Sektor, angewendet. Unter dem sogenannten New Public Management werden Bestrebungen verstanden, Organisationen des öffentlichen Wesens mit modernen Managementkonzepten zu restrukturieren und auf Marktbedingungen einzustellen.[66] Doch was heißt eigentlich managen? Und wie lässt sich der Managementbegriff vom ebenfalls sehr gebräuchlichen Führungsbegriff *(leadership)* unterscheiden?

3.9 Differenzierung Führung versus Management

Zuweilen werden die Begriffe Management und Führung synonym verwendet; in anderen Kontexten sind wiederum (scheinbar) unterschiedliche Dinge damit gemeint. Bennis und Nanus unterscheiden die beiden Aspekte wie folgt: „Management is doing things right. Leadership is doing the right things."[67] Allgemein lässt sich sagen, dass unter Leadership eine stärker visionäre und innovatorische Prägung sowie eine aktive Rolle bei der Gestaltung von Veränderungsprozessen gefasst wird. Das Management hingegen wird stärker operativ gefasst und hat dafür Sorge zu tragen, dass der normale Betrieb „läuft". Gleichwohl ist sehr entschieden zu betonen, dass die Begriffe kaum überzeugend voneinander zu lösen sind. Etwas Klärung in diese begriffliche Gemengelage bringt Yukl, der bemerkt, dass Leadership und Management zwar verschiedene Prozesse

---

[65]Steinmann/Schreyögg 2000, S. 30.

[66]Siehe dazu Brunsson/Sahlin-Anderson 2000. Dort wird argumentiert, dass mit der Reform öffentlicher Organisationen überhaupt eine Charakterisierung staatlicher Behörden als „richtige" Organisationen einhergeht. Damit verbunden ist auch der Transfer regulatorischer Erwartungen naheliegend, wie sie typisch im privaten Sektor etabliert sind.

[67]Bennis/Nanus 1985, S. 21.

beinhalten, diese aber nicht notwendigerweise von verschiedenen Personen ausgeübt werden müssen.[68]

3.9.1 Präskriptive und deskriptive Managementlehre

In der Managementlehre lassen sich zwei weitere Begriffsbildungen ausfindig machen: der präskriptive und der deskriptive Managementansatz. Vertreter des ersten Ansatzes versuchen, Management anhand der ausgeübten Funktionen bzw. Handlungen abzugrenzen. Typische Managementfunktionen umfassen z. B. das Planen, Organisieren oder Kontrollieren. Besonders verbreitet in diesem Ansatz ist vor allem das sogenannte POSDCORB-Modell von Gulick, das für Planning, Organizing, Staffing, Coordinating, Reporting und Budgeting steht.[69] Diese Sichtweise ist bis heute sehr stark in der gängigen Managementliteratur vertreten. Nicht ohne Grund. Sie spricht Empfehlungen dahin gehend aus, wie sich Manager bestmöglich in konkreten Arbeitssituationen verhalten sollen. Im Zentrum steht der schon eingangs in diesem Kapitel diskutierte rationale Akteur, der plant, organisiert, umsetzt und kontrolliert. Davon abzugrenzen ist der deskriptive Ansatz der Managementlehre. Im Gegensatz zum präskriptiven Ansatz geht es hier um eine möglichst genaue Beschreibung der Managementtätigkeit. Es wird viel weniger konkret vorgeschrieben, was Manager zu erledigen haben, als vielmehr empirisch beobachtet, welche Entscheidungen bzw. Problemlösungen Manager in bestimmten Entscheidungen wählen. Die deskriptive Managementlehre ist weitaus stärker empirisch fundiert und versucht, das tatsächliche Managerverhalten zu beschreiben und eine Antwort darauf zu finden, mit welchen Herausforderungen Manager konfrontiert sind. Vor allem die Studien von Mintzberg sind hier zu nennen, der mit seinen qualitativen Forschungen das (abschließend noch zu diskutierende) Managementrollen-Modell entwickelt hat.[70]

3.9.2 Managementrollen

Mintzberg konnte mit einer viel beachteten Studie[71] zeigen, dass bis zu 90 % aller Managementaktivitäten unter die Rubrik „Kommunikation" fallen. Es wird viel Zeit für direkte Gespräche mit Kollegen, für Telefonate und für E-Mail-Kommunikation aufgebracht. Neben Kommunikationstätigkeiten sind aber auch analytische Kompetenzen und Organisationsfähigkeiten gefragt. Schließlich müssen Arbeitspakete definiert werden,

---

[68]Yukl 2002, S. 7.
[69]Gulick 1937, S. 86.
[70]Mintzberg 1980.
[71]Mintzberg 1990.

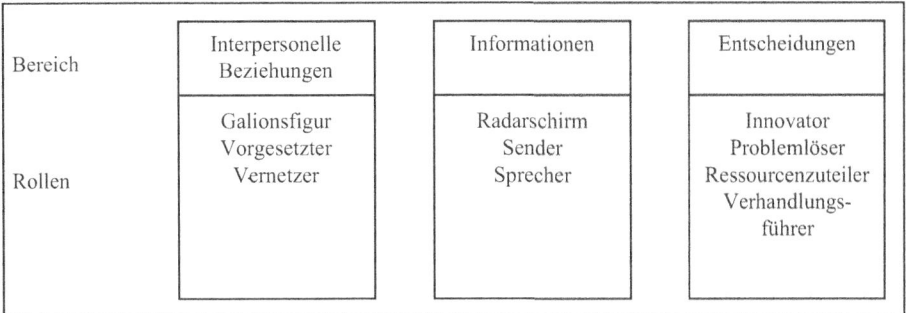

Abb. 3.1   Bereich-Rollen-Modell (Steinmann/Schreyögg 2000, S. 16 ff.)

um die Planungen auch tatsächlich zur Umsetzung zu bringen. Dazu sind konkrete Ziele, Tätigkeiten, Zeitfenster und Verantwortlichkeiten zu bestimmen. Mintzberg war es auch, der bestehende, stark regelorientierte Managementmodelle als wirklichkeitsfremd, da steuerungsgläubig konzipiert, kritisierte. Herausgearbeitet wurde, dass präskriptive Regelansätze des Managens offenbar zu normativ aufgeladen sind und sich in den empirisch beobachtbaren Herausforderungen von Managern nur geringfügig wiederfinden lassen. Manager, so ließen Forschungen erkennen, verbringen häufig deutlich weniger Zeit für detailliertere Regelgestaltung und neigen stattdessen dazu, sich durch ihren Arbeitsalltag „durchzuwursteln". Außerdem müssen sie bestehende Regelsetzungen laufend neu mit anderen Managern aushandeln. Mittels Beobachtungen und Tagebuchaufzeichnungen hat Mintzberg anhand von Einzelfallstudien das Managerverhalten näher untersucht.[72]

1. *Der typische Arbeitstag ist faktisch weitreichend zerstückelt und „dereguliert".* Manager haben vielfach keine klar definierten, geordneten Arbeitsphasen, sondern müssen sich auf viel Unerwartetes einstellen, ad hoc Gespräche führen, Probleme lösen, die nur begrenzt ihren spezifischen Kompetenzmerkmalen entsprechen und zwischen verschiedensten Aufgaben hin- und her springen. Es wird angefangen und wieder gestoppt, dies und jenes muss getan, und eben noch Dringliches wieder vertragt werden. Ermittelt wurde, dass die Hälfte aller Managementaktivitäten weniger als neun Minuten dauern und nur weniger als 10 % der Aktivitäten mehr als eine Stunde in Anspruch nahmen (darunter fielen vor allem Besprechungen).
2. *Verbale, nicht-schriftlich fixierte Kommunikation spielt eine kapitale Rolle.* Wie bereits erwähnt, ist das geschickte, analytisch wachsame Kommunizieren mit anderen Menschen, sei es mit Mitarbeitern, Kunden, Lieferanten oder Vorgesetzten, eine vergleichsweise herausragende Managementtätigkeit. So erklärten sich die hohen Kommunikationsquoten. Im Durchschnitt verwendeten die bei ihrer Arbeit

---

[72]Siehe auch Steinmann/Schreyögg 2000, S. 13.

beobachteten Führungskräfte mindestens 70 %, die hinsichtlich der erzielten Ergebnisse besonders erfolgreich erscheinenden Manager sogar mehr als 90 % ihrer
Arbeitszeit auf verbale Kommunikation.

3. *Fragen stellen und (selektiv) präzise zuhören können.* Entgegen der weit verbreiteten
Annahme, dass Manager in erster Linie Anweisungen top-down erteilen und klare
Arbeitsaufträge an nachgelagerte Hierarchieebenen geben, sind sie vielmehr damit
beschäftigt, die für sie geeigneten (entscheidungsrelevanten) Informationen ein-
zuholen, um sie ihrerseits auf effektive Weise in der Hierarchie weiterzugeben.
Entsprechend stellen sie Fragen und hören zu, wenn es um die Beschaffung von Infor-
mationen für Managemententscheidungen geht. Die Kontaktpartner sind vielfältig
und reichen von internen Mitarbeitern bis hin zu externen Anspruchsgruppen wie
Kunden, Lieferanten, Konkurrenzunternehmen, Behörden, Verbänden etc. Der große
Plan, wer und in welcher Folge mit wem zu sprechen haben sollte, weicht spontanen
Gelegenheiten und dem „Tagesopportunismus". Salopp gesprochen: Man greift sich,
wen man kriegen kann.

4. *Fehlende Abschlussregeln, offene Zyklen.* Es gibt in vielen Entscheidungssachen keinen eindeutig definierbaren Anfang und kein definierbares Ende in der Management-
arbeit. Arbeitsaufträge überlappen sich und kommen in wiederkehrenden Zyklen
zurück. Was lange fertig sein sollte, wird weiter aufgeschoben; was als langwierig
erwartet wurde, kommt auf einmal viel früher zum Abschluss. Viele Managementprobleme lassen sich auch gar nicht abschließend lösen, weil ihnen Dilemmata
zugrunde liegen, die zuweilen ausgehalten werden müssen.

5. *Fortlaufendes Bestreben nach Reduktion von Komplexität.* Da Manager in der Regel
mit sehr abhängigkeits- und widerspruchsbehafteten Problemen konfrontiert sind,
die sie unter Zeitdruck zu lösen haben, sind sie dazu gezwungen, auch mit unvoll-
kommenen Informationen und Unsicherheit Entscheidungen zu treffen. Sie müssen
vereinfachte Annahmen oder Faustregeln als eine Art subjektivtheoretisches Fundament bestimmen, die Realität auf ein beherrschbares Maß reduzieren und nutzen dazu
häufig Managementkonzepte, die u. a. genau diese Funktion erfüllen: Komplexitätsreduktion. So wird z. B. auf Basis einer SWOT-Analyse (Strengths – Weak-
nesses – Opportunities – Threats) versucht, mittels vereinfachter Annahmen eine
Investitionsentscheidung zu treffen. Diese Lösungen sind oft heuristisch, d. h. sie
beruhen auf Informationslücken und unvollständigem Wissen, doch gilt dann das
Credo: Besser eine (mäßig zufriedenstellende) Entscheidung als überhaupt keine.

All diese Erkenntnisse hat Mintzberg dazu genutzt, ein Modell zu entwickeln, welches
mögliche Rollen von Managern abbildet. Mintzberg[73] identifizierte insgesamt zehn verschiedene Managementrollen (Abb. 3.1). Typischerweise werden sie nach folgenden

---

[73]Mintzberg 1980.

Aktivitätsgruppen gegliedert: Aufbau und Aufrechterhaltung interpersoneller Beziehungen, Aufnahme und Abgabe von Informationen und dem Treffen von Entscheidungen. Freilich sind die Beschreibungen und Rollenkonzepte einer pointierten metaphorischen Veranschaulichung geschuldet, die wiederum in der betrieblichen Praxis alle möglichen Mixturen hervorbringt.

- *Galionsfigur* In dieser Rolle vertritt die Organisationsleitung die Gesamtorganisation nach innen und nach außen. Weniger die konkrete Arbeit, sondern vielmehr die symbolische Anwesenheit oder auch nur die Unterschrift sind von Bedeutung.
- *Vorgesetzter* Die Anleitung und Motivierung der Mitarbeiter sowie deren Mitwirkung bei der Auswahl und Beurteilung stehen hier im Zentrum.
- *Vernetzer* Im Mittelpunkt dieser Rolle stehen Aufbau und Pflege eines funktionstüchtigen Kontaktnetzes.
- *Radarschirm* Zu dieser Managementrolle gehört die kontinuierliche Sammlung und Aufnahme von Informationen über inner- und außerorganisatorische Entwicklungen, insbesondere über das selbst aufgebaute Netzwerk.
- *Sender* Kernaktivitäten sind Übermittlung und Interpretation relevanter Informationen und handlungsleitender Werte an die Mitarbeiter.
- *Sprecher* Hierzu gehören die Information externer Gruppen und die Vertretung der Organisation nach außen.
- *Innovator* Damit gemeint ist die Initiierung und die Durchführung von Veränderungen in der Organisation.
- *Problemlöser* Diese Rolle führt Aktivitäten zusammen, die der Schlichtung von Konflikten und der Beseitigung von Problemen dient.
- *Ressourcenzuteiler* Dazu gehört die Aufstellung beispielsweise eines Personal- und Haushaltsplanes. Darüber hinaus muss sich die Organisationsleitung einen Überblick verschaffen, wie selbstständig zusätzliche Einnahmen erzielt werden können.
- *Verhandlungsführer* In dieser Rolle führen Manager in Vertretung der Gesamtorganisation Einigungen zwischen organisatorischen Parteien herbei.[74]

Insgesamt soll festgehalten werden, dass eine organisations- und managementanalytische Perspektive dabei helfen kann, den Gegenstand der regulatorischen Einwirkung respektive Compliance-Kontrolle mit Blick auf seine sozial-organisationsförmigen Bedingungen zu kontextuieren. Für die Praxis der Organisationsgestaltung bedeutet dies, sowohl Anknüpfungsmöglichkeiten als auch Begrenzungen zu vergegenwärtigen und dabei zu gewissem Maße ambivalente Managementmechanismen zu antizipieren. Jede Compliance-Kontrolle ist unvermeidlich integriert in eine immer wieder unüberschaubar erlebte Vielzahl der Instrumente und Regelwerke organisatorischer Steuerung. Nur in

---

[74]Steinmann/Schreyögg 2000, S. 16–18.

empirisch reduzierter Annahme könnte dieses Einfluss- und Bedingungsgeflecht in einer wohlgeordneten, stets durch geeignete Impulse lenkbaren Form erwartet werden. Ein wichtiger Schritt bei der Bildung und Weiterentwicklung Compliance-sensibler Maßnahmen bzw. Strukturänderungen scheint unseres Erachtens darin zu bestehen, sich mit zentralen Beschaffenheiten von Organisationen im Ganzen zu befassen. Hierzu sollte dieses Kapitel in (sehr) geringem Umfang eine Grundlage bieten.

Informale Ordnung: Organisationsdefinition abseits des Protokolls

4

In den vorangehenden Teilen der Diskussion haben wir auf verschiedene formale, regel-bildende Akzente im Zusammenhang mit dem Aufbau und der Gestaltung von Organisation und Management hingewiesen. Es gehört aber, wie auch bereits dargestellt wurde, zu den Erwartbarkeiten nahezu aller Aufgaben- und Berufsfelder, dass nicht einzig die formale Regelsetzung samt und sonders alle Besonderheiten des Arbeitsalltags und sei-ner unterschiedlichen Problemstellungen vollständig abdecken kann. Was ohne ein-deutige, das heißt offiziell entschiedene Ordnung bleibt, geschieht aber nicht deshalb schon ohne Struktur. Wir stellen im Weiteren drei der besonders einschlägigen Ansätze vor, die zur Beschreibung informaler Organisation instruktive Einsichten bieten. Als Teil informaler Ordnung ist üblicherweise auch die Organisationskultur zu bestimmen, die wir jedoch bereits im vorangehenden Kapitel diskutiert haben. Die Diskussion im Weiteren läuft auf die Beobachtung hinaus, dass innerhalb informaler Struktur nicht trotz, sondern gerade wegen der ausgeprägten Formalisierungsgrade informale Aktivi-täten facettenreich gedeihen. Präsentiert werden der mikropolitische und Netzwerkansatz sowie die Agenturtheorie.[1]

---

[1]Teile dieses Kapitels sind in anderer Fassung im Rahmen einer Studie über Personalräte und Dienststellen erschienen (Schütz/Röbken 2017a).

© Springer Fachmedien Wiesbaden GmbH, ein Teil von Springer Nature 2018
M. Schütz et al., *Compliance-Kontrolle in Organisationen,*
https://doi.org/10.1007/978-3-658-17471-2_4

4.1 Mikropolitik: Ordnung als Neben- bzw. Gegenordnung

Mikropolitik ist keine eigenständige Theorie, sondern steht für eine in der Unternehmens- und Personalforschung entwickelte Gruppe von Ansätzen zur Beschreibung von Betrieben und Verwaltungen unter dem Aspekt interner Machtstrukturen, also Optionen der Einflussnahme.[2] Dazu gezählt werden sämtliche „Techniken, mit denen Macht aufgebaut und eingesetzt wird, um den eigenen Handlungsspielraum zu erweitern und sich fremder Kontrolle zu entziehen"[3]. Im Vordergrund stehen „die Bemühungen, die systemeigenen, materiellen und menschlichen Ressourcen zur Erreichung persönlicher Ziele, insbesondere des Aufstiegs im System selbst und in anderen Systemen zu verwenden sowie zur Sicherung und Verbesserung der eigenen Existenzbedingungen"[4]. Es geht mitarbeiterseitig um das „interaktive Ausfüllen von Spielräumen"[5]. Das Konzept Mikropolitik „reflects formal *and* informal structures, conscious and unconscious decisions, rational *and* non-rational actors, as well as inner organizational *and* environmental conditions of action."[6] Mikromanöver geschehen jenseits des Organigramms. Die Taktiken der Mikropolitik überschreiten Berichtslinien, Instanzenzüge und gehen über die Grenzen einer Einrichtung hinaus. Optionen der Macht bzw. Bemächtigung bilden Quellen organisatorischer Mikropolitik. Macht ist mikropolitisch die Gesamtheit der Möglichkeiten, mit denen Personen wechselseitig Einfluss üben. Macht im offiziell administrativen Sinne hingegen ist die einseitige Möglichkeit, Interessen in Form von Weisungen, Richtlinien und Dienstverträgen etc. nötigenfalls unter Einsatz disziplinarischer Sanktion durchzusetzen. Mikropolitik bezeichnet also spielerische Konstellationen.[7] Dezente Handlungen im „Graubereich" des sozial Akzeptierten sind für die unmittelbaren Akteure von praktischer Bedeutung. Je unscheinbarer mächtige „Fäden" gestrickt werden, desto eher sind mikropolitische Arrangements auf Dauer gestellt. So lässt sich beispielsweise zeigen, in welchen Varianten die Maßnahmen impliziter Netzwerkpflege personelle Aufstiegschancen erhöhen bzw. förderlich beeinflussen können.[8]

Bestimmte Arbeits- oder Organisationsbedingungen und Situationen motivieren mehr zu politischen Taktiken als andere, beispielsweise während Veränderungsphasen oder im Zuge von projekthaften Arrangements, die zu kurzfristigen und ungenauen Ressourcenverteilungen bei der Zuordnung von Kompetenzen und Weisungsrechten führen können.[9]

---

[2]Namentlich begründet von Burns 1961, S. 257–281; siehe auch Crozier/Friedberg 1993; Mucha/Endemann/Rastetter 2015.

[3]Neuberger 2002, S. 685.

[4]Bosetzky 1972, S. 382.

[5]Breisig 2015, S. 42.

[6]Willner 2011, S. 176 (i. O. kursiv).

[7]Hansen/Küpper 2009.

[8]Bosetzky 1972, S. 372 ff.

[9]Wastian/Braumandl/Weisweiler 2015.

Bei allen organisatorischen Aktivitäten mit ungewissem Ausgang und personellen Risiken ist ein Eindruck nur allzu bekannt: Man weiß nicht genau, wer von all der Veränderung in der eigenen Organisation profitieren wird, wer das Nachsehen hat, wie sich die Dinge durch wessen Zutun, Mithilfe oder Verweigerung neu ordnen, wessen Ideen protegiert werden, welche Interessen hinter scheinbar so eindeutig bestimmbaren Themen (auch noch) stehen könnten; kurz: man mutmaßt, ahnt und man wittert, macht sich einen Reim auf die Dinge oder vermag gerade das nicht zu tun. Speziell organisatorische Innovationen und Reformprojekte können Potenziale der Ungewissheit und damit mikropolitische Dynamik bergen.[10] Doch nicht allein die Rekonstruktion organisatorischer Strukturen verweist auf mikropolitische Relevanz und ebenso den Widerstand dagegen.[11] Von Luhmann stammt aus seinem Aufsatz „Die Kunst, Vorgesetzte zu lenken" die Beobachtung der hierarchischen Umkehr: Der geordneten Überwachung in Organisationen stellte Luhmann die „Unterwachung von Vorgesetzen" gegenüber – durch Untergebene gegenüber den Vorgesetzten. Wer für „Obere" Dienste zu erbringen hat, so das Bonmot der Unterwachung, findet auch Möglichkeiten, jene, die ihn beauftragen, selbst in Dienst zu nehmen.[12] Die Einseitigkeit des Hierarchieverhältnisses mag formal eindeutig erscheinen. Die gelebten Verhältnisse in Betrieben müssen damit nur bedingt übereinstimmen, da auch Untergebene relevante kognitive und soziale Ressourcen erwerben und sichern (und sich mit diesen selbst wiederum absichern) können.

Mikropolitische Agitation findet nicht allein innerhalb der Arbeitgeber-Arbeitnehmer-Konstellation statt. Sie ist nicht an Instanzen, Ränge und bestimmte Positionen gebunden; kann wirksam nicht nur von „unten" oder „oben", sondern zu beträchtlichen Teilen seitlich, also kollegial, verfolgt werden. Politische Agitation ist nicht allein auf die Befriedigung individueller Bedürfnisse zu reduzieren. Damit würden Abhängigkeitsverhältnisse zum Beispiel in einer klassischen betrieblichen Struktur unterschlagen. Es ist spezifisch die Ressourcen- und Verteilungsproblematik, die in Organisationen politischen Maßnahmen motiviert. Prinzipiell stehen in allen Bereichen den Beschäftigten ähnliche Wege offen, um Besserung der eigenen Beschäftigungs- und Arbeitsverhältnisse mit mikropolitischen Mitteln anzustreben. Aber nicht an jeder Stelle können gleichermaßen kapitale Quellen genutzt werden.[13]

Im deutschen Raum hat sich als mikropolitischer Forscher Neuberger hervorgetan, der auf die in allen Arbeitssituationen immer mitlaufende „*Eigen*aktivität" und den „*Eigen*nutz"[14] von Beschäftigten hinweist. Ordnungen werden im Prozess ihrer Ausführung selbst verändert. Die an Vorgesetzte übertragene Macht wird nach persönlichen Opportunitäten modifiziert, personalisiert und damit zu anderem und mehr, als mit dem

---

[10]Aichholzer/Flecker/Schienstock 1990; Brunsson 1989.

[11]Robyn/Davies 2005, S. 683–706; Röbken/Schütz 2017, S. 1 ff.

[12]Luhmann 2016, S. 90–106.

[13]Neuberger 2002; Neuberger 2015.

[14]Neuberger 2002, S. 680 (i. O. kursiv).

Übertragen von Kompetenzen durch das Management oder den Gesetzgeber (eigentlich) intendiert ist, so Neubergers Argumentation. Diese Grundannahmen kristallisieren im doppelseitigen Statement „Man beeinflusst und wird beeinflusst"[15] und führen somit in ein interdependentes Konzept organisatorischer Führung.[16] Gerade mit Blick auf Gliederungen eines Unternehmens oder einer Verwaltung in Fachbereiche birgt dieses Verständnis in Anlehnung an Neuberger einige praktische Relevanz:

- *Es gibt stets mehrere Beteiligte.* Politisch-taktisch agieren nicht nur jene, die zur Wahrnehmung von Entscheidungen explizit beauftragt sind, sondern darüber hinaus die, die außerhalb offizieller Rollen auf jene, die sie innehaben, Einfluss zu üben suchen.
- *Interessen und Ziele sind vielmals weniger aufeinander abgestimmt als konträr laufend.* Ein Projekt zur Neuordnung von Geschäftsbereichen mag nach neuestem Stand und mit professioneller Beratung auf den Weg gebracht worden sein. Welche (Wechsel-)Wirkungen für die Praxis damit einhergehen, bleibt eine andere, womöglich im sonstigen organisatorischen Kontext zu beantwortende Frage.
- *Ungewissheit schafft Potenziale, Spielräume zu nutzen, mehrdeutig oder/und sondierend zu agieren.* Mitwirkungsrelevante Angelegenheiten eignen sich für die Präsentation komplexer Interessen. Dies gilt beispielsweise innerhalb der üblicherweise abstimmungsintensiven Gremien- und Beratungsarbeit sowie in klientenbezogenen Beziehungen, die auf das wechselseitig unterstützende Ergründen von Informationen angewiesen sind.[17]
- *Zeit kann genutzt werden;* vor allem, wenn man sie für sich beanspruchen oder bei anderen gezielt limitieren kann; wenn man mit Fristen und Perioden operiert, um Eile zu erzeugen oder etwas auszusitzen, schleifen zu lassen, auf die lange Bank zu schieben. Es gibt einmalige Chancen, verpasste Gelegenheiten, Zeitfenster, Augenblicke, Momente, auf die es ankommt. Es gibt Stunden, in denen alles zählt, es gibt die Gefahr und die Gunst des Zögerns und Zauderns, es kommt so oft eben auf das Timing an. Denn was jetzt noch geht, kann morgen schon zu spät sein. Und was schon zu tun lockt, ist noch zu früh.[18]
- *Mitbestimmung ereignet sich in einem offenen und zugleich begrenzenden Rahmen.* Politik ist „strukturelle Ordnung des Zusammenlebens"[19]. Die Möglichkeiten mikropolitischer Raffinessen mögen grenzenlos erscheinen. Dennoch limitieren Situativität, Vorwissen, Risikoabwägung etc. den Gestaltungsspielraum. Die offiziellen Regeln der Mitbestimmung mögen fallweise weitreichendes Agieren gestatten, doch wird der Nutzen der Zurückhaltung und des Verschiebens von Maßnahmen zu beachten sein; beispielsweise nur deshalb, um bereits für künftiges Handeln Vorteile zu sichern.

---

[15]Ebd.

[16]Winkler 2009, S. 65–74.

[17]Barth/Nassehi/Schneider 2014, S. 59 ff.

[18]Dies kommt wiederum insbesondere hierarchisch zum Vorschein, nämlich unter dem Aspekt der Zeitverfügbarkeit bzw. Zeitsouveränität und -autonomie, wie Simsa 2001, S. 262 f., zeigt.

[19]Neuberger 2002, S. 683 (i. O. teilw. kursiv).

Eine Kunst kann es darstellen, politische Agitation *unpolitisch* zu präsentieren. Die notorische Beschwörung von Rationalität allein[20] kann verdächtig erscheinen. Dem sorgfältig gearbeiteten Stellenplan einer Abteilung sieht man als Laie ohne Kenntnis der Absichten, der innerbetrieblichen Beziehungen und der unerwähnten oder ignorierten Alternativen nicht an, dass es sich dabei um die Lieblingsidee eines Abteilungsleiters handelt, der damit Ressourcen aus bestimmen Bereichen ziehen und in andere verlagern will; und sich dazu solcher Akteure und Unterstützer bedient, die bereits ins Vertrauen genommen sind und unauffällig agieren.[21] Weil jeder Mitarbeiter nur begrenzt Einsicht in die Tätigkeit anderer nehmen kann und kaum Zeit verfügbar ist, ausgiebig einander zu beobachten, bleibt der politkritische Blick stets selektiv: Der lange vorbereitete Schachzug wird als solcher nicht erkannt. Höflichkeit, solidarisches Beipflichten und Versicherungsgesten der Loyalität können der Absicherung von Personen dienen. Nicht jede Technik kann für jeden Zweck angewandt werden. Risiken sind zu bedenken; Sanktionen, Enttarnungen und Selbstbeschädigungen können drohen. Nicht jeder kann auf gleichermaßen viele Ressourcen zurückgreifen. Genutzt werden die Mittel, welche mit überschaubarem Aufwand und begrenzt erwartbaren Risiken zur Verfügung stehen.

Mikropolitik ist nicht unumstritten. In der organisatorischen Praxis wird man nur mit Vorsicht das Eingeständnis vernehmen, dass nicht wenige Aktivitäten mit Selbstschutz, Autonomieerhalt und Meinungslenkung verbunden sind. Störungen sind zu sehen[22]: Allianzen werden nicht nur einmalig, sondern dauerhaft nützlich. Die resultierende Aufwandserleichterung mindert bei jenen, die daraus Vorteile ziehen, Investitionsneigungen bei Arbeitseinsatz und Kooperationsfähigkeit. Ein anderer Punkt ist die möglicherweise mangelnde Waffengleichheit. Soziale Folgen politischer Rankünen und Taktiken sind nicht abzusehen, problematische Verwicklungen nicht zu verschweigen (zur Übersicht Abb. 4.1[23]).

Daneben können nutzbringende Aspekte einer (gewissen) Politisierung angeführt werden: weil in Konflikten Positionen und Personen stabilisiert werden, weil es Möglichkeiten gibt für Puffer; etwa durch gezielte Gegenwehr und Einlassen auf Agreements, durch den Gewinn innovativer Impulse für Veränderungen oder durch eine Ausweitung des Handlungsrepertoires. Kurz, Mikropolitik ist kein „unerklärliches Krebsgeschwür im ansonsten gesunden Organismus des Unternehmens, sondern unausweichlicher Bestandteil organisierten sozialen Handelns".[24]

---

[20]Siehe Kap. 3.

[21]Abgewandelt nach Neuberger 2002, S. 687.

[22]von der Oelsnitz 1999, S. 710–716.

[23]Angelehnt an von der Oelsnitz 1999, S. 710 ff., Neuberger 2002, S. 714.

[24]Neuberger 2002, S. 694. Die Gering- oder Wertschätzung mikropolitischer Annahmen scheint mit der Frage zusammenzuhängen, welche normativen Erwartungen an Arbeitsprozesse gestellt werden. In der betriebswirtschaftlich-zweckrationalen Organisationslehre hatte sich traditionell die Annahme etabliert, wonach mikropolitisch-informale Abweichungen mehr oder minder unter den Begriff der „Pathologie" (Kühl 2011, S. 29, 69) zu fassen waren und in Teilen wohl auch noch werden.

o	Auffällige Betonung von „Sachthemen", „rationaler Betrachtung" und „Vernunft"
o	Freundlichkeit, Einschmeicheln, regelmäßige Beziehungspflege
o	Tauschhandel: dem einen Vorteile, dem anderen Nachteile verschaffen
o	Unter Druck setzen: besonders bestimmend und fordernd agieren
o	Zwischen Stellen und Einheiten Bündnisse schließen, Koalitionen eingehen
o	Stets Ideale und Werte betonen (Gegenstrategie zum o.g. Fall)
o	Vollendete Tatsachen schaffen, „Macherqualitäten" beweisen
o	Sich auf übergeordnete Rechte und Vorschriften berufen
o	Manipulieren und täuschen, Extremfall: Sabotage
o	Sich beraten lassen, auf Beratung hinweisen und andere in Beratungen binden
o	Positive Selbstdarstellung bei passenden Gelegenheiten
o	Höhere Instanzen einschalten, oft in dezenter Form
o	Informationen kontrollieren, Zugänge limitieren, Wege beschneiden
o	Günstlingswirtschaft: Versorgungsnetzwerke aufbauen
o	Exempel statuieren: Abschreckung oder „Denkzettel" verpassen
o	Gezielte Einschüchterung, Gerüchte, Mobbing (Eskalation)

Abb. 4.1 Politische Spielhandlungen in Organisationen

Die Kritik am mikropolitischen Ansatz macht gleichwohl darauf aufmerksam, dass Organisationen nur „politisiert" betrachtet nicht vollständig bzw. nicht angemessen erfasst oder beschrieben werden können. Es ist anzuerkennen, wie sehr taktische Mittel stets an administrative Strukturen und Kenntnisse derselben gebunden bleiben, ja aus deren formalen Ressourcen überhaupt erst geschaffen werden können. Politik als ein „Unterleben" in Organisationen ist nur möglich und nützlich, weil die Organisation weiterhin selbst zur Geltung kommt. Jeder politischen Fähigkeit dürfte eine gewisse fachliche Expertise und Regelsensibilität vorangehen. Auch ist vorauszusetzen, dass mikropolitische Spielhandlungen mit hoher Wahrscheinlichkeit durch die personellen Verhältnisse einer Organisation in unterschiedlicher Intensität mitgeprägt, d. h. gesteigert oder auch minimiert werden. Unter organisatorischen Bedingungen etwa, die eine eher geringe formale Steuerung und daher auch einen geringeren Umfang an sehr detaillierten Entscheidungen aufweisen, können mikropolitische Taktiken womöglich substituierend angewandt werden, um gerade damit auf bestehende Regelungslücken mithilfe personeller Präferenzen zu antworten. Hier wäre Mikropolitik regulatorisch-kompensativ zu beobachten, während sie umgekehrt in stark regulierten Organisationsumfeldern voraussichtlich nicht auf diese Art in Erscheinung tritt. Es ist daher zu erwarten, dass der Gesichtspunkt der Elastizität bestehender organisatorischer Regulatorik verbreitet im Zusammenhang mit dem Verwirklichungspotenzial politischer Prägung steht.

4.2   Netzwerkansatz: Netzwerkbildung zur Reduzierung von Unsicherheiten

Im diesem Abschnitt betrachten wir eine „nahe Verwandte" mikropolitischer Beschreibung. Als Paradebeispiel informalen Handelns gelten Netzwerke, also Beziehungen zwischen Akteuren, die auch außerhalb offizieller Strukturen bestandsfähig sind. Sie sind auch wesentlicher Teil des mikropolitischen Ansatzes. Während auf Ebene der formalen Organisation das offiziell gesatzte Regelwerk oder die zumindest abgestimmten Erwartungen an die Aufgabenerfüllung greifen, können über Netzwerkaktivitäten auch auf informaler Ebene Entscheidungen in der Organisation beeinflusst werden. Es können z. B. durch einen „guten Draht" kurze Dienstwege eingeschlagen werden. Ebenfalls lassen sich im Vorfeld von Entscheidungen zentrale Akteure „mit an Bord" holen, um Unterstützung für bestimmte Vorhaben zu mobilisieren. Dabei können diese Netzwerkbeziehungen sowohl funktionale wie problematische Effekte für die Organisation bewirken. Einerseits werden mit Netzwerken viele Vorteile verbunden, weil zwischen verschiedenen Akteuren Informationen schneller ausgetauscht und damit Ressourcen gespart oder Innovationen angeregt werden können. Andererseits können Netzwerke auf Seilschaften, Korruptionsverbünden oder illegalen Gebilden beruhen. Über interne Cliquen entstandene Illegalität kann geduldet werden, ja nutzbringend erscheinen, die Organisation aber ebenso in Gefahr und Verruf bringen.[25]

Im Gegensatz zur formalen Organisationsstruktur, die sich durch eine feste Arbeitsteilung, Grenzen und Beständigkeit auszeichnet, sind Netzwerke fluider, haben wechselnde Mitglieder und einen geringeren Strukturierungsgrad.[26] Der Kitt, der Netzwerke zusammenhält, ist Vertrauen.[27] Während Organisationen versuchen, Unsicherheit über Routinen und Regeln zu reduzieren, setzen Netzwerke darauf, Unsicherheit über Vertrauen zu reduzieren. Mitglieder des Netzwerkes stehen häufig in einer persönlichen Beziehung zueinander, sie wurden einander empfohlen oder sind über Kontakte zum Mitglied eines Netzwerkes geworden. Sie teilen bestimmte Werte und sind bereit, die ungeschriebenen Regeln und Praktiken des Netzwerkes zu akzeptieren und zu übernehmen. Es gibt allerorts latente Formen personeller Patronage und Protegierung.[28]

Erwartungen in Netzwerken können unterschiedlich stark formalisiert sein. Je stärker ein Netzwerk formalisiert ist, desto eher ähnelt es womöglich einer (eigenständigen) Organisation. Ein Netzwerk zur gemeinsamen Entwicklung eines neuen Umwelt-, Ausbildungs- oder Gleichstellungskonzeptes kann mitunter ausgeprägt strukturiert sein, etwa weil Projektpläne und Meilensteine schriftlich fixiert wurden und alle Beteiligten interessengeleitete

---

[25]Luhmann 1964, S. 324–331, 304–314.

[26]Teile der folgenden Darstellung zu Netzwerken an dieser Stelle sind im Zuge eines Lehrbuchprojekts in einer früheren Fassung bereits an anderer Stelle erschienen: Rürup/Röbken/Emmerich/Dunkake 2015.

[27]Granovetter 1985, S. 481 ff.

[28]Luhmann 1964, S. 324–331.

Erwartungen einbringen. Es handelt sich dann um ein geschlossenes, an einer sachlichen Materie interessiertes Netzwerk und es können nicht ohne Weiteres neue Netzwerkmitglieder in die Konzeptentwicklung aufgenommen werden. Im Gegensatz dazu ist ein lockeres Informations- und Austauschnetzwerk zum gegenseitigen Austausch zu aktuellen Entwicklungen im Controlling oder im Wirtschaftsrecht deutlich offener, also informaler. Die teilnehmenden Personen haben oft keine klaren Verantwortlichkeiten ausgehandelt, womöglich keine Fristen und Ziele festgelegt. So können neue interessierte Akteure in das Netzwerk aufgenommen werden. Aufgaben werden individuell und fallweise bearbeitet. Ein höherer Formalisierungsgrad kann sich dann vorteilhaft erweisen, wenn die Tauschhandlungen zwischen Akteuren spezifische Investitionen erfordern, wie etwa bei einer Produkt- oder Konzeptentwicklung.[29] Stehen Austausch und Innovationsförderung im Vordergrund, kann sich ein „lockeres" Netzwerk als fruchtbar erweisen, um Spielräume und Lerngelegenheiten für den Innovationsprozess bereitzuhalten. In Bereichen, in denen Vertrauen eine zentrale Komponente zur Unsicherheitsreduktion darstellt, können Netzwerke gegenüber formalen Strukturen Vorteile bieten. Ein Bereich, der regelmäßig mit Unsicherheiten verknüpft ist, ist die Rekrutierung von Personal. Sowohl für Organisationen wie auch für Bewerber stellt sich die Frage, wie Vakanzen erfolgreich und möglichst nachhaltig besetzt werden können. Aus Stellenanzeigen und Bewerbungsunterlagen gehen nur bestimmte „aufpolierte" Informationen hervor, die wenig darüber preisgeben, welche Leistung ein Kandidat in Zukunft zeigen wird. Als Alternative kommen Rekrutierungswege über persönliche Netzwerke in Betracht.

Netzwerkverbindungen lassen sich hinsichtlich ihrer Beziehungsstärke differenzieren. Granovetter hat mit seinem sehr einflussreichen Artikel „The Strength of Weak Ties" darauf aufmerksam gemacht, dass sowohl starke Verbindungen (beispielsweise unter engen Freunden oder Verwandten) als auch sogenannte schwache Beziehungen (etwa unter losen Bekanntschaften) ihre Vor- und Nachteile haben.[30] Während enge bzw. starke Beziehungen sich durch Vertrauen und Nähe auszeichnen, bergen sie doch wiederum den Nachteil, dass aus diesen cliquenartigen Strukturen wenig neuartige Informationen oder Innovationen hervorgehen. Das, was ein Mitglied der Clique weiß, wissen vermutlich auch schon die anderen. Zudem neigen enge Gruppen gelegentlich dazu, sich von der Außenwelt abzuschotten. Anders sieht es bei sogenannten entfernteren, losen Kontakten aus. Die Stärke von schwachen Beziehungen sieht Granovetter darin, dass einzelne Akteure einen schnelleren Zugriff auf neuartige, weiter entfernte Informationen bekommen, die für sie wichtig sind (z. B. wenn es um freie Stellen auf dem Arbeitsmarkt geht). So kann eine Person mit einer Vielzahl schwacher Beziehungen schneller an eine interessante Arbeitsstelle gelangen als eine solche, die über weniger, aber dafür deutlich stärkere Beziehungen verfügt.

Netzwerkaktivitäten lassen sich anschaulich mit verschiedenen Vorzügen bzw. Opportunitäten der Entscheidungsbildung (und -förderung) rekonstruieren. Abb. 4.2 stellt

---

[29]Williamson 1985, S. 74 f., 78.
[30]Granovetter 1973.

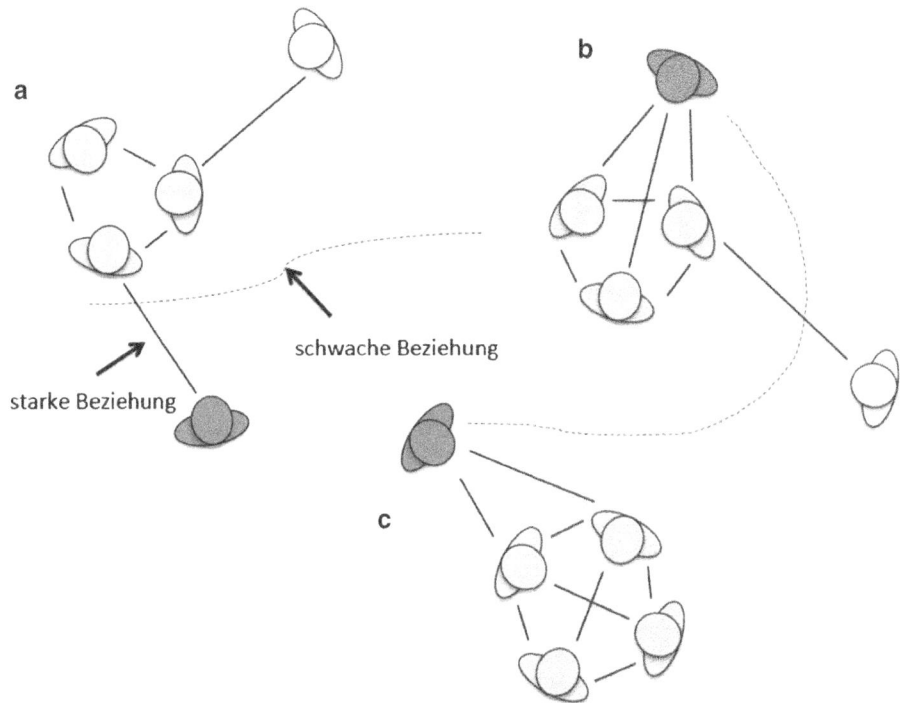

Abb. 4.2 Starke und schwache Beziehungen exemplarisch im Compliance-Bereich. (in Anlehnung an Rürup/Röbken/Emmerich/Dunkake, S. 37; Schütz/Röbken 2017a, S. 57)

exemplarisch die Beziehungsstärken zwischen einer zentralen Compliance-Abteilung (hellgraue Akteure) und dem Vorstand (dunkelgraue Akteure) dar (vgl. Abb. 4.2). Insgesamt sind drei verschiedene Unternehmen (A, B und C) abgebildet. Erwartungsgemäß tauschen sich die zentralen und dezentralen Compliance-Stellen innerhalb einer Organisation regelmäßig untereinander aus; d. h. sie verfügen damit im Regelfall über stark fachlich, gegebenenfalls sogar hinreichend vertrauensvolle Beziehungen und erreichen dadurch professionelle Identifikation und Kooperation. Auch kann ein intensiver Kontakt zur Unternehmensleitung innerhalb der Organisation bestehen, der zumindest mit einzelnen Schnittstellen-Vertretern der Compliance regelmäßig fortgeführt bzw. durch ein bestimmtes Berichtswesen gepflegt wird. Starke Beziehungen zwischen Compliance-Einheiten und ihren Leitungsebenen fördern so den schnellen vertrauensvollen Austausch und können auch gelegentlichen Belastungen bzw. Entscheidungsproblemen standhalten. Zwischen den zentralen und dezentralen Compliance-Einheiten können starke Beziehungen vielfältige Unterstützungspotenziale und eine hohe Informationsdichte bieten, die mitunter aber auch zu einer gewissen Redundanz beitragen können.

Eine weitere Bindung ergibt sich im Beispielfall zwischen Compliance-Einheiten und den Ansprechpartnern der Linienbereiche. Hier ist es möglich, dass mit bestimmten

Vertretern regelmäßigere Kontakte unterhalten werden als mit anderen; womöglich weil ihnen eine höhere Auskunftrelevanz beigemessen wird, sie sich durch ihre Bereitschaft zu einem monatlichen, offiziell vielleicht gar nicht zwingend vorgesehenen Briefing unter vier Augen als nützlich erwiesen haben bzw. als besonders zugänglich gelten. Diese Kontakte können sehr ungleich und ungeplant entwickelt sein; sie können sich mehr oder weniger erfahrungsbasiert ergeben haben. Es kann aber auch an der Zentralität der Stellen (innere Hauptverwaltung vs. äußere Einheiten bzw. Dependancen/Filialen) bzw. zeitlichen Prioritäten liegen; dass man nämlich einerseits an bestimmte Informationen der Kommunalpolitik frühzeitiger auf dem „kleinen Dienstweg" gelangen und sich andererseits zügig in bestimmte Entscheidungslagen zu geeigneter Zeit einschalten kann. Besonders enge kollegiale Kontakte zu Leitungsstellen, womöglich über die Jahre stabilisiert, fördern vielleicht produktiv die Ausbildung von informalen Beziehungen, wodurch weitere Abkürzungen genutzt oder Vorkenntnisse gewonnen werden können. Eine Vernetzung der Compliance-Einheiten mit den Linienbereichen kann ferner den Vorzug mit sich bringen, dass damit Zugänge zu fachlich sehr heterogenen und darum nützlichen Personen zu schaffen sind.

Netzwerkkonzepte lassen sich in Organisationen empirisch beobachten. So z. B. das *Homophilie-Konzept*, das sprichwörtlich mit der Wendung *gleich und gleich gesellt sich gern* umschrieben werden kann. Es geht um die Ähnlichkeit bzw. Unähnlichkeit der Netzwerkmitglieder. Generell wird angenommen, dass eine homogene Zusammensetzung eines Netzwerkes vorteilhaft ist, wenn Routineaufgaben effizient und konfliktfrei zu erledigen sind. Stehen hingegen Innovation und Veränderung im Vordergrund, kann es sich als sinnvoll erweisen, möglichst vielfältige Sichtweisen in das Netzwerk zu integrieren. Es muss abgewogen werden, inwieweit eine zu große Ähnlichkeit und Nähe *(proximity)* sich förderlich oder hinderlich auf die verfolgten Ziele des Netzwerkes auswirkt. Die These des Proximity-Konzepts ist, dass ein bestimmtes Maß an Nähe in unterschiedlichen Dimensionen sich positiv auf die informale Zusammenarbeit im Netzwerk auswirkt, aber umgekehrt zu viel Nähe auch Nachteile nach sich ziehen kann.

Relevante Dimensionen für eine gelingende Netzwerkarbeit sind nach Boschma u. a. kognitive, soziale und institutionelle Nähe.[31] Netzwerkarbeit wird erleichtert, wenn die einzelnen Mitglieder des Netzwerkes *kognitive* Ähnlichkeit aufweisen. Um neues Wissen als relevant einstufen zu können, zu interpretieren und zu nutzen, ist es notwendig, dass die Austauschpartner sich verstehen und erfolgreich das Wissen verarbeiten. Es kann sich beispielsweise als schwierig erweisen, wenn Personen, die sehr unterschiedliche Bereiche besetzen, in ein innerbetriebliches Gremium gewählt werden und auf sehr unterschiedlichen Hierarchieebenen angesiedelt sind. Möglicherweise sind die kommunikativen und fachlichen Barrieren so groß, dass die Potenziale der informalen Zusammenarbeit nicht nutzbar werden. Im Gegenzug dürfen die Mitglieder des Netzwerkes auch nicht aus zu ähnlichen Ressorts kommen. Das Wissen sollte ja auch nicht

---

[31]Boschma 2005.

identisch sein, sondern sich idealerweise ergänzen, um gemeinsam neue Ideen und Lösungen zu finden. Daraus lässt sich folgern, dass eine gewisse kognitive Distanz hinsichtlich Wissen und Fähigkeiten eine effektive Netzwerkarbeit ermöglicht und Lernprozesse begünstigt, während zu geringe kognitive Distanz die Gefahr der Einkapselung und Unterversorgung, was die Zufuhr von benötigtem frischen Wissen angeht, birgt.[32]

Soziale Nähe bilden Beziehungen zwischen Akteuren, die auf Freundschaft, Verwandtschaft oder auf Erfahrung basieren. In Organisationen ist soziale Nähe wichtig, weil sie eine offenere Haltung in der Kommunikation ermöglicht und eine abgesicherte Entscheidungsfindung begünstigt. Darüber hinaus reduziert soziale Nähe auch die Gefahr unausgewogenen opportunistischen Verhaltens. Zu viel soziale Nähe kann sich wiederum negativ auswirken, etwa durch sehr intensive Loyalitäten.[33] Zu viel Engagement und langfristige Verbindungen können die Akteure dazu verleiten, auf Kosten der Innovations- und Lernfähigkeit in bestehenden Routinen zu verharren. Möglicherweise gewähren hoch kohäsive soziale Netzwerke als Folge dessen Externen mit ihren Ideen kaum einen Zugang.

Unter Institutionen werden soziologisch gemeinsame Gewohnheiten, Routinen, bestimmte gesellschaftlich etablierte Praktiken, Regeln und Gesetze, die die Beziehungen und Interaktionen zwischen Individuen und Gruppen regeln, verstanden.[34] Institutionen sind der „Klebstoff" sozialer Aktivität, weil sie Unsicherheiten reduzieren und Transaktionskosten (Aufwand) senken (*institutionale Nähe*). Formale Institutionen (z. B. schriftlich fixierte Gesetze) sowie informale Institutionen (Normen und Gewohnheiten) beeinflussen die Art und Weise, wie Personen sich (nicht) verhalten.[35] Arbeitsabläufe bewegen sich üblicherweise in einem Kontinuum zwischen der strikten Einhaltung organisatorischer Praktiken („Dienst nach Vorschrift") als dem einen Extrempol und einer rein informalen Zusammenarbeit jenseits der Formalstrukturen als anderem. Beide Varianten haben Vor- und Nachteile und sind im einen wie im anderen Extrem in Reinform unwahrscheinlich bzw. wären nicht effektiv. Es gilt auch hier, dass die Mitglieder des Netzwerkes gewisse Ähnlichkeiten aufweisen sollten. Diese Dimension bezieht sich auf das Ausmaß, in dem die Arbeitsweisen auf formaler bzw. informaler Ebene innerhalb des Netzwerks geteilt werden. Gleiche Gewohnheiten, die gleiche Sprache und ein einheitliches Normempfinden stellen eine wichtige Basis für Austauschprozesse dar und können dadurch die Arbeit begünstigen. Formale Institutionen können indes auch beschränkende Wirkung entfalten. Institutionen gelten als *taken for granted,* also als

---

[32]Nooteboom 2000, S. 153.

[33]Uzzi/Lancaster 2004, S. 319–344.

[34]Edquist/Johnson 1997, S. 46.

[35]Rürup/Röbken/Emmerich/Dunkake 2015, S. 76; zum Begriff der Institution informiert ausführlich Kap. 5.

selbstverständlich und werden deshalb wenig infrage gestellt. Dies schränkt den Möglichkeitsspielraum ein und verleitet dazu, in routinierter Weise zu handeln. In anderen Worten: Auf der einen Seite hemmt ein zu starker Fokus auf formale Strukturen neue Ideen aufgrund der Tatsache, dass man sich in bestehenden institutionellen Kontexten nur schwierig Alternativen vorstellen kann. Auf der anderen Seite ist zu wenig Formalität hinderlich für vertrauensvolle Zusammenarbeit, weil es an gemeinsamen Absprachen und sozialer Kohäsion mangelt.[36]

Netzwerke mögen neben mikropolitischen Spielen als *die* typische Struktur informaler Ordnung in Organisationen gelten. Mit dem folgenden Ansatz wird ihre soziale Bedeutung wiederum dezent relativiert. Neben und hinter allen Netzwerken kommen implizite vertragliche Beziehungen zustande, die der eine bietet und der andere eingeht. Doch beide können nicht sicher sein, dass tatsächlich erledigt wird, was vereinbart wurde. Dazu im Folgenden.

4.3   Prinzipal-Agenten-Theorie: Agenturmodelle und ungewisse Leistungserfüllung

Bürokratisch-rationale Theorien gehen davon aus, dass alles Verwaltungshandeln nach Zielorientierung, Effizienz, Messbarkeit und Genauigkeit erfolgt bzw. normativ danach gerichtet zu erfolgen hat.[37] Informalität ist nach dieser Beschreibung allenfalls das störende oder diffuse Beiwerk, wenn nicht die „Pathologisierung" von Organisationen, der man mit den oben genannten Prinzipien Einhalt zu gebieten sucht. Webers Ansatz fußt auf (Zweck-)Rationalität im Sinne bürokratischer Ordnung. Für Taylor neigen Beschäftigte zur Arbeitsineffizienz bzw. verursachen Effizienzstörungen und bedürfen daher mit ihren Arbeitsverrichtung einer genauen Kontrolle. Dynamische Wechselbedingungen zwischen Organisation und Akteuren bleiben übersichtlich beleuchtet. An diesen Problemstellen setzt die Agenturtheorie, auch Prinzipal-Agenten-Theorie genannt, an.[38] Sie bedeutet nicht die völlige Abkehr von rationalen Ansätzen, sondern vielmehr deren Revision. Die Grundannahme: Eine Organisation besitzt nur begrenzte und ungleiche Informationen über Nutzen und Wirksamkeit ihrer Arbeitsbeziehungen; sowohl hinsichtlich der Leitung

---

[36]Rürup/Röbken/Emmerich/Dunkake 2015, S. 76.

[37]Siehe Kap. 3.

[38]Jensen/Meckling 1976, S. 305–360; Pratt/Zeckhauser 1993, S. 277–293. Die Prinzipal-Agenten-Theorie wird der Neuen Institutionenökonomik, einer Gruppe verwandter Ansätze, zugeordnet. Diese befasst sich, vereinfacht umrissen, mit dem Verhalten von Individuen bei Transaktionen unter Bedingungen der Unsicherheit und formaler sowie informaler Regulierung zum Zweck der Herstellung von Tauschaktivität. Wir beschränken uns hier auf den (Teil-)Ansatz der Agenturtheorie. Weitere herausragende Ansätze sind der der Property Rights sowie der Transaktionskosten. Die Compliance-Relevanz der Neuen Institutionenökonomik (wir können auf die schon im Namen anklingende, voraussetzungsvolle und differenzierte Hintergrundarchitektur des Theoriespektrums nicht näher eingehen) skizziert Herzog 2010.

gegenüber den Beschäftigten als auch umgekehrt. Auch Rationalität, wie sie sich Weber und Taylor als Ideal vorstellten, wird als begrenzt erachtet (wir hatten *bounded rationality* schon mit dem Beitrag Simons erwähnt). Kann der Dienstherr sicher sein, seine Dienstnehmer zur Erfüllung der Arbeitsleistung genügend motiviert zu haben? Können Beschäftigte sichergehen, für ihre Arbeitsleistung die adäquate Vergütung zu erhalten?

Beide Seiten, Dienstgeber und Dienstnehmer, agieren unter Ungewissheit. Um diese zu reduzieren, ist es ihnen möglich, verschiedene Informationsquellen und Kontrollmittel zu nutzen, was jedoch mit Ressourcenverzehr und Kosten einhergeht. Die prominenten Begriffe dieser dyadischen Beziehungsstruktur sind *Prinzipal* und *Agent.* Der Prinzipal (Dienstgeber) ist jener Akteur, der von dem Agenten (Dienstnehmer) die Erfüllung einer Leistung erwartet. Einfacher gesprochen: Der Agent hat für den Prinzipal Dienste zu erledigen und erhält dafür eine Entschädigung. Auch werden dem Agenten Ressourcen und Rechte zur Verfügung gestellt, letztlich Handlungsspielräume und Gestaltungsfreiheiten eröffnet, die er benötigt, um die Dienste nach den Erwartungen des Prinzipals umzusetzen. Diese Konstellation findet sich schon intuitiv in der klassischen Hierarchie jeder Organisation wieder. Doch ebenso gibt es interne Agenturbeziehungen: Der Betriebsrat beispielsweise nimmt Aufgaben der organisierten Mitgestaltung wahr. Dienstgeber ist aber nicht allein die Organisation, sondern die Beschäftigten selbst. Sie ermöglichen es dem gewählten Organ, seine Interessen unter Gewähr einer adäquaten Kompensation (z. B. Freistellungen) zu verfolgen. Wiederum lässt sich argumentieren, dass damit der Betrieb selbst in das Verhältnis eintritt. Denn er muss Freistellungen gewähren und damit eigene Ressourcen anpassen. Genauso lässt sich sehen, dass die gewählten Betriebsräte erwarten müssen, dass ihnen diese Freiräume tatsächlich gewährt werden.[39] Es ist wichtig, nebenbei angemerkt, die Begriffe des Dienstnehmers und -gebers hier losgelöst von der formalen Rechts- bzw. Verwaltungssprache und deren Denominationen zu betrachten. Der Ansatz der Agenturtheorie ist es ja gerade, auf die informalen, juristisch nicht ausbuchstabierten Folgen formal geordneter Dienste hinzuweisen.

Prinzipal-Agenten-Konstellationen sind aus zwei Gründen problematisch: Der Prinzipal möchte eine möglichst umfassende Leistung bei möglichst überschaubarer Belohnung bzw. Kompensation gewähren. Der Agent hingegen möchte seinen Dienst angemessen begrenzt halten, jedoch eine möglichst attraktive Belohnung/Kompensation erhalten. Die Beschreibung dieser Auftragsbeziehung muss beim Prinzipal ansetzen, da er jenen Akteur darstellt, von dem die Initiative eines Auftrags ausgehen kann. Eine latente Befürchtung des Prinzipals ist dabei stets, dass Ausnutzung, wenn nicht Entmachtung, durch vertragswidriges Verhalten der Agenten betrieben wird. Mitnichten ist es also so, dass der Auftraggeber immer auch der starke und der Auftragnehmer der schwache Part ist. Damit konkurriert der Ansatz mit Vorstellungen, die Beschäftigte als machtlos charakterisieren und Vorgesetzte als die, die immer am längeren Hebel sitzen

---

[39]Ausführlicher diskutiert am Beispiel der Mitbestimmung bei Schütz/Röbken 2017a.

(hier hat der Ansatz Berührung zur Mikropolitik und auch bei Luhmanns Beobachtung der *Unterwachung* tritt diese Lage hervor). Im Gegenteil, der Prinzipal ist seinen Agenten ein Stück weit beinahe ausgeliefert. Er kann Dienste zwar zurücknehmen und die Agenten sanktionieren, doch mit neuen Agenten kommen die alten Risiken neu zustande. Niemals ist es dem Prinzipal möglich, alles vorherzusehen. Er kann seine Agenten nur begrenzt zu *betrieblich*-rationalem (in Abgrenzung zu individuell-rationalem) Vorgehen anhalten und selbst nur in eingeschränktem Rahmen rational prüfen. In den impliziten Vertragsbestandteilen, also der fortlaufenden Delegation von Aufgaben und Zuständigkeiten, ist die Ungewissheit allgegenwärtig.

Diese Problematik wird an zwei Konstellationen verdeutlicht: *moral hazard* und *adverse selection*.[40] *Moral hazard* beschreibt solche Situationen, in denen die beauftragten Akteure (Agenten) sich so verhalten, dass mit höheren Ansprüchen gegenüber ihrer Organisation bzw. dem Dienstgeber (Prinzipal) zu rechnen ist, *weil* bzw. *nachdem* – jetzt folgt die Pointe – sie Sicherheitsleistungen der Organisation bereits erhalten haben und beanspruchen können. Gerade im Arbeitsleben ist *moral hazard* zu beobachten: Solange die Dienstnehmer nicht auf eigene Rechnung arbeiten und nicht eindeutig nach ihren Arbeitsergebnissen bewertet werden, solange können sie geneigt sein, bei Verbrauch der Ressourcen ihrer Organisation nicht allzu strikt wirtschaftlich zu agieren. *Adverse selection* beschreibt den Sachverhalt, wonach gerade die Erwartung bzw. Kenntnis von Risiken dazu motiviert, überhaupt ein Dienstverhältnis einzugehen und somit erhöhte Ansprüche gegenüber dem Auftraggeber die beinahe erwartbare Folge sind (ohne, wie im ersten Fall, dass dieser zum Zeitpunkt der Vertragseröffnung davon Kenntnis erhielte).

Der Prinzipal muss übrigens stets damit rechnen, dass der Agent ihm Informationen vorenthält oder nur selektiv mitteilt *(hidden information)*. Ferner muss er damit rechnen, dass vergangenes Verhalten und künftige Verhaltensabsichten nicht mitgeteilt werden *(hidden action),* auch und gerade wenn diese Informationen für die Entscheidung über das Zustandekommen (oder eben deshalb gerade das Nichtzustandekommen) einer Vertragsbeziehung relevant wären.[41] Die Personalpolitik ist von diesen Problemen geprägt. Die Agenturtheorie kann auf unterschiedliche Akteursebenen angewandt werden. Wichtige, viel beachtete Beziehungsfälle sind jedoch Beschäftigungsverhältnisse. Denn Weisungs- und Erfüllungsprobleme treten hier besonders offensichtlich hervor. Die zentrale Frage der Theorie lautet: „Wie kann verhindert werden, dass die Beauftragten ihre Spielräume entgegen den Interessen der Auftraggeber ausnutzen?"[42] Erwartbar regt diese

---

[40]Voigt 2009, S. 85–87; Akerlof 1970, S. 488 ff.

[41]Voigt, 2009, S. 85–87.

[42]Breisig 2015, S. 40.

Ungewissheit Überlegungen an, wie instabile Vertragsbeziehungen vonseiten des Dienstgebers doch ein gutes Stück beeinflusst werden können. So werden u. a. folgende Instrumente in der Agenturtheorie besprochen:[43]

- *Direkte Verhaltenskontrolle (behavior-based contracts):* Der Prinzipal achtet auf die Erfüllung der übertragenen Aufgaben, aber weder zu intensiv, noch zu offensiv, denn dies würde höhere Kosten verursachen und droht, zulasten des Wohlbefindens des Agenten zu gehen. Also werden beispielsweise stichprobenartige Prüfungen angesetzt oder die Kontrolle in beratender Form (indirekt) realisiert. Strenge Überwachung kann das Risiko der Demotivation und sogar Fehlerförderung bergen.
- *Erfolgsabhängige Belohnung (outcome-based contracts):* Als Anreizsystem sind Bonus-Vergütungen in vielen größeren Unternehmen seit langer Zeit bekannt. Auch für den öffentlichen bzw. sozialen Sektor sind leistungsbezogene Vergütungsanteile immer wieder in der Diskussion und zum Teil auch schon realisiert worden (z. B. im wissenschaftlichen Dienst). Die große Schwierigkeit besteht allerdings darin, Leistung messbar zu machen. Wie könnten besonders personensensible Dienste befriedigend gemessen und damit auch kontrolliert werden?
- *Kautionsregelungen (bonding):* Eine weitere Möglichkeit bieten direkte oder indirekte Sicherheitsleistungen, die der Prinzipal vom Agenten beanspruchen kann. Diese Pfand- bzw. Kautionsregelungen kommen im Arbeitsleben allerdings primär indirekt vor, schließlich ist es relativ problematisch, Dienstaufträge mit der Vorgabe einer arbeitnehmerseitigen Anzahlung zu vergeben. Direkt werden Kautionsregelungen im öffentlichen Dienst vollzogen, als Senioritätsvergütung. Eine Staffelung der Vergütung dient einerseits als Anreiz für dauerhafte Beschäftigung und mindert andererseits das Risiko einer zu hohen „Fehlinvestition" bei neuen Beschäftigten.

Die Agenturtheorie macht auf die Vertragsproblematik formaler Dienste aufmerksam. Vor allem verdeutlicht sie damit die informalen, regulatorisch problematischen Folgen, die durch Vertragssetzung formaler Dienste in Organisationen entstehen. Gleichwohl setzt eben dort eine zentrale Kritik an, die nicht unterschlagen bleiben soll: In der Agenturtheorie tritt Organisation zugunsten von Vertrags- bzw. Akteurskonstellationen in den Hintergrund. Der Ansatz, so lautet ein Vorwurf, negiere die sonstige soziale Ordnung zu massiv. Er unterstelle, die Akteure handelten weitgehend losgelöst von ihrem Umfeld und damit rein eigenorientiert. Die Rationalität der Organisation werde durch Individualrationalitäten über Gebühr aufgelöst. Die gelebten Vertragsverhältnisse scheinen derart an die Akteure gebunden zu sein, dass es kaum gelingt, Maßnahmen ihrer Regulierung bzw. Operationalisierung zu ergreifen. Ferner wird auch auf ein einseitiges Interesse allein am Opportunismus der Agenten, nicht jedoch der Prinzipale,

---

[43]Preisendörfer 2011, S. 109–112.

hingewiesen.[44] Gleichwohl ist es spezifisch das Verdienst der Prinzipal-Agenten-Theorie, auf die gelebte Multioptionalität von Vertragswerken und Vertragsbeziehungen hinzuweisen und dabei die unvermeidliche Informationsasymmetrie der beteiligten Vertragspartner herausstellen zu können.[45] Kühl stellt, passend zum Gegenstand unseres Buches, den Nutzen der Agenturtheorie als Versuch einer akteursorientierten Unterscheidung von formaler und informaler Struktur heraus: „Eine der Stärken der Institutionenökonomie – in all ihren drei Ausprägungen: Transaktionskostenansatz, Property-Rights-Ansatz und Principal-Agent-Theory – ist sicherlich, dass sie einen Blick dafür hat, ob sich Akteure an Regeln halten oder nicht."[46] Die Präsenz der Abweichung als gewichtiges Phänomen in Organisationen lässt sich sowohl mit diesem Ansatz als auch mit den anderen diskutierten institutionenökonomischen Vertretern anschaulich einfangen.

---

[44]Schreyögg/Geiger 2016, S. 474.

[45]Kühl/Schütz 2017, S. 68.

[46]Kühl 2010, S. 6, Fn. 5.

Organisation und Umwelt: Bildung formaler Normen, Verbreitung und Stabilisierung

Die Beobachtung, dass Organisationen in hohem Maße durch ihre Umwelt und deren Erwartungen beeinflusst werden, ist schon in den alltäglichen Debatten der Massenmedien allzu bekannt. Darüber hinaus kann eine institutionale Analyse von Organisationen detailliert beleuchten, mit welchen spezifischen Techniken es diesen gelingt, sich gegenüber relevanten Anforderungs- bzw. Anspruchsgruppen strukturell anzupassen und dabei bestehende Kriterien, Verfahren und Instrumente einer „guten" oder „richtigen" Organisation aufgrund äußerer Erwartungen systematisch zu ändern. Drei etablierte Grundformen des Wandels stehen den Organisationen dabei zur Verfügung oder wirken auf sie ein: Angleichung durch Beobachtung, regulatorischer Zwang und normativer Druck.

5.1 Institutionale Perspektive auf Compliance-Kontrolle

Wie schon in den vorangehenden Kapiteln herausgestellt wurde, hat die Compliance-Kontrolle in den vergangenen Jahren für eine Vielzahl von Unternehmen als eine selbstverständliche Organisationspraxis reüssiert. Auf Basis von Analysen der Unternehmensberatung PricewaterhouseCoopers (PwC) berichtet Bergmann, dass heute rund die Hälfte aller Unternehmen in Deutschland ein eigenständiges Compliance-Programm eingeführt haben.[1] Der dahinterstehende Verbreitungs- bzw. Imitationsprozess lässt sich aus Perspektive einer Forschungsrichtung beschreiben und nachkonstruieren, die auch als institutionale Theorie (bzw. innerhalb der Wissenschaftsszene in Abgrenzung von theoretischen Vorläufern als sogenannter *Neo-Institutionalismus*) bezeichnet wird. Eine Kernannahme ist hiernach, dass Organisationen vornehmlich durch die Umwelt, in die

---

[1]Bergmann 2015, S. 240.

© Springer Fachmedien Wiesbaden GmbH, ein Teil von Springer Nature 2018
M. Schütz et al., *Compliance-Kontrolle in Organisationen*,
https://doi.org/10.1007/978-3-658-17471-2_5

sie eingebettet sind, geformt und verändert werden. Der institutionale Ansatz geht davon aus, dass bestimmte gesellschaftliche Annahmen, Erwartungen und Ideen im Umfeld einer Organisation (nicht nur in Organisationen, aber diese haben gesellschaftlich und global eine herausragende Bedeutung) existieren, die zuallererst definieren, wie beispielsweise Firmen, Schulen, Krankenhäuser, Verwaltungsbehörden, Gerichte und Gefängnisse in ihrer Struktur beschaffen sind (bzw. sein sollen) und welche Funktionen sie auszuüben haben. Dies bedeutet für eine als modern geltende Verwaltung z. B. eine bürgernahe, am Dialog interessierte, für informale Lösungen zugängliche Arbeitsweise, wie sie womöglich als neuere Service-Entwicklung beobachtet werden kann[2]; eine Universität oder ein Unternehmen kommt indes nicht mehr ohne Frauen- oder Gleichstellungsbeauftragte aus.[3] Firmen adaptieren in zunehmendem Maße Audits bzw. Siegel der Zertifizierung und Qualitätsmanagementstandards beispielsweise in Folge der globalen Verbreitung der Ansprüche von Corporate Social Responsibility[4] oder auch Compliance-Instrumente, um nach außen ein sorgfältiges Erscheinungsbild sicherzustellen und gegenüber dem Rechtssystem, Kunden und Investoren als normgerecht zu erscheinen. Dass sich diese oder ähnliche organisationale Strukturen als scheinbar völlig selbstverständliche Praktiken innerhalb eines sogenannten organisationalen Feldes etabliert haben, lässt sich auf einen Prozess zurückführen, den die Soziologie als *Institutionalisierung* bezeichnet und der in seinen vielschichtigen Facetten der zentrale Gegenstand dieses Kapitels ist.

Eine Institution ist eine feststehende gesellschaftliche Einrichtung bzw. Übereinkunft, die als geradezu selbstverständliche Tatsache, wie sie durch soziale Prägungen beschaffen bzw. zu beobachten ist *(taken for granted),* weitgehend ohne weitere Prüfungen hingenommen wird.[5] Dazu zählen Organisationen, ebenso wie das Militär, die Ehe, die Kirche, aber auch z. B. die Umstände, dass moderne Organisationen heutzutage ein Qualitätsmanagement praktizieren oder Unternehmensvorstände sich gegenüber einem Aufsichtsrat zu rechtfertigen haben. Dass nicht allein Organisationszusammenhänge gemeint sein müssen, zeigt sich – wenn auch etwas pointiert – in der Charakterisierung von Führungskräften: So sagt man, jemand ist zur Institution eines Hauses (einer Organisation) geworden. Und tatsächlich ist zu sehen, wie problematisch der Wechsel altgedienter Entscheider in Organisationen zuweilen vonstattengehen kann.[6] Passend zur Nichthinterfragung von Institutionen kann man personelle Institutionen bekanntermaßen nicht voraussetzungslos anzweifeln; selbst dann nicht, wenn individuelle Gründe dafür besonders geeignet erschienen. Institutionen sind Instanzen oder Werte

---

[2]Preisendörfer 2016; Seibel 2016, S. 160.

[3]Hasse/Krücken 2005, S. 23.

[4]Boxenbaum/Battilana 2005. Siehe zu den verschiedenen Regelwerken, die die Corporate Social Responsibility aufnehmen, auch bereits Kap. 2.

[5]Walgenbach/Meyer 2008a, S. 41 f., 160.

[6]Luhmann 2016, S. 9.

in der Gesellschaft, die sich gerade dadurch auszeichnen, nicht (mehr) grundsätzlich infrage gestellt und daher als stabilisierte, mithin gegebene Ordnungen an- oder mindestens doch hingenommen bzw. erwartet werden.

Was aber macht den Begriff der Institution nun nennenswert interessant im Hinblick auf die Beschäftigung mit der Compliance-Kontrolle? Vielleicht erschließt sich der Bezug zum betrieblichen Handeln nicht unmittelbar, doch lässt ein Blick auf die Vielzahl der Managementkonzepte, die in den letzten Jahrzehnten in Unternehmen Akzeptanz gefunden haben und regelmäßig auch wieder abgeschafft oder durch neue ersetzt worden sind, gründlichere Analyse ratsam erscheinen. Man denke nur an Ansätze wie die Balanced Scorecard, Corporate Governance, Diversifikations-Kampagnen oder Leadership-Leitlinien – Unternehmen und Verwaltungen müssen sich offenkundig nahezu ununterbrochen mit den neuesten Erwartungen (und solchen, die vielleicht nur auf den ersten Blick so imposant neuartig erscheinen) aus ihrer Umwelt beschäftigen, die von wichtigen Anspruchsgruppen an ihre Organisation herangetragen werden.[7] Dahinter verbergen sich Prozesse der strukturellen Verstetigung, die Organisationen bzw. Personen als Entscheider dazu veranlassen, sich an diese Normen anzupassen, oft bereits verbunden mit der präventiven Absicht, nicht zu den Letzten gehören zu müssen, die hierauf reagieren.

Um als Wirtschaftsorganisation in einem spezifischen Marktumfeld bestehen zu können, muss ein Unternehmen bei seiner Strukturbildung die bereits institutionalisierten Regeln und Erwartungen in der wettbewerblichen Umwelt beachten; und dies – darauf weisen wiederholt Studien hin – sogar dann, wenn es ihrer genuin betriebswirtschaftlichen Rationalität zuwiderläuft oder die Erfolgsbeiträge unklar bleiben.[8] Es kann sich als zweckmäßig erweisen, eine aufwendige Zertifizierung gemäß aller Kriterien der Compliance-Gruppe ISO-19600 zu durchlaufen, die zwar ein beträchtliches Maß an zeitlichen und finanziellen Ressourcen erfordert, aber dennoch ungenau bleibt hinsichtlich tatsächlich nachzuweisender Wirkungen, die daraus herrühren mögen. Derartig vage Entscheidungen versprechen einen Nutzen für ein Unternehmen, wenn dadurch die Erwartungen wichtiger Anspruchsgruppen – insbesondere die relevanter Kunden, Zulieferer oder des Gesetzgebers – erfüllt werden können. Mit einer institutionalen Analyse werden Organisationen primär vor dem Hintergrund ihrer gesellschaftlichen Einbettung beschrieben, in der sie sich unweigerlich befinden. Dass Unternehmen inzwischen eigene Managementeinheiten explizit für die Beschäftigung mit ihrer Umwelt einrichten und damit reputierliche Vorzüge intendieren, ist daher immer nur der noch nachträgliche Versuch einer bestimmten interessengeleiteten Resonanz, die auch bereits vor einer sichtbaren Formalisierung Bestand hat. Unternehmen können mit anderen Worten nicht einfach entscheiden, neuerdings auch ihre soziale oder natürliche Umwelt bei wirtschaftlichen Entscheidungen zu beachten. Wenn auch mit anderer

---

[7]Hasse/Krücken 2005, S. 23 f.; Walgenbach/Meyer 2008a, S. 17.
[8]Walgenbach 1998, 2000; Walgenbach/Meyer 2008a, S. 28 f.

Schwerpunktsetzung, ist es ihnen gar nicht anders möglich, als stets als Unternehmen in gesellschaftlichem Zusammenhang zu sein.

Insbesondere jene Organisationseinheiten, die mit einer Zuständigkeit für die Außendarstellung und Erfüllung der Anforderungen von Anspruchsgruppen eingerichtet sind – sogenannte „Gewährleistungseinheiten"[9], wozu in erster Linie Personal- und Rechtswesen und auch Aufgaben im Umfeld der Geschäftsleitung (z. B. die Unternehmenskommunikation) zählen können –, richten ihr Augenmerk darauf, wie weitreichend die betriebliche Struktur an den in der Umwelt vorherrschenden Erwartungen, Normen, Interpretationsmustern oder auch nur als dominierend vermuteten Denkstilen ausgerichtet werden soll. Mit dem Ziel, sichtbare Konformität mit den externen Erwartungshaltungen herzustellen, reproduzieren Unternehmen selbst wiederum diese Muster und tragen so weiterhin zu deren gesellschaftlichem Bestand bei. Unternehmen sichern sich damit selbst ihre Legitimität, welche aber mit ökonomischen bzw. Effizienzkriterien nicht übereinstimmen muss, in der Erwartung eines kontinuierlichen Ressourcenflusses und langfristiger Akzeptanz ihrer Tätigkeit. Auch so tragen sie in mindestens indirekter Weise zu ihrer eigenen Wettbewerbsfähigkeit bei.[10]

Die institutionale Forschung geht bis in die 1970er Jahre zurück und hat seither eine kaum überschaubare Anzahl an Studien hervorgebracht.[11] Zwei der wohl einflussreichsten Arbeiten sind bis heute die Beiträge von Meyer und Rowan über „Institutionalisierte Mythen"[12] sowie DiMaggio und Powell zum „Eisernen Käfig"[13], in dem sich Organisationen bisweilen „regelrecht" gefangen sehen. Die theoretischen Arbeiten sind auch deshalb von Interesse, da sie selbst von der Management- und Beratungspraxis immer wieder aufgegriffen worden sind. Der institutionale Ansatz wurde sowohl zur Erklärung und Beschreibung von privatwirtschaftlichen Unternehmen als auch öffentlichen Einrichtungen verwendet, weil beide Typen – wenn auch in unterschiedlicher Weise – beträchtlich unter dem Einfluss externer Ansprüche stehen.

Gleichwohl ist es schwierig, von *der* Theorie zu sprechen, zumal es sich bei dieser soziologisch eingefärbten Organisationsströmung vielmehr um eine große Ansammlung einzelner instruktiver Beschreibungen handelt, die aus unterschiedlichen Blickwinkeln betriebliche Institutionalisierung und deren Konsequenzen beleuchten. Man spricht deshalb auch von den „vielen Gesichtern"[14] der Institutionenforschung. Zu den wichtigsten konzeptionellen Beiträgen gehören jedoch die Schlüsselbegriffe der *Institution*,

---

[9]Thompson 1967, S. 146.

[10]Hasse/Krücken 2005, S. 22 f., 63–68.

[11]Die Ursprünge der Forschung liegen auffällig häufig in der Beobachtung von Bildungs- und Sozialorganisationen. Allmählich kam es dann zur Zuwendung gegenüber ökonomischen Organisationen (Koch/Schemmann 2009, S. 10 f.).

[12]Meyer/Rowan 1977.

[13]DiMaggio/Powell 1983.

[14]Scott 1987, S. 493.

Legitimität, Isomorphie und *Entkoppelung*. Wir werden diese nun näher am Gegenstand der Compliance-Kontrolle gehalten entfalten.

5.2   Institutionen und Institutionalisierung

Institutionalisierung ist der Prozess, der durch kollektives soziales Verhalten Strukturen, Regeln und Routinen hervorbringt und damit eine sozial akzeptierte, bzw. sozial vermittelte und weitgehend nicht (mehr) hinterfragte Ordnung schafft.

Diese beiden Begriffe sind – obwohl sie den Kernbestandteil der Theorie ausmachen – im alltäglichen Sprachgebrauch alles andere als klar definiert. Eine starke Verkürzung ist es jedenfalls, Institutionen primär mit, wie oftmals sehr üblich, Organisationen gleichzusetzen, von denen man dann annimmt, dass diese aufgrund ihrer exponierten gesellschaftlichen Stellung besonders bedeutsam sind. Und auch in der Wissenschaft sieht es auf den ersten Blick nicht sehr viel anders aus. Dort finden sich auf Artefakte der Kodifizierung bezogene Definitionen zu Normen, Regeln und Gesetzen. Andere sprechen recht global von den „Spielregeln der Gesellschaft"[15] und wieder andere betonen, dass es sich um „Selbstverständlichkeiten" handelt, die unhinterfragt befolgt werden.[16]

Wie auch beim ähnlich schillernden, schon weiter oben angesprochenen „Kultur"-Begriff neigen Forscher dazu, terminologische Schwierigkeiten mit metaphorischen, analogischen oder instrumentellen Vokabeln zu überbrücken. Für Unternehmen gilt es beispielsweise als selbstverständlich, dass sie mehr oder weniger rigide „Leitbilder" formulieren, über ein (so behauptetes) „transparentes Berichtswesen" verfügen, und regelmäßig sich ihrer eigenen „Qualitätskontrolle" und „kontinuierlichen Verbesserung" unterziehen. Jedenfalls ist es schwierig, bestehende formale Routinen aufzubrechen, eben weil sie sich über viele Jahrzehnte oder gar Jahrhunderte schon institutionalisiert haben, im Unternehmensalltag Berechenbarkeit, Sicherheit und Stabilität gewährleisten. Nichts anderes gilt für die Anschlussfähigkeit von Compliance-bezogenen Maßnahmen wie etwa „Ethik-Kataloge", „Mission Statements" oder „Codes of Conduct", die für viele Unternehmen mittlerweile ein selbstverständlicher Bestandteil ihres Organisationsalltags geworden sind, selbst dann, wenn regulatorische Vorgaben nur einen begrenzten Einsatz zwingend erfordern.

Eine institutionale Analyse stellt wesentlich die Beobachtung heraus, dass formal-regulatorische Praktiken nicht automatisch mit rationaler Effizienzsteigerung verbunden sein müssen – sie werden vor allem deshalb praktiziert und aufrechterhalten, weil ihre einmal beschlossene Einführung viel wahrscheinlicher ist, als die spätere plötzliche Distanzierung. Wenngleich gefragt werden kann, ob die reine Zunahme von Regulierungs- und Steuerungsmaßnahmen gerade in der informalen (unentschiedenen)

---

[15]Scott 1995. Siehe auch Kap. 1 zur Zusammenarbeit von privaten Akteuren und dem Gesetzgeber.
[16]Zucker 1983.

Organisation bestehende Unsicherheiten und Abweichungen von der Regelstruktur tatsächlich reduzieren kann[17], werden Einflussnahmen dieser Art im Rahmen der Compliance-Kontrolle eingeführt (institutionalisiert) und immerhin formal sichtbar auf bestimmte Zeit dann auch beibehalten. Es entfaltet sich eine unpersönliche „Macht" der Institutionalisierung, die es Entscheidungsträgern weitgehend erschwert, von gesellschaftlichen Erwartungen und Normen überhaupt noch entschieden (freiwillig) abzuweichen und sich damit außerhalb bestehender Erwartungen zu stellen.

Organisationen sind permanent von Institutionalisierung betroffen; man könnte richtiger sagen: ihr förmlich und unförmlich ausgesetzt, sobald sich in der Umwelt neue Praktiken etablieren und Durchdringung verschiedener Gesellschafts- bzw. Lebensbereiche erreicht wird. Ist dies geschehen, erlangen sie den Status einer sozialen Institution und damit einer sogenannten unhintergehbaren Tatsache. Die Wirksamkeit institutionalisierter Praktiken lässt sich in Organisationen nur schwerlich belegen, da eine Rückrechnung schon durch die Diffusion von betrieblichen Entscheidungsflüssen oder Entscheidungsketten erschwert wird.[18] Innerhalb der organisationalen Entscheidungsketten wird es schließlich diffizil, wenn nicht unmöglich, einmal getroffene „Entscheidungen als *entscheidende* zu erinnern."[19]

Bei der Verbreitung von Managementkonzepten bestehen somit vielfach anekdotische Evidenzen von Einzelunternehmen, deren Erfahrungen sich nicht oder nur sehr schwierig generalisieren lassen und eine Tendenz zur Simplifizierung aufweisen können.[20] Auch können werbemäßige Taktiken des Eindrucksmanagements für die Öffentlichkeit beobachtet werden.[21] Gerade der Umweltschutz und die hieraus hervorgehende Normbildung bilden gegenwärtig anhaltend einen charakteristischen Bereich erhöhter Regulierungstätigkeit. Und die demgemäß „institutionalisierten Regeln und Erwartungen, mit denen sich Organisationen konfrontiert sehen, werden zunehmend erweitert und betreffen immer weitere Teilaspekte, denen Organisationen Rechnung tragen müssen."[22] Ebenso komplex gestaltet sich die Erfassung eines direkten Wirkungszusammenhangs zwischen Compliance-Programmen und der Verhinderung von Wirtschaftskriminalität. Die Sichtbarkeit und Zurechenbarkeit relevanter Variablen scheint schier unmöglich und entzieht sich damit einer exklusiv objektiven Messbarkeit. Dass diese Programme sich dennoch so stark verbreiten, lässt sich vor allem auf die sozial mehrheitsfähige Annahme bzw. Unterstellung zurückführen, dass es hinreichende Belege für einen so behaupteten Zusammenhang gebe. Konkret münden derartige Mutmaßungen in Organisations-, Regulierungs- oder Rationalitätsmythen.[23]

---

[17]Bergmann 2015, S. 237.

[18]Luhmann 1966, S. 25.

[19]Schütz/Bull 2017, S. 21.

[20]Nicolai 2000, S. 78 ff.; Röbken 2007, S. 270.

[21]Bansal/Clelland 2004.

[22]Walgenbach/Meyer 2008a, S. 25.

[23]Meyer/Rowan 1977; Westerlund/Sjöstrand 1979, Schütz 2015b.

Der Begriff Institutionalisierung beschreibt also sowohl einen möglichen organisatorisch gerahmten Prozess als auch einen in bzw. gegenüber Organisationen gesetzten Einfluss. Institutionalisierung ist der Prozess der Ausbildung einer Struktur, die im Laufe der Zeit zu einem regelmäßigen Muster oder zu einer Routine führt. Im Zeitverlauf etablieren sich bestimmte Praktiken mehr als andere, z. B. bestimmte verschiedenartige Gepflogenheiten wie Kulanzbereitschaft im Hinblick auf unterschiedlich priorisierte Kundensegmente, die dann weitgehend unhinterfragt Bestand gewinnen, auch wenn damit keine formale, offizielle Bestätigung einhergehen muss oder aus rechtlichen Schutzgründen mitunter gar nicht erfolgen kann. Damit einher geht die informale Erwartung zwischen Organisationsmitgliedern, sich einem bestimmten Gewohnheitsmuster anzupassen. Institutionen bergen allerdings die Gefahr, dass Organisationen durch sie und die entsprechend eingeprägten Abhängigkeiten in zunehmendem Maße träge und veränderungsresistent werden. Organisatorische Bereiche, die vielleicht lange Zeit in befriedigendem Maße informal gehandhabt wurden, werden durch Compliance-Maßnahmen einer eigentlich unerbetenen oder ungebräuchlichen Formalisierung unterzogen; dies in einer zumeist schriftlich fixierten und für regelmäßige Prüfungen geeigneten Form. Was die Institutionalisierung der/des einen ist, wird zum Hemmnis für andere/s. Innovierende und informale Aktivitäten können dann bereits in Erwartung nachteiliger Konsequenzen reduziert werden.

In Extremfällen bestehen Institutionen sogar dann fort, wenn sich niemand mehr für sie interessiert. Beispiele sind der stetig kontrollierte Schrank mit allen Formularen und Merkblättern, die mittlerweile auch samt und sonders im Intranet verfügbar sind; oder (im *Un*fall sehr folgenreich) die Bestückung mit Gewindebohrern in einer New Yorker Flugzeugfabrik, die aus Sicherheitsgründen nur in besonderen Ausnahmefällen benutzt werden sollen, aber in der Praxis der Organisation regelmäßige Anwendung finden.[24] Im letzteren Fall wird die Institution der hochsensiblen, im Zugang eigentlich limitierten Sicherheitstechnik (Nachbohrungen mit dem Gewindebohrer sollen nur ausnahmsweise erfolgen, da sie die Tragflächenstabilität der Flugzeuge beeinträchtigen können) regelrecht bzw. eher regellos „verramscht". Die präventive, sicherheitsrelevante Zurückhaltung beim Einsatz der Geräte wird zugunsten pragmatisch steigender, aber weiterhin nur informal geduldeter Einsatzfreudigkeit nach und nach aufgegeben. War es zunächst gängige Praxis, in den Werkshallen der Flugzeughersteller nur mit einer durch die Werksleiter abgezeichneten Sonderregelung den Gewindebohrer einsetzen zu dürfen, wurden mit der Zeit die Genehmigungsscheine gleich auf Vorrat erstellt, um den formalen Vorgaben gerade noch Genüge zu tun. Obwohl eine regulatorisch-formale Institution also merklich an Anerkennung einbüßte, behielt sie in der Grauzone von legalem und illegalem Handeln weiterhin ihre nun weniger exklusive Bedeutung. Wesentliche Beweggründe für die Neuordnung oder -bewertung von Institutionen liegen üblicherweise in immanent zeitlichen, räumlichen oder sonstigen organisatorischen Erwartungs- bzw.

---

[24]Bensman/Gerver 1963; 1973; Kühl 2015c.

Zielkonflikten. Im genannten Beispiel „wird das eine Ziel – in dem Fall die Sicherung der Qualität durch den Verbot des Bohrereinsatzes – formal festgeschrieben, während das andere Ziel – das Einhalten der Termine durch einen kontrollierten Einsatz des eigentlich verbotenen Gewindebohrers – durch ‚brauchbare Illegalität' erreicht wird."[25]

Auch im Kontext der Compliance-Diskussion lässt sich der Begriff der Institutionalisierung gut auf den Punkt bringen: Compliance-Programme werden von Unternehmen *adaptiert*, weil formale Kontrollerwartungen sich unter gestiegenem öffentlichen bzw. gesetzgeberischen Einfluss als ein selbstverständliches Mittel zur Verhinderung von Regelverletzungen im Organisationsumfeld etabliert haben. Das Ausmaß der selbstverständlichen Erwartung wird gerade durch eine Art erwartungsmäßige Umstellprobe deutlich: Ein auch nur dezentes Plädoyer *für* defensive Deregulierung bzw. regulatorische Mäßigung kann im Hinblick auf besonders stark öffentlich und kritisch thematisierte Branchen, wie etwa gegenwärtig die Automobilindustrie oder die Finanzwirtschaft, leicht als „Freibrief" für ungesetzliches Handeln interpretiert werden. Organisationen sehen sich entsprechend gegenüber der weitgehenden Durchsetzung gesetzlicher und auf (man beachte die Doppeldeutigkeit des Begriffs) „freiwilliger Selbstverpflichtung"[26] beruhenden Reformerwartungen einem erhöhten Anpassungsdruck ausgesetzt. Unterstellte Selbstverständlichkeit kann bei Konfrontation mit Gegenteilsannahmen bzw. Gegenevidenzen erstaunlich unselbstverständlich offenbart werden. Doch die Schwierigkeit, ein Plädoyer für regulatorische Zurückhaltung standhaft zu vertreten, wird selbst dann nicht unbedingt geringer, wenn man dabei auf mögliche betriebs- oder volkswirtschaftliche Nachteile oder gar begrenzte Wirkungsnachweise hinweisen kann. Es ist grundsätzlich schwierig für Organisationen, sich als Kritiker regulatorischer Reformen zu bekennen. Und man kann hinzufügen: allzumal dann, wenn mit den in der Umwelt entschiedenen juristischen Vorgaben „eine eindeutige Richtung zum Besseren" behauptet wird, auch wenn die durchweg vorteilsbringend behaupteten Anforderungen – so ein Bonmot von Luhmann – vielleicht gerade deshalb so viel Zustimmung erfahren, „weil dafür die Beweise fehlen."[27]

Es ist ersichtlich, dass regulatorische Maßnahmen, die maßgeblich aus der Umwelt der Organisationen forciert werden, mit der Vorstellung eines rationalen Entscheidungsprozesses nicht selbstverständlich in Einklang stehen können. Die Einführung des „Code of Conduct" als einem weithin anerkannten Regulierungswerk zur Verhinderung von Korruption und missbräuchlicher Unternehmensführung wurde maßgeblich im politischen System begründet und hat in erster Linie dortigen Voreinstellungen zu genügen. Gerade im Wege einer zunehmend geforderten Beteiligung von Experten aus unterschiedlichen Bereichen des Rechts, der Wissenschaft, der Politik und der Wirtschaft in regulatorisch motivierten Kommissionen, Fachgruppen und Beiräten, soll *aus der*

---

[25]Kühl 2015c, S. 87.

[26]Siehe hierzu bereits Kap. 2 zu den verschiedenen Regulierungsarten.

[27]Luhmann 1971, S. 203.

Umwelt der Organisation ein Zusammenschluss von als reputierlich und verantwortungs-voll bewerteten Experten und Entscheidern gebildet werden, deren Vorstellungen dann in der Art eines höheren, guten und gemeinsamen Willens wiederum in die Umwelt der Organisationen (und damit zum Zweck der Stabilisierung von Erwartungskonformi-tät) transportiert werden. Ob also regulatorische Praktiken als passend erachtet werden, hängt nicht maßgeblich von der organisatorischen Rationalität einzelner Vorstände oder Mitglieder in Aufsichts- und Verwaltungsräten ab, sondern von weit übergreifenderen Vorstellungen, die in eigens dafür eingerichteten Verfahrenssystemen vorselektiert und autorisiert werden.[28] Es ist dann als eine aufschlussreiche Pointe zu bemerken, dass aller formalen Institutionalisierung von Normen selbst institutionalisierte Normungsaktivi-täten vorausgehen müssen. Vor der Institutionalisierung steht die selbige und setzt sich produktiv nach und nach fort: Dem Institut der unabhängigen Gerichte geht die Insti-tutionalisierung rechtsstaatlicher Instanzen voran und diese wiederum kommt ohne die Institutionen juristischer Lehre, Ausbildung und Rekrutierung nicht aus.

5.3 Legitimität: Ein Schlüssel zur Stabilisierung organisatorischer Ordnung

Folgen die betrieblichen Strukturen und Ziele eines Unternehmens den Erwartungen der Gesellschaft, so ist Legitimität jene ebenso unscheinbare wie letztlich „harte Wäh-rung", mit deren auskömmlicher Zahlung Unternehmen im Gegenzug rechnen können. Eine institutionale Perspektive erachtet jegliche Herausbildung von Legitimität für Organisationen als essenziell. Vielleicht lässt sich gar von Legitimität als eigentlichem „Herzstück" einer langen Tradition der Sozial- und Wirtschaftsforschung zum Verhält-nis von Organisationen und Gesellschaft sprechen. Schon in frühen Arbeiten hat Parsons darauf hingewiesen, dass die Werte einer Organisation mit den Werten der gesellschaft-lichen Umwelt kongruent sein müssen, um als legitim (und damit: bestandsfähig) wahr-genommen zu werden.[29] In keinen anderen Fällen tritt die Fragilität organisatorischer Legitimität derart offensichtlich zutage wie in Ereignissen einer moralisch despektierlich empfundenen Abweichung oder bei tatsächlichen juristischen Verstößen; man denke nur an gesellschaftlich anerkannte Auffassungen bezüglich des Tier- und Umweltschutzes oder in Fragen der Arbeits- und Beschäftigungsbedingungen. Organisationen müssen in entsprechenden Fällen mit empfindlichen Reputationsverlusten und Sanktionen rech-nen, wie als eines der jüngsten Beispiele der sogenannte „VW-Skandal" im September 2015 eindringlich belegt. Schon die Möglichkeit, eine bestimmte Regelabweichung auf einen einprägsamen Skandal- oder Affären-Begriff bringen zu wollen, führt unweiger-lich zur Störung oder zum temporären Bruch bestehender umweltbezogener Legitimität,

---

[28]Röbken 2008, S. 269 f.; zur Bedeutung interaktionsförmiger Verhandlungs- bzw. Verfahrens-systeme siehe Heintz 2014.

[29]Parsons 1960, S. 175.

wobei das Negativ-Etikett des Skandals erst über die Enttäuschung der Annahme von Erwartungserfüllung sozial rekonstruiert wird: *enttäuscht sein kann nur, wer „falsch" erwartet hat.* Das heißt, die Skandale liegen nicht auf der Straße; sie werden in der Gesellschaft als „Skandale" beobachtet (und damit sozial zu dem „gemacht", was sie zu sein scheinen) – oder eben all das geschieht nicht und der Skandal bleibt aus. Dass Organisationen jedoch über lange Zeit – und dabei selbst schon Institutionalisierung informaler Regeln hervorbringend – in ihrer Aktivitätsstruktur auf Regelabweichung zurückgreifen und dennoch weitgehend funktional agieren können, verschärft in Konflikten, wie dem oben beschriebenen, die Erklärungsschwierigkeiten im Hinblick auf die organisatorische Außendarstellung. Organisationen können in Lagen geraten, die zunächst den öffentlichen Eindruck einer nur einmaligen, punktuellen Abweichung erwecken, bevor sich dann allerdings die systemischen Hintergründe der Abweichung in den Strukturen der Organisation (für diese womöglich selbst überraschend) als weitaus differenzierter als anfänglich erwartet (und oft: anfänglich erhofft) erweisen. Eine örtliche und zeitliche Einhegung des Konflikts und seiner Außenwirkungen wird damit zusätzlich erschwert und führt in rasche, meist organisationsseitig veranlasste Trennungen von Personen. Im nicht selten sichtlich hochdramatischen Akt der „Sühne" sehen Organisationen dann die einzig aussichtsreiche Option auf Wiedererlangung ihrer Legitimität. „Weil Personen in Organisationen derart leicht greifbar sind, können sie für Fehler verantwortlich gemacht werden. Eine bestimmte Person trägt die Verantwortung, wird massenmedial wirksam entfernt und gestattet der Organisation mithin, neue Legitimität wieder aufzubauen."[30] Durch Entlassung ihrer Entscheider externalisiert die Organisation in primär symbolischer Weise Verantwortung und ergänzend dazu vielleicht auch juristische Ansprüche. Sie forciert damit wiederum vorbeugend die Entlastung der übrigen Organisation. Legitimation wird hiermit die vordringliche Funktion zuteil, „eine Freistellung von Rechtfertigung"[31] zu leisten – in diesem Fall nämlich von Rechtfertigung der Organisation für ihr Personal. Auch eine weitere Zurechnung von Verantwortung auf einzelne Personen führt dann nicht selbstläufig zu weiterer Verstrickung der Organisation, sondern provoziert schlicht zu weiteren personellen Trennungen, die immer gerade dann erfolgen, wenn Zurechnung auf die Organisation gehemmt werden soll, oder, wie man auch sagen könnte: die Organisation im Hinblick auf ihre Regelabweichungen „depersonalisiert" werden muss.

Es wäre gleichwohl verkürzt, würde man Legitimitätsanstrengungen einzig in den kritischen Phasen der Organisationspraxis beobachten. Ein instruktives Anschauungsfeld bieten auch Prüfungs- und Qualitätsmanagementsysteme[32], wie sie in den vergangenen Jahrzehnten international an großer Bedeutung gewonnen haben. Unternehmen bewerben sich für entsprechende Zertifizierungen ihrer Produktionsabläufe,

---

[30]Kühl 2015b.

[31]Reiter 2016, S. 81.

[32]Siehe Walgenbach 1998; 2000 zu DIN EN ISO 9000er-Normen.

um auf deren Basis wichtige Anforderungen im Rahmen von Investoren-, Kunden- und Lieferantenbeziehungen erfüllen zu können. Allerdings erfahren die Normen dahin gehende Kritik, zunächst keine „effiziente" Besserung[33] der Abläufe einlösen zu können. Die internationale Verbreitung lässt sich davon unabhängig primär durch die steigende Nachfrage schon erklären; nämlich zu dem Zweck, entsprechende Zertifikate grundsätzlich deshalb vorhalten zu können, um den Anschluss an relevante Wettbewerbskontakte nicht zu verlieren.[34] Eine institutionale Perspektive macht nun nachvollziehbar, dass die normgerechte Ausgestaltung der betrieblichen Struktur „weniger als Ergebnis eines Bemühens um Effizienz, sondern vielmehr als Anpassung an die Erwartungen in der Umwelt der Organisation interpretiert" werden kann.[35] Eine Untersuchung von Walgenbach über die detaillierten Gründe und Auswirkungen der erfolgreichen Verbreitung von 9000-Zertifikaten kam beispielsweise zu dem Ergebnis, dass die Zertifizierungen in den geprüften Betrieben „den Aufbau einer Legitimationsfassade zur Folge hatte, daß aber andererseits im Verlaufe der Umsetzung die in einem Qualitätsmanagementsystem nach den DIN EN ISO 9000er Normen steckenden Potenziale für den Aufbau eines Kontrollsystems entdeckt und genutzt wurden."[36] Die legitimatorische Formung eines Arbeitsprozesses kann also über Umwege zu einem Umsetzungserfolg beitragen, auch wenn dieser bei Initiierung der Maßnahme hinsichtlich der Wirkungen nur begrenzt erwartet werden kann. Weitere Forschung zeigt gleichwohl, dass die Einführung von ISO-Standards nicht generell zu unzweifelhaften Qualitätsverbesserungen beiträgt, die man von ihr erwarten könnte, sondern im Gegenteil die organisatorische Anpassungsfähigkeit mindern kann.[37]

Unabhängig von krisendiagnostischen Beobachtungen verspricht also allein schon die erwartungskonforme Übernahme von zeitgenössisch anerkannten Managementkonzepten bzw. konkreten Instrumenten der präventiven Organisationssteuerung (ebenso wie die Übernahme normativer und idealer Bekundungen, managerialer Leitlinien oder Maximen der Unternehmensführung) legitimatorische Vorteile.[38] Zu diesen Vorteilen zählen insbesondere Sicherung der Ressourcenakquise oder die juristische Bestandssicherung der Organisation einschließlich Vorsorgemaßnahmen zur Minderung struktureller Verwundbarkeit (sogenannte organisatorische Vulnerabilität). Dass Compliance-Maßnahmen eine legitimitätsstiftende Funktion erfüllen können, bestätigen verfügbare empirische Analysen, wenn auch mit Hinweis auf Skepsis gegenüber den Intentionen einer legitimatorischen

---

[33]Man beachte hier wiederum die problematische Funktion des Effizienzbegriffs. Siehe hierzu im Zusammenhang mit Compliance bereits oben in Kap 2.

[34]Walgenbach/Meyer 2008a, S. 28, 31.

[35]Walgenbach 1998, S. 135 (i. O. kursiv).

[36]Ebd.

[37]Walgenbach/Meyer 2008a, S. 28.

[38]Röbken 2007, Schütz/Röbken 2017b, S. 88 f.

Gestaltung der Organisation. So steht die Compliance-Kontrolle in der Kritik, häufig lediglich als „Window-Dressing", „Cosmetic Compliance" oder als „Legitimationsfassade für die Organisation ins Leben gerufen worden zu sein."[39] Und ebenfalls ist die Einschränkung folgenreich, dass bisher kaum differenzierte Wirkungsstudien über Compliance-Programme vorliegen, was darauf zurückgeführt werden kann, dass formale Kontrollvorschriften nicht selbstläufig mit einer Veränderung auf der tatsächlichen Aktivitätsebene verbunden sein müssen.

Wenn von Legitimationsfassaden die Rede ist, bedarf dies näherer Darstellung, als sich allein mit dem Hinweis zu begnügen, es ginge dabei um eine Art großes „Machwerk". Wesentlich ist der präzise Nachvollzug, wie mit solchen Fassaden in häufig erstaunlich ungeordneter Weise bedarfsgerechte Problem-Lösung-Kombinationen zustande kommen.[40] Ein Beispiel dafür bietet eine Untersuchung zur Umsetzung regulatorischer Managementkonzepte in schwedischen Unternehmen, in der die Relevanz legitimatorischer Effekte im Rahmen einer Interviewreihe mit Managern betrachtet wurde.[41] Die befragten Manager waren sich in der Beobachtung weitgehend darin einig, dass bestimmte, von außen an die Organisation herangetragene Managementpraktiken nicht nur eine teilweise, sondern eine dominante Legitimationsfunktion aufweisen. Dieser Befund lässt sich u. a. für Regulierungen zum Qualitätsmanagement und Maßnahmen, die aus ISO-Normen herrühren, hervorheben. Es wurde festgestellt, dass bestehende Konzepte in puncto Reputation teilweise eine organisatorische Abhängigkeit erzeugen: „The company does not dare to take it (ISO) away."[42] Diese Abhängigkeit ist gründlicher im Lichte der Kunden- und Lieferantenbeziehungen nachzuvollziehen, weshalb viele Änderungen der Konzepte in der Praxis nur schwer durchgesetzt werden können, da sie sozusagen eingerastet sind.[43] Das Management beobachtet seine Stakeholder und wiederum deren Erwartungen. Rein betriebswirtschaftliche Relevanz steht dabei, wie auch die

---

[39]Bergmann 2015, S. 238.

[40]Brunsson 2005; Kühl 2011, S. 136 ff.

[41]Schütz/Röbken 2017b.

[42]Schütz/Röbken 2017b, S. 18.

[43]In den Wirtschaftswissenschaften werden sogenannte Lock-in-Effekte beobachtet, zum Beispiel in Feldern der Innovation oder des Marketings. Gemeint sind stabilisierte Abhängigkeits- bzw. Bindungsverhältnisse zwischen Kunden und Anbietern. Die Anbieter haben den Vorteil, dass die Kunden einmal fixierte, bereits fortgeschrittene Vertragsverhältnisse ungerne aufkündigen, da sie den Wechselaufwand, also Ressourcen bzw. Kosten im Hinblick auf das Identifizieren neuer Angebote scheuen. Die Entwicklung ist pfadabhängig geworden. „Eine solche Pfadabhängigkeit kann dazu führen, dass eine Technologie weiterentwickelt und benutzt wird, obgleich es in der Zwischenzeit vermeintlich bessere Alternativen gibt." (Braun-Thürmann 2005, S. 51) Modifiziert ist dies auch auf Verfahren des Managements bzw. Steuerungsangebote und Instrumentarien zu beziehen. Der Rückbau normierter Strukturen kann dementsprechend einen großen Aufwand erwarten lassen, weshalb eher noch Anbauszenarien (mit ihren eigenen Problemen, die dann daraufhin folgen) wahrscheinlich sind.

Manager ausführen, nicht unbedingt exklusiv im Fokus einer Erfolgsbewertung – auch wenn es bevorzugt betriebswirtschaftliche Argumente sind, mit denen ihnen, den Managern, die Einführung der Maßnahmen zu- bzw. vorgetragen wird. Und wie überhaupt betriebswirtschaftliche Entscheidungen zustande kommen, wird offenbar eher im Markt als durch die konkrete Organisationsführung (vor-)bestimmt: „No, it was not our decision to implement ISO. It was more or less the demand of the customer."[44] Der Einfluss auf bestehende Managementkonzepte wird durch internationale Marktbeziehungen alles andere als geringer. Naheliegend gilt dies anschaulich beispielsweise für den Fall des Supply Chain Management: „I think there is a big influence from other companies."[45] In Form einer branchenspezifisch entwickelten oder das Wirtschaftssystem weitflächig prägenden *Ähnlichkeitsangleichung* beobachten die Manager untereinander die Neigung ihrer Unternehmen, sich den Einflüssen einer marktlichen Standardisierung zu beugen, um gegenüber Investoren, Kunden und Lieferanten und deren Anforderungen, letztlich gegenüber einem bestimmten Meinungsdruck, zu(ver)lässig zu erscheinen, sich auf diese Weise legitimieren zu können: Wie sehr wettbewerblich aufgedrängte Erwartungen losgelöst von den innerbetrieblich zu lokalisierenden Bedarfen und dezidiert ökonomisch-strategischen Absichten Bestand haben, illustriert ein pointiertes Statement: „When everybody uses such techniques, you have to ask yourself why you are not doing it."[46] Dass von den Legitimationsanforderungen im Innenleben der Organisation gleichwohl abgewichen wird (und man es duldet, um die Arbeitsbedarfe bewältigen zu können), ist in einem der beforschten Unternehmen am Beispiel des Kontrollprozesses durch die Wirtschaftsprüfer zu beobachten: „When the auditor comes, we bring our handbooks in shape. When he leaves, we follow our normal business life."[47] Auch können Versuche identifiziert werden, sich von bestehendem Normdruck zu distanzieren. Die „Modehaftigkeit" bestimmter Legitimationsnachweise wird teilweise bei den Konkurrenten beobachtet, nicht aber im eigenen Unternehmen. Es kann aus Sicht der Manager dann schon ein Erfolg sein, sich genau dadurch zu legitimieren (welch Ironie!), gerade *nicht* auf den „Legitimationszug" anderer aufgesprungen zu sein: „In the wood industry we are not that sick that we implement every concept like in the car industry."[48] Und kommt der Eindruck auf, es handele sich bei legitimatorischen Maßnahmen gar auch noch um ernsthafte Projekte zur Steigerung betrieblicher Effizienz, wandelt sich die Auffassung derart, dass nun Bereitschaft besteht, neuen Konzepten Beachtung zu schenken: „[...] if the idea is beneficial for the company, not if it is fashionable."[49]

---

[44]Schütz/Röbken 2017b, S. 89.

[45]Ebd.

[46]Ebd.

[47]Ebd.

[48]Ebd.

[49]Ebd.

5.4   Isomorphie: Verähnlichung von Organisationen

Wir sprachen vorhin bereits von der Ähnlichkeitsangleichung. Dieses Konzept, üblicher-weise als Isomorphie bezeichnet, geht hauptsächlich auf DiMaggio und Powell zurück.[50] Unter Isomorphie wird jener Prozess verstanden, durch den sich Organisationen in einem bestimmten Feld einander strukturell nähern. Hierbei geht es aber nicht allein um modi-sche Phänomene, sondern um die wissenschaftliche Darlegung, wie sich Unternehmen auf der ganzen Welt in erstaunlich vielen Strukturelementen ähneln und zu vergleichbaren Strukturausprägungen tendieren. Es ist dabei eine wesentliche Einsicht, dass, aufgrund ihrer globalen ökonomischen und politischen Ausprägung, insbesondere die westlichen bzw. genuin europäischen Gesellschaften, einschließlich kolonialer Ableger, ihre Präsenz mit globalen sozialen Paradigmen verbreitet haben. Die römisch-griechische Antike, die Entstehung des Christentums, die mittelalterliche Innovation der Universität, die protes-tantische Reformation, die Aufklärung Immanuel Kants, und selbst die Akademisierung der Ingenieurschulen – alle diese heute zivilisatorisch angesehenen Errungenschaften oder Vorleistungen und Ausprägungen moderner Gesellschaften erfahren weltweite Ver-breitung. Dies gilt beispielsweise für die Art und Weise, wie Maßstäbe an einer Universität in Afrika und Asien zur Durchsetzung gebracht werden, um gegenüber europäischen und nordamerikanischen Universitäten ebenbürtige Modelle von Wissenschaft zu eta-blieren, für die Art und Weise, wie Schulen weltweit primäre und sekundäre, allgemein bildende und spezifizierende Zweige und außerdem relativ vergleichbare Grund- und Auf-baufächer hervorbringen oder die Art und Weise, wie die Krankenversorgung organisiert wird. Und selbst solche Staaten, deren Rechtswesen nur in sehr engen Grenzen den Prä-missen der Gewaltenteilung folgt, sind Regime bemüht (denn selbst Despoten schätzen die Vorzüge des schönen Scheins), die internationale Angleichung über eine zumindest rudimentäre Differenzierung der Gerichtsbarkeit und ihrer Instanzenzüge sowie die Tren-nung von Spruchkörper bzw. Richtern, Verteidigern und Anklagebehörde nicht nur zu ermöglichen, sondern – und sei es zur Dekoration im internationalen Außenkontakt – sogar offiziell vorzuschreiben.[51] Unternehmen und Verwaltungen verfügen heute – relativ robust unabhängig von Sprache, Kultur, religiöser Ausprägung oder geografischer Lage – über Geschäftsleitungen und ihnen übergeordnete Aufsichtsorgane, über betriebs-wirtschaftliche Entscheidungswege, die in Form von Controlling-, Personal-, oder Marketing-Abteilungen institutionalisiert sind sowie zertifizierte Managementsysteme wie Total-Quality-Management (TQM) oder ISO 9000, die zu einer strukturellen Angleichung, der Isomorphie, speziell von Bildungs-, Sozial- und Wirtschaftsorganisationen, inter-national beitragen.[52] Allerdings vollzieht sich die „Verähnlichung" der Organisationen und Arbeitsprozesse einschließlich ihrer regulatorischen Ummantelungen nicht auf ein oder

---

[50]DiMaggio/Powell 1983.

[51]Meyer 1999; Meyer 2005; Meyer/Ramirez 2005.

[52]Walgenbach/Meyer 2008a, S. 166 f.; Röbken 2004.

dieselbe oder auf nur zufällige und ungeordnete Weise. Das Verdienst institutionaler Forschung liegt in der empirischen Dokumentation dreier grundlegender Anpassungs- bzw. Veränderungsformen, mit denen die formalen Ordnungen anderer Organisationen und Arbeitsprozesse in eigene betriebliche Strukturen gewissermaßen „einkopiert" werden.

1. *Isomorphie durch Zwang.* Diese bildet sich vor allem „durch staatliche Vorgaben, die sich in bindenden Rechtsvorschriften niederschlagen."[53] Hier übt ein zentraler Akteur in einem organisatorischen Bereich insbesondere juristischen Druck aus, um eine bestimmte Arbeits- bzw. Organisationspraxis durchzusetzen. Die Festlegung staatlicher Quoten ist dafür ein klassisches Beispiel. Zahlreiche Angelegenheiten der Compliance-Kontrolle werden von staatlicher Seite top-down, also hierarchisch nach unten gehend initiiert und führen zu entsprechend erzwungener Veränderung. Compliance-spezifische Gesetze und Normen, wie Kredit- und Geldwäscherichtlinien oder Anti-Korruptionsparagraphen, fallen als Beispiele hoher gesellschaftlicher Strahlkraft unter diese Rubrik. Dazu gehört auch die in den vergangenen Jahren ausgiebig geführte Debatte um die Einführung des Mindestlohns und die hiernach auftretenden Verstöße, die bei entsprechender Meldung Zollfahndungen in Unternehmen in Gang bringen. Für alle zwangsweise entwickelten Veränderungsmaßnahmen werden üblicherweise wiederum vergleichbare Anwendungen bzw. Vorläuferregelungen an anderer Stelle (andere Staaten, Organisationen, Rechtsgebiete etc.) herangezogen. Mit der zwangsweisen Isomorphie wird der Versuch unternommen, bestimmte Effekte oder Lösungen mithilfe einer verhältnismäßig massiven Eingriffsbereitschaft zu erreichen, oft gerade weil man diesbezüglich an anderer Stelle nützliche Erfahrungen gemacht hat, die eine weitere Ausdehnung als voraussichtlich wirksam erscheinen lassen. Unternehmen sind entsprechend bemüht, bereits frühzeitig zu erwartenden staatlichen Vorgaben zu begegnen. Gleichzeitig werden dadurch neue Anpassungsprozesse initiiert, die einerseits zu wachsender struktureller Ähnlichkeit führen, andererseits über längere Zeit aber auch neue Differenzierungen hervorbringen können. Eine anschaulich vorausgehende Reaktion auf vor allem politisch diskutierte bzw. erwogene Zwangsmaßnahmen ist die selbsttätige Veranlassung entsprechender Regelungen vonseiten einzelner Organisationen, die in Teilen womöglich über die absehbaren Vorgaben hinausgehen können und genau so reputierliche bzw. Imagevorteile verschaffen. Neben einer freiwilligen Geschlechter- oder Diversitätsquote im Management, die über das gesetzliche Mindestmaß vielleicht knapp, aber immerhin hinausgeht, kann das Phänomen auch in der Nahrungsmittelerzeugung beim Einsparen bestimmter gesundheitlich nachteilig eingestufter Lebensmittelzusätze (bereits vor ihrem Verbot), bei der Produktion von Kleidung in pakistanischen Niedriglohn-Fabriken oder beim Vertrieb ökologischer Produkte mit dem Anspruch höherer Rücksichtnahme auf das Wohl der Tiere

---

[53]Hasse/Krücken 2005, S. 25 f.

beobachtet werden – wiederum noch vor staatlich unternommenen Maßnahmen. Da die erzwungene Änderung einer organisatorischen Praxis *ultima ratio* bleibt, können Organisationen sich gezielt eine positive Vorreiterrolle auf die Fahnen schreiben, wenn es ihnen gelingt, nicht erst auf den „letzten Drücker" tätig zu werden und damit die Möglichkeit zu verpassen, eine attraktive Legitimationsrendite als Gegenleistung für eine besonders ambitionierte Änderungsbereitschaft einfahren zu können.

2. *Isomorphie durch Mimese.* In dieser abgeschwächten Variante „kopieren" Organisationen (*mimesis*, aus dem Griechischen svw. Nachahmung) sich hinsichtlich ihrer jeweiligen Regelabläufe wechselseitig konvergierend (mit möglichen Ursprungszentren und Führerschaften), während hingegen ein zentraler staatlicher Akteur dabei keine oder eine untergeordnete Rolle spielt.[54] Jedenfalls ist das Maß an Freiwilligkeit im Rahmen gesetzlicher Normen weitreichend. Zu mimetischen Prozessen kommt es immer dann, wenn Unternehmen Unsicherheiten in bzw. gegenüber ihrem organisatorischen Feld entwickeln und wenn die fixierten Instrumente oder Prozesse in ihrer Effektivität oder Angemessenheit zunehmend als unklar oder riskant bewertet werden; wiewohl damit keine Aussage über die tatsächliche Qualität verbunden sein muss. Wie generell für jeden Prozess sozialer Institutionalisierung zu erwarten ist und bereits oben dargestellt wurde, genügt der Anschein bzw. ein vorherrschender Verdacht innerhalb einer bestimmten Gruppe oder Meinungselite, um die Überprüfung einer eingespielten Ordnung zu veranlassen. Freilich vollzieht sich der Prozess der Mimese nicht grundsätzlich egalitär. Wirtschaftliche Organisationen neigen dazu, sich vornehmlich an jenen anderen Unternehmen zu orientieren, denen sie eine (unter welchen Aspekten auch immer) kapitale bzw. zentrale Stellung innerhalb eines für sie ebenfalls relevanten organisationalen Feldes, typischerweise derselben Branche, zuschreiben. Ein solches Feld setzt sich aus „Organisationen zusammen, die die relevante gesellschaftliche Umwelt und damit den Bezugsrahmen der [...] Organisationen bilden."[55] Freilich sind auch branchenübergreifende Richtwerte und Indikatoren ausdrucksstark bezüglich der Bewertung des Erfolgspotenzials einer Übernahme bestimmter Abläufe: Bilanzzahlen, Gewinne, Marktanteile, Personalstärke, internationale Verbreitung, Alter der Organisation etc. Gerade weil das weite Feld der Compliance-Kontrolle noch neuartig erscheint, also vielgestaltig und diffus für Unternehmensformen unterhalb einer internationalen Konzernebene in Erscheinung tritt, gibt es keine langwierigen Erfahrungen mit einem vollständig einheitlichen, rechtlich verbindlichen und freiwillig übernommenen Regelwerk, an das sich Unternehmen im internationalen Geschäftsverkehr sicher halten könnten. Umwelt- und Verbraucherschutz oder die Arbeitssicherheit sind davon potenziell ebenso betroffen

---

[54]Hasse/Krücken 2005, S. 26.

[55]Hasse/Krücken 2005, S. 25. Dies wären für den Fall von Unternehmen insbesondere ihre jeweiligen Konkurrenten und juristische bzw. staatliche oder sonstige öffentliche bzw. nichtwirtschaftliche Akteure, die jedoch in direkten Beziehungen zu dem Unternehmen stehen.

wie das Wirtschaftsrecht oder Novellierungen zum Datenschutz in einer digital ent-
grenzten Zeit. Jene Unternehmen, die eine Vorreiterstellung einnehmen (oder nach
Ansicht ihrer Beobachter diese behaupten) und ihre Compliance-Programme gleich
als eigene Abteilung in einer Linienfunktion strukturiert haben, sind insofern die
typischen „Verdächtigen" dafür, weitere Imitationsprozesse auszulösen, die dann
wiederum von anderen Unternehmen aufgegriffen und in mehr oder weniger leicht
modifizierter Form eigens installiert werden. Dies geschieht dergestalt, dass nun
eigene Stabsstellen, Referate oder ganze Compliance-Abteilungen eingerichtet werden. Und wiederum im Übergangsbereich regulatorischer Maßnahmen hin zu brei-
ter managerial-betriebswirtschaftlichen, durch ökonomische Modelle, Rechenmaße
und auf Kennziffern gestützten Organisationsinstrumente, sind mimetische Prozesse
vielgestaltig auszumachen. Ein klassisches Beispiel bieten, ursprünglich aus der
japanischen Autoindustrie stammend, die Kriterien des Total Quality Management
(TQM), die auf viele weitere gesellschaftliche Bereiche, bis hin zu Gesundheit, Bildung und Recht, ausgeweitet worden sind.[56] Eine ähnliche Entwicklung war für eine
gewisse Zeit im Business Process Reengineering (BPR) zu sehen. Interessant ist an
diesen Ansätzen, dass sie gerade zur Vermeidung von Fehlerhäufigkeit und zur Standardisierung der Prozesse herangezogen werden, wenngleich sich Dysfunktionali-
täten bei später kritischem Blick als problematisch erweisen sollten. Neuere (oder
wiederkehrende) Managementkonzepte, die nicht nur mit dem Anspruch prozessmä-
ßiger Optimierung oder Effektivierung der Betriebsabläufe vertreten werden, sondern auch genuin sicherheits- und steuerungsrelevante Anliegen (verfahrensmäßige
und effektive Richtigkeit und Rechtssicherheit der Leistungserstellung oder Dienst-
bereitstellung) berücksichtigen sollen, können sich dementsprechend als besonders
kompatibel für eine Compliance-orientierte Vorstellung der Organisationsgestaltung
erweisen; nämlich im Sinne eines „Zusatznutzens", der dann zur Popularisierung
des Verfahrens angeführt werden kann, die Akzeptanzwahrscheinlichkeit erhöht und
nachgerade Folgeprozesse der Institutionalisierung forciert. Folgt man Powell und
DiMaggio[57], kann der mimetische Verbreitungsprozess zumindest teilweise als hilf-
reicher Versuch interpretiert werden, die eigene Organisationslegitimität zu erhöhen
und damit die Überlebensfähigkeit zu sichern.

3. *Normierende Isomorphie.* „Normativer Druck wird insbesondere durch Professio-
nen erzeugt."[58] Anpassungsprozesse werden auch durch Berufsvereinigungen und
Aus- und Weiterbildungseinrichtungen sowie die Wissenschaft vorangetrieben.
Lehrkräfte, Wissenschaftler, Berater und andere selbstständige Experten inter-
nalisieren über eine jahrelange Bildungssozialisation bestimmte Wertauffassungen
und entwickeln damit ein professionelles Berufsverhalten. Compliance-relevante

---

[56]Walgenbach/Meyer 2008a, S. 76; Westphal/Gulati/Shortell 1997.

[57]Powell/DiMaggio 1991.

[58]Hasse/Krücken 2005, S. 26 f.

Themen, wie Unternehmensethik, Risikomanagement, Anti-Korruptionsmanagement oder Corporate Security, gehören mittlerweile vielerorts zum selbstverständlichen Bestandteil der betriebswirtschaftlichen Studiengänge – und mehr noch – zu einer aufbauenden managementwissenschaftlichen oder MBA-Qualifizierung.[59] Neben den tertiären Bildungsangeboten (Hochschulausbildung) kommt der Meinungsbildung durch fachliche Akteure und Instanzen in der Beratungsszene und diesbezüglich affinen Gebieten der anwendungsnahen Wissenschaft hohe Bedeutung zu. Man kommt in puncto Compliance-Beratung so von einer generalistischen Perspektive nach und nach auf spezielle Anwendungsbereiche in unterschiedlichen Arbeitsgebieten und Organisationsfeldern wie z. B. Banken, Handel, öffentliche Verwaltung, die kleinen und mittelständischen Betriebe, das Arbeitsrecht usw.[60] Publizistische Aktivitäten machen die Durchsetzung der empfohlenen organisatorischen Reglements mehr oder weniger wahrscheinlich. Dabei kommt es zu einer vergleichsweise typischen Verlaufsform – was auch bedeutet, dass nicht nur die eingeführten Standards zur Angleichung tendieren, sondern auch die Wege selbst, über die sie in die Welt kommen. Es beginnt regelmäßig mit einer Artikulation von Defiziten, Problemen und Herausforderungen durch exponierte, reputierliche Vertreter bzw. Organisationen, deren Mitteilungen auf Fachkongressen, Bildungsveranstaltungen, in wissenschaftlichen und fachpraktischen Zeitschriften oder Tageszeitungen bei den avisierten Fachpublika oder der breiteren Öffentlichkeit ausreichend Gehör finden.[61] Üblicherweise werden dabei Szenarien aufgeworfen, die nachteilige Konsequenzen in der Zukunft verheißen oder vorteilhafte Lösungen für bestehende Probleme aus der Vergangenheit versprechen. Abhilfe bieten die neuen Angebote, die über die Diskurse in Fachmedien und meinungsprägenden Einflusskreisen sowie den branchen- und berufsspezifischen Verbänden und Gruppierungen verbreitet werden. Üblicherweise setzen sich bestimmte Ansätze dabei durch und verschiedene Akteure befolgen die neuen, mehrheitsakzeptierten Verfahren. Lösungen, die als eher unkonventionell, exotisch oder riskant und nicht mehrheitsakzeptiert (peripher) wahrgenommen werden, finden bereits jetzt ihren Ausschluss oder werden nur mehr von einer Minderheit verfolgt. In der vorgenommenen Mehrheitsauswahl werden nun nochmals vorgeschlagene Lösungen als Good oder Best Practices weiterentwickelt. So wird es möglich, die Lösungen als operationalisierbar für die Praxis darzustellen bzw. anschlussfähig zu machen. Für diese Lösungen treten weitere Vertreter bzw. Promotoren auf den Plan, die an der Verbreitung ebenfalls partizipieren, was üblicherweise die Herausbildung von neuen ökonomischen Interessen und Geschäftsmodellen

---

[59]Siehe für eine aktuelle Suche und Auswertung der verschiedenen Studienangebote die Webseite „Hochschulkompass" der Hochschulrektorenkonferenz.

[60]Siehe exemplarisch Boldt/Büll/Voss 2013; von Marnitz 2011; Quentmeier 2012; Rudkowski/Schreiber 2015; Seidel/Wendt 2017.

[61]Schütz 2015a.

miteinschließt. Wissenschaftler, Berater, spezialisierte Juristen, Fachexperten der Berufsverbände und auch Journalisten können nun eine reichhaltige Palette ganz unterschiedlicher Arbeits- bzw. Lenkungsinteressen an die Verfahren anschließen.[62] Zwischen den Akteuren und ihren Beiträgen bildet sich ein komplexes Referenznetzwerk, in dem die Beteiligten unterschiedlich aufeinander verweisen können und damit Mandatierung und Autorisierung gewähren, entziehen und davon regelmäßig profitieren. Diese mitlaufende, gegenseitige Prüfung wird gerade mit der „Vermassung" der Lösungen erforderlich, um Distinktion zu wahren und Legitimation für die Vertreter, von denen man sagt, dass sie sich einen „Namen" gemacht haben, zu sichern. Hochschulische Einrichtungen können mit dem Aufbau von Instituten und Lehrstühlen eine Priorisierung des Themas Compliance weiter vorantreiben. Langfristig werden dann auf der Basis einer gemeinsamen kognitiven Grundhaltung Managementprobleme in tendenziell ähnlicher oder sogar selbst genormter und institutionalisierter Weise (nämlich ausschließlich Compliance-„gerecht") angegangen.[63] Bestimmte manageriale Verfahrensweisen lassen sich dann überhaupt nur noch als legitimiert annehmen, wenn sie einer vorangegangenen qualifizierenden Prüfung durch akademische und beraterische Instanzen (und ihren normativen Vorannahmen) standhalten konnten.

Unabhängig davon, welcher dieser grundlegenden Mechanismen regulatorisch-organisatorischen Angleichungsprozessen zugrunde liegt: Es ist fortlaufend möglich, dass sich Ideen oder Praktiken der Organisationsgestaltung und -führung verbreiten, deren Wirksamkeit selbst trotz oder gerade wegen eines bereits weit fortgeschrittenen Verbreitungsgrades nicht oder unbefriedigend zu belegen ist. Allerdings ist dies auch nicht verwunderlich und gerade mit dem Hinweis auf Isomorphie lässt sich untermauern, dass es (fast eine Ironie) mit einer raschen und intensiven Verbreitung immer schwieriger wird, den lokalen Nutzen und die spezifische Funktionsweisen präzise zu bestimmen. Dies führt zu dem beinahe schon kuriosen Effekt, dass bei abnehmender Detailkontrolle der Verfahrensqualität umgekehrt die Möglichkeiten gesteigert werden können, sehr unterschiedliche Ergebnis- bzw. Nutzenerwartungen zu adressieren. Hinzu kommt das übliche Übersetzungsproblem von Theorie und Praxis, das eine Verdünnung der ermittelten Wissensbestände wahrscheinlich macht.[64] Die lokale Umsetzung des Handlungswissens bleibt trotz aller Beschwörungen von Anwendungs- und Praxisnähe immer

---

[62]Vgl. Nicolai 2000, S. 231–236; Brunsson 1989.

[63]Ein Charakteristikum dieser Form wissenschaftlicher Themenbearbeitung kann es dann sein, mit einer Art Vorfilter eine dogmatische Verschließung zu erreichen. Man kann zwar alle Fragen stellen, aber nicht mehr alle an bestimmten Instituten oder Lehrstühlen. Wenn man etwa davon ausgeht, dass die Compliance-Kontrolle ein bedeutsames Verfahren für Organisationen darstellt, und die Programmatik der eigenen Forschungseinrichtung darauf gründet, Studien zustande zu bringen, die dieser Annahme eine förderliche Untermauerung verschaffen, wird man sich von nennenswert skeptischen Einwänden schwerlich irritieren lassen wollen.

[64]Kieser/Nicolai 2002; Schütz/Röbken 2016a, S. 39 f.

ein anderes Unterfangen, als dessen akademische Vorbereitung. Der Erfolg der Diffusion einer bestimmten organisatorischen Praxis liegt also gerade darin begründet, dass es nicht mehr möglich ist, konkrete bzw. konsensuelle Feststellungen über die Bewertungsmaßstäbe zu treffen; außer, dass man sich letztlich über Autorität und normative Eingrenzungen zu Aussagen darüber durchringt, was als mehr oder weniger seriös und wirksam gelten kann.

Grundsätzlich bleibt es bei der isomorphen Verbreitung bestimmter organisatorischer Verfahren oder Instrumente ein sekundärer Aspekt, welche Detailwirkungen festzustellen sind, solange es nur gewährleistet ist, dass die Verähnlichung der Verfahren oder Instrumente mit spezifischer Legitimität belohnt werden kann, was schließlich auch bedeutet, dass bei beobachteter Abnahme der Legitimationsvorteile eine Ablösung der Maßnahmen (Deinstitutionalisierung) erwogen werden kann.[65] Letztlich kann normative Isomorphie zu einer Reduktion von Unsicherheiten der Steuerung in den Organisationen führen, da im Fehler- und Schadensfall neuer Maßnahmen eine Isolierung bestimmter (externer) Ursachen dafür womöglich leichter geltend gemacht werden kann.

5.5 Außenwirkung versus Innenleben: Entkoppelung als Antwort auf widerstrebende Anforderungen

Um demnach möglichst ohne riskante Unterbrechungen – aufgrund von Krisen oder sonstigen reputierlichen Beeinträchtigungen – von der Gesellschaft dauerhaft als legitim wahrgenommen zu werden, müssen Organisationen bestimmte Praktiken befolgen, die in der Gesellschaft als geeignete und rationale Mittel Akzeptanz finden, damit wirtschaftliche Zwecksetzungen überhaupt verfolgt werden können. So wird von Wirtschaftsorganisationen erwartet, dass sie über ein gründliches Rechnungswesen verfügen und gegen Kumpanei und Fälschungen tatsächlich korrekte Revisionen ihrer Wirtschaftstätigkeit gewährleisten und ihrerseits auch kontrollieren. Von Bildungseinrichtungen wird erwartet, dass sie Lern- und Prüfungsabläufe nach den Grundsätzen der Chancengerechtigkeit veranstalten. Und in Krankenhäusern und Arztpraxen sollen Patienten nach dem Schweregrad ihres Leidens und nicht nach der Art der Mitgliedschaft in einer privaten oder gesetzlichen Krankenkasse behandelt werden.

Hinzu kommt noch eine weitere, folgenreiche Beobachtung, die mit der institutionalen Analyse anhand vieler Studien geschärft wurde: die weltweit verbreitete Praxis der Organisationen, ihre innere Struktur von einer äußeren Darstellung zu entkoppeln.[66] Betrachtet man die bisher präsentierten Ausführungen im Zusammenhang, so führen diese unvermeidlich zu dem Schluss, dass Organisationen, deren Erfolg ja primär auf der

---

[65]Walgenbach/Meyer 2008b, S. 180 ff.

[66]Meyer/Rowan 1977. Angemerkt soll sein, dass das Konzept der Entkoppelung in der Forschung kontrovers diskutiert wird.

Übernahme bereits anderswo erfolgreich eingespielter Praktiken beruht, einem perma-
nenten Spannungsfeld ausgesetzt sind. Denn die Umweltanforderungen können ab einem
gewissen Grad an Komplexität in einem Widerspruch zu den inneren Anforderungen
einer Organisation stehen, insbesondere nämlich bezüglich einer effektiven und effizienten Aufgabenbewältigung. Zusammengefasst stehen sämtliche Organisationstypen
vor ein und demselben Problem: Einerseits können sie nicht alle die für sie relevanten
Umweltanforderungen gleichermaßen beachten und bedienen; und andererseits (darin
besteht ein Dilemma) können sie gegenüber diesen Umweltkontakten aber gerade dies
nicht offen kommunizieren: dass sie nämlich dort anzutreffende Erwartungen *nicht* in
gleicher Weise zu erfüllen vermögen.[67] Diese wichtige Einsicht dürfte für wissenschaftliche Perspektiven noch zugänglich sein, kann aber naheliegend nur schwer in Organisationen und gegenüber ihrer Umwelt direkt und ungeglättet vertreten werden. Die
Umwelt der Organisationen erwartet wie selbstverständlich die Verankerung eindeutiger
Regelungen, die ohne nennenswerte Abweichung ebenso in allen internen Abläufen
Beachtung finden, wie sie auf der Außenseite der Organisation vorgestellt werden. Compliance-Maßnahmen können diese Erwartung auch noch zusätzlich bestärken und in
die Höhe treiben, weil man mit entsprechenden Instrumenten nicht nur den Anspruch
der Regelbefolgung im Allgemeinen bekräftigt, sondern auch noch Prüfungsverfahren
einführt, die auf eine besondere Kontrolle und Durchleuchtung ausgerichtet werden. Die
ohnehin prekären Erwartungshaltungen werden also noch mehr gesteigert und zwingen
Organisationen dazu, noch mehr Aufwand dafür zu treiben, sich um äußere Glättungen
zu bemühen. Es gibt dann nicht nur das Bemühen, so gut es geht nach den Spielregeln
zu handeln, sondern, als Formen der Selbstbindung, auch noch mit Richtlinien,
Compliance-Beauftragten oder ganzen Abteilungen und juristischen Vorständen,
sich ausgiebig Regelabweichungen zu widmen und gerade damit eine basale soziale
Erwartung provozieren: dass man in Organisationen nicht mehr erwarten darf, kleinere
Abweichungen vom Protokoll ohne nennenswerte Folgen vornehmen zu dürfen. Es
wundert dann nicht, dass in der Praxis regulatorische Maßnahmen bzw. zusätzliche dafür
geschaffene Ressorts auf taktische Widerstände, mehr oder weniger diskrete Ablehnung,
immerhin aber Akzeptanzschwierigkeiten stoßen.[68]

Eine der wenigen verfügbaren detailreichen Forschungsarbeiten zur Compliance-
Kontrolle liefert interessante Einblicke:[69] In der zuständigen Abteilung sieht man sich
als „fünftes Glied im Unternehmen", in den Linienfunktionen werden die Compliance-
Mitarbeiter als „abgehoben vom wirklichen Geschäft" betrachtet. Und die Referenten räu-
men selbst ein, dass ihre Arbeit der Legitimation nach außen diene und der Erfolg ihrer
Tätigkeiten wohl bezweifelt werden könne.[70] Unternehmen können also auch in jener

---

[67]Brunsson 1989.
[68]Bergmann 2015, S. 254.
[69]Bergmann 2015.
[70]Bergmann 2015, S. 254 (i. O. kursiv).

Einheit, die insbesondere zur äußeren Darstellung Entkoppelungen unterdrücken soll, Entkoppelungen der formalen Compliance-Struktur von tatsächlichen Arbeitsaktivitäten nicht vollständig verhindern. So geschieht es, dass Organisationen, die *widersprüchlichen Erwartungen* ausgesetzt sind (dies gilt für manche mehr, für manche weniger, aber für wohl keine Organisation der Welt gilt es überhaupt nicht), mit Legitimation verbundene institutionalisierte Strukturelemente der Umwelt adaptieren, diese aber in den operativen Arbeitsprozessen nur abgeschwächt bzw. angepasst befolgen können.

Das Ergebnis sind zwei parallele, mehr oder minder entkoppelte Seiten der Organisationsstruktur: eine formale, nach außen hin sichtbare (Schau-)Seite, mit der die Organisation dem gesellschaftlichen Erwartungsdruck zu entsprechen versucht, und eine innenförmige Arbeitsstruktur, in der das operative Tagesgeschäft vollzogen wird, das aber nicht nahtlos mit der äußeren „Fassade" – man könnte auch sagen: elastisch – in Verbindung steht. Durch diese Entkoppelung kann ein Unternehmen die durch seine Umwelt legitimierte formale Struktur aufrechterhalten bzw. angemessen vorweisen und zugleich (worauf es ihm im Wesentlichen ankommt) die tägliche Praxis der tatsächlichen Aufgabenerfüllung gemäß der betrieblichen Erfordernisse so flexibel wie nötig vollziehen. Konkret kann sich diese Taktik z. B. in der Formulierung eines immer nur begrenzt ausbuchstabierten Codes of Conduct äußern, der den Grundsatz eines durchweg hohen Kontrollstandards vertritt, aber eher nur lose gekoppelt oder gegenüber allen Erfordernissen, die niemals vollständig geplant werden können.[71]

Der schwedische Wirtschaftswissenschaftler Nils Brunsson[72] hat die Entkoppelungsthese um den Hinweis verschärft, dass jede formale Organisation notwendigerweise mit „organisierter Heuchelei" operiere, da ja keine formale Organisation in der Welt bestehe, die zwischen äußeren Erwartungen und inneren Notwendigkeiten durchgehende Konformität gewährleisten könne; obwohl natürlich wiederum nahezu jede Organisation dazu neigt, explizit ein hohes Maß an Konformität zu behaupten. Öffentlich rege diskutierte, moralisierende Forderungen nach Authentizität, Transparenz und lückenlosen Standards motivieren diese Außendarstellung ihrerseits erheblich und erreichen damit vor allem, dass die „Ehrlichkeit" von Organisationen, nicht durchweg mit „Ehrlichkeit" ihr Geschäft erledigen zu können, so gut wie nirgendwo anzutreffen ist. Im Bemühen um eine korrekte Präsentation erhöhen Organisationen damit die Wahrscheinlichkeit, dass bei ihnen genau das Gegenteil von dem zu finden sein wird, was sie fortlaufend behaupten. Sieht man sich hier beinahe an einen Teufelskreislauf erinnert, so mag dies weit greifen, aber dem Prinzip nach sind diese Auswüchse nicht unwahrscheinlich. Brunsson beobachtet eine „umgekehrte Koppelung"[73]: Je weniger es Organisationen möglich ist, bestimmte Ideale, die mit hoher Legitimität bepreist sind, tatsächlich zu erreichen, desto energischer erscheinen Bekundungen, auch das Unerreichbare zu verfolgen.

---

[71]Kühl 2011, S. 148 f.
[72]Brunsson 1989; 1995.
[73]Brunsson 2003, S. 111 ff.

So wurde etwa die Werbekampagne des Elektronikkonzerns Ericsson, der damit seine „Swedishness" herauszustellen versuchte, ausgerechnet in jenem Jahr gestartet, in dem der schwedische Hauptsitz des Unternehmens ins steuerlich günstigere Ausland verlegt wurde. Der Beschluss der Verwaltung einer emissionsbelasteten Großstadt, den Straßenverkehr in zehn Jahren um 30 % zu reduzieren, machte es erstaunlicherweise umso leichter, Akzeptanz dafür zu entwickeln, dass der Straßenverkehr zunächst aber noch einmal deutlich ausgebaut werden sollte. Die öffentlichkeitswirksame Forderung nach strengeren Lehrstandards an Hochschulen verschafft dem ansonsten eher stiefmütterlich beachteten Thema Lehrqualität viel Aufmerksamkeit, ausgerechnet in einer Zeit, in der aufgrund bevorstehender Exzellenz-Wettbewerbe für die Forschung die Ausbildung von Studierenden eine noch geringere Beachtung zu finden droht.[74]

Gewiss, der Begriff der „organisierten Heuchelei" mag einigermaßen zumutungsreich erscheinen. Doch anders, als man intuitiv annehmen könnte, versteht Brunsson die Heuchelei der Organisationen weder diffamierend, noch moralisch getönt.[75] Keinesfalls wird mit dieser Zuspitzung eine Art kulturpessimistischer Zynismus bezüglich der begrenzten Einflussnahme qua Recht, Gesetz und Normen das Wort gesprochen. Die Beschreibung nimmt vielmehr die schwerlich vermeidbaren, hohen äußeren Erwartungen genau in den Blick. Große, als auch kleine Organisationen benötigen ein Stück weit guten Schein, um etwas zu sein.[76] Darin muss per se nichts Anrüchiges gesehen werden. Es geht also nicht darum, Organisationen zu diskreditieren, sondern eher darum, sie für eine Anforderungslast zu sensibilisieren, die an diese Organisationen in weitgehend unbeirrbarer Selbstverständlichkeit herangetragen wird und damit zwingend in lokale Kompensationsmaßnahmen führen muss: Das wesentliche Argument „is that hypocrisy appears to be exactly what we demand of modern organizations: if we expose organizations to conflicting demands and norms, and expect that they should respond to them, then we must also expect hypocrisy."[77] Mit der organisierten Heuchelei geht es um die nüchterne Anschauungsweise, inwieweit soziale Erwartungen nach unterschiedlichen Prämissen oder Prioritäten mehr oder weniger konform und konfliktreduziert bedient werden können; nämlich bevorzugt in solchen oft „experimentellen" Formen, die Unternehmen unterschiedliche spezifische Schauseiten zu errichten erlauben.[78] Denn Organisationen errichten allenfalls auf ihren Internetpräsenzen die *eine* vollständige Seite für die Umwelt oder Öffentlichkeit. Tatsächlich werden gleich mehrere Schauseiten entwickelt und auch wieder abgebaut, so, wie es jeweiligen Opportunitäten (politischen Akteuren, Aktionären, Investoren, Bewerbern, Interessenverbänden etc.) als dienlich erscheint. Auch im Inneren der Organisation wiederholen sich diese: nämlich über die Herausbildung

---

[74]Kühl/Langemeyer/Reinmann/Schütz 2017, S. 8; Kühl 2011, S. 154.

[75]Schütz 2016b, S. 57 f.

[76]Schütz/Röbken 2016a, S. 40.

[77]Brunsson 1993, S. 9.

[78]Kühl 2011, S. 168.

interner Formal- und Schauseiten, die abhängig sind von Neigungen zu Nähe und Distanz, Kooperation und Konkurrenz, Hierarchie und operativer Ausführung, Zentrale und Filialstellen, und deren Funktion es ist, die auch im Innenleben des Betriebs wirkmächtigen Erwartungshaltungen zielführend managen zu können. Schon in den Niederungen eines Tagesgeschäfts im Konzern lässt sich dies beobachten: Power-Point-Präsentationen, die im Zuge des Beschlussverfahrens für ein großes Veränderungs-projekt erstellt wurden, werden in gleich dreifacher Ausfertigung vorgehalten: für jene, die nicht Mitglied der Organisation sind, aber im Beratungsprozess einflussreich mit-wirken, für jene, die dem Kreis der obersten Führungskräfte angehören und schließlich für den Betriebsrat. In jeder dieser Fassungen werden bestimmte Hinzufügungen gewählt und dafür andere Elemente ausgespart. In welcher Ausprägung sie auch immer organi-siert wird: Die öffentlich gemachte Seite der Organisation ist jene Seite, von der sich Unternehmen nicht nur bevorzugt ihrer Umwelt zeigen, sondern darüber hinaus auch jene Form einer geglätteten Darstellung, die von der Gesellschaft als zustimmungsfähig erwartet wird, um ihre Ressourcen in Organisationen einbringen zu wollen.

5.6   Umgang mit institutionalisierten Erwartungen

Die zuvor beschriebenen Ansatzpunkte legen nahe, dass Organisationen in Bezug auf die Einführung jeder Form einer Compliance-Kontrolle schlicht gar keine Wahl haben: Wollen sie ihren dauerhaften Bestand nicht gefährden und ihre Legitimität nach außen berechenbar absichern, sind sie gut beraten, zu entsprechen und sich den externen Erwartungen zumindest teilweise regel(ge-)recht unterzuordnen (denn es sind wohl in vielen Fällen nicht primär *die* Regeln, die sie sich selbst aus freien Stücken auch geben würden) und auf struktureller Ebene regulatorische Maßnahmen zu implementieren.

Diese Sichtweise gibt zugleich Anlass für den gängigsten Kritikpunkt am vor-gestellten institutionalen Ansatz: Dieser betrachte Organisationen als tendenziell passive Gebilde, die sich lediglich an externe Vorgaben und soziale Normen anpassen würden, um akzeptanzfähig zu bleiben. Organisationen befinden sich damit, so war eine frühe Beobachtung, in einem „iron cage"[79] und äußere Erwartungen führen ein-gedenk der einmal installierten Regelwerke im Effekt zu einer konstant ansteigenden Weiterentwicklung formaler Organisation in der Organisation, also einer regelrechten „Regelungswut". Bei einer solchermaßen vertretenen Kritik wird allerdings leicht über-sehen, dass Unternehmen durch ihre Aktivitäten ihre Umwelt sehr wohl auch aktiv beeinflussen können.[80] In empirischen Studien zur Regelsetzung in Unternehmen wurde eine Reihe von strategischen Verhaltensweisen rekonstruiert, die, dargestellt in einem

---

[79]DiMaggio/Powell 1983.
[80]Oliver 1991; Röbken/Schütz 2017.

Kontinuum von eher passiv-reaktiver Ausrichtung, bis hin zur aktiv beabsichtigten Mitgestaltung des Organisationsumfeldes reicht. Es ist somit durchaus denkbar und wahrscheinlich, dass Organisationen sich gezielt der Forderung nach reinen Fassadenmaßnahmen widersetzen und dies auch in gewissen Grenzen mit Ausweichargumentationen nach außen vertreten können.

Ein Beispiel sehen Schütz und Röbken im traditionell von hoher öffentlich-fiskalischer Regulierungstätigkeit geprägte Hochschulbereich: Im Zuge der sogenannten Bologna-Reform haben sich die europäischen Bildungsminister darauf verständigt, mit der Einführung von Bachelor- und Masterabschlüssen formal einheitliche Studienabschlüsse innerhalb Europas zu gewährleisten. In Deutschland haben die einzelnen Länder präzisierte Vorgaben an ihre Hochschulen weitergegeben, die ihrerseits fast flächendeckend innerhalb sehr kurzer Zeit die alten Diplom- und Magisterstudiengänge sowie Staatsexamina auf die neue zweistufige Master- und Bachelor-Struktur umgestellt haben. Die Reformentwickler stellten dazu besonders auf ein einheitliches Regelwerk der Konzeption von Studiengängen ab. Dennoch gibt es einige Hochschulstandorte, die sich diesem Trend, trotz politischer Zwänge aus den Ministerien und Hochschulleitungen, regional widersetzt haben und damit auch im Gegensatz zur jeweiligen Landesgesetzgebung und entsprechenden Normen über das Hochschulrecht geraten. Auch wurden eigens Ausnahmeregelungen geschaffen, um bestimmten Fächern zumindest vorläufig Rechtskonformität zu ermöglichen. Dazu zählen z. B. einige Ingenieurstudiengänge sowie die Medizinerausbildung, teilweise die Lehramtsausbildung, die Theologie und das juristische Studium. Eine Studie zur Erhaltung der Diplomstudiengänge in den Ingenieur- und Wirtschaftswissenschaften kommt zu dem Ergebnis, dass eine starke (formale) Unterstützung aus der Industrie sowie die (informale) Rückendeckung durch die Hochschulleitung und darüber hinaus die Orientierung an örtliche Interessengruppen der Umwelt wesentliche Faktoren darstellen, die zur Beibehaltung des Diploms und damit in diesen Fällen zum „lokalen Boykott"[81], also einer beinahe schon regelmäßig gewordenen Regelabweichung führen. Zugleich wurde in diesem Beispiel beobachtet, dass dabei nicht schlicht von einer vollständigen, undifferenzierten Verweigerung gegenüber der im Hochschulwesen dominierenden Regelsetzung bei der Konzeption neuer Studiengänge auszugehen ist. Die betreffenden Fächer entwickelten vielmehr eigene Taktiken des Gegenregelns, also der Ablehnung einer bestimmten, erwarteten formalen Ordnung bei allerdings gleichzeitiger Eigenregelung einer (als überlegen argumentierten) Ordnung. Diese als „präventives Reformieren"[82] beschriebene Reaktion erfüllt eine wichtige legitimatorische Funktion für die örtlichen Verweigerer: Da es nicht möglich ist, eine schier indifferente Resistenz gegenüber jedweder von außen erwarteter formalen Ordnung zu vertreten, werden durch die entscheidenden Akteure Argumente und Begründungen einer anderen Regelsetzung

---

[81]Schütz/Röbken/Hericks 2017; Röbken/Schütz 2017.

[82]Schütz/Röbken 2016b, S. 111.

Strategie	Taktiken	Beispiele
Duldung	Gewöhnen	Normen blind befolgen
	Imitieren	Institutionalisierte Formen imitieren
	Einwilligen	Normen beobachten und akzeptieren
Einigung	Balancieren	Unterschiedliche Erwartungen ausbalancieren
	Beschwichtigen	Institutionalisierte Erwartungen abwiegeln und aufnehmen
	Aushandeln	Mit externen Anspruchsgruppen verhandeln
Vermeidung	Verbergen	Nicht-Konformität verbergen
	Entkoppelung	Verbindungen zwischen Strukturen und Aktivitäten lockern
	Flüchten	Ziele, Aktivitäten, Domänen verändern
Widersetzen	Ablehnen	Normen explizit ignorieren
	Herausfordern	Weisungen und Anforderungen anfechten
	Attackieren	Quellen institutionellen Wandelns angreifen
Manipulieren	Kooptieren	Wichtige Anspruchsgruppen importieren
	Beeinflussen	Normen und Anforderungskriterien formen
	Kontrollieren	Anspruchsgruppen und Wandelprozesse beherrschen

Abb. 5.1 Strategien der Norm- bzw. Regelbrechung von und in Organisationen. (leicht modifiziert nach Oliver 1991)

angeführt, die auf der Grundlage ihrer fachlichen Profession (gegen-)legitimiert werden können und dabei helfen, Vorwürfe der Regellosigkeit zu hemmen.[83]

Im Überblick ist in Abb. 5.1 eine Auswahl unterschiedlicher Operationen nach Oliver zusammengestellt, die in und von Organisationen genutzt werden können, um sich institutionellen Anforderungen der Umwelt mithilfe differenzierter Verschiebungs- bzw. Bewältigungstaktiken zumindest räumlich und zeitlich begrenzt zu erwehren.[84] Mit dieser Übersicht bündeln wir zugleich die verschiedenen, in diesem Kapitel entfalteten organisatorischen Beobachtungen. Deutlich werden sollte, dass nicht isolierte, singuläre Maßnahmen, sondern bedarfsweise unternommene Rekombinationen der Befolgung und

---

[83]Schütz/Röbken 2016b; Röbken/Schütz 2017.
[84]Oliver 1991.

Abweichung von Regelerwartungen eine wahrscheinliche bzw. verbreitete Praxis organisatorischer Veränderung darstellen. Es kann hier empirisch nicht so sehr darum gehen,
scharfe Kontraste und harte Konfrontationen zu erwarten, als den Blick für feine Übergänge und subtile Variationen zu schärfen.

Wir greifen nun abschließend einige dieser strategischen[85] Taktiken auf. Unter *Duldung* werden Taktiken erfasst, die dazu dienen, die externen Vorgaben des Staates, der
Branche oder der lokalen Anspruchsgruppen zielgerichtet (strategischen Zwecken die-
nend) zu befolgen. Compliance-Maßnahmen werden demnach übernommen und zur
bindenden Norm innerhalb der Organisation. Bei der *Einigung* versuchen die Unternehmen beispielsweise vor einer Übernahme von Compliance-Programmen mit wichtigen Anspruchsgruppen oder einer Regulierungsbehörde präventiv ins Gespräch zu
kommen, um für beide Seiten einvernehmliche (und betriebsseitig möglichst kosten-
günstige) Lösungen in Bezug auf die Gestaltung und das Ausmaß der Compliance-
Maßnahmen zu finden. *Vermeidung* meint, dass Organisationen bestimmten, womöglich
„softer" erscheinenden Aspekten eines Compliance-Programms bzw. einer entsprechenden Beratung ausweichen können. Dies erscheint vor allem dann interessant,
wenn die Kosten zur Einführung möglicher präventiver Maßnahmen höher bewertet
werden als die Wahrscheinlichkeit eintretender Kosten, die infolge möglicher geduldeter
Regelabweichungen und hiermit verbundener Reputationsprobleme entstehen. Eine gängige und verbreitete Form der Vermeidung stellen gerade solche Entkoppelungstaktiken
dar, die auf der Außenseite der Organisation eine besondere Regelhaftigkeit demons-
trieren, die nach innen aber nur abgeschwächt oder unvollständig durchgesetzt werden kann. Mit *Widerstand* wird in diesem Zusammenhang definiert, dass sich Betriebe
einer bestimmten Branche (Organisationsfelder) auch mehr oder weniger sichtbar einer
regulatorischen Anforderungen widersetzen können, wenn zuständigen Regulierungs-
instanzen bzw. Behörden nicht genügend Durchsetzungskraft zugesprochen wird.
Das Phänomen kann in „weichere" oder „härtere" Formen des Lobbying auswachsen
und dabei nimmt mit steigendem Ausmaß die Kontrollmöglichkeit ab. Widerstands-
aktivität kann jedoch in einer sehr viel häufiger zu erwartenden, abgeschwächten (und
daher besonders wirksamen Variante) realisiert werden: International tätige Organisationen delegieren diffuse Regulierungsaufgaben bevorzugt an ebenfalls international
tätige Wirtschaftskanzleien und Unternehmensberatungen, die ihnen kosten- bzw.
steueroptimierende und möglicherweise auch (gerade noch) strafbefreiende Dienste
erweisen sollen. Die juristischen und steuerlichen Mandate werden von spezialisierten
Rechtsexperten wahrgenommen, die wiederum mit Anwälten anderer Organisationen

---

[85]Strategie ist in der Praxis als auch in der Forschung offensichtlich ein verbreiteter und schwach
erläuterter bzw. unkommentiert verwendeter Begriff (siehe dazu Kühl 2016b). Wir verstehen analog zu Oliver darunter zunächst alle Vorgehensweisen, mit denen Entscheidungen in Erwartung
bestimmter Ereignisse beeinflussbar gemacht werden können. Über planerische bzw. Ordnungs-
und methodische Aspekte im Einzelnen ist damit noch nichts Näheres gesagt.

und Vertretern von Regulierungs- oder Justizbehörden Kompromisslösungen bzw. Vergleichseinigungen erreichen sollen. Mit dem institutionalen Ansatz lässt sich sehen, dass auch dieses „Organizational Dealmaking" in den beteiligten Fachkreisen die Form selbstverständlicher und international nach ähnlichen Verhandlungs- und Einwilligungstechniken praktizierter Verfahren erreicht.

Mithilfe einer strategisch ausgerichteten Lobbyarbeit, politischen und ökonomischen Netzwerken und eines gepflegten Einfluss- und Anspruchsgruppenmanagements können letztlich sehr unterschiedliche Interessen von Organisationen in der Beurteilungs- und Beaufsichtigungspraxis der Regulierungsbehörden und in wachsendem Maße auch im Verfahren der Gesetzgebung selbst Berücksichtigung finden. Dabei stehen Organisationen gerade aufgrund der Internationalisierung und Entgrenzung von ehemals eingehegten Wirtschaftsräumen vor der Herausforderung, untereinander verstärkt in Interessenkonkurrenz gegenüber staatlichen bzw. legislativen Vertretern aufzutreten.[86] Gerade dies motiviert sie dazu, ein persistentes statt nur punktuelles Management strategischer Beeinflussung öffentlicher bzw. politischer Interessenbildung zu betreiben. Auch zeigt sich eine Präferenz für vermeintlich „waffengleiche" Auseinandersetzung: Tabakhersteller, Zuckerhändler und Düngerentwickler neigen unter dem gestiegenen Druck öffentlicher Kritik gegenüber ihren Produkten nicht mehr dazu, entsprechende Konfrontation zu vermeiden. Im Gegenteil antizipieren sie den wissenschaftlich-rationalen Stil der sachbezogenen Kritik, geben eigene Gutachten bei dafür auskömmlich honorierten universitären oder außeruniversitären Instituten in Auftrag oder selektieren die Vielzahl der meist kritischen Studien, die sich mit ihren Produkten befassen, hinsichtlich abweichenden, eher positiven, bestenfalls im Tenor Unentschiedenheit bilanzierenden Studien.[87] Im Stil der nüchternen Aufklärung können sie so subtilen Widerstand leisten, indem sie das Bestehen einer qualifizierten kritischen wissenschaftlichen Meinung wiederholt in Zweifel zu ziehen suchen: Rauchen bleibt in angemessener Dosierung ein Stück Lebensgenuss, Süßwaren sind nur schädlich, wenn der fettleibige Konsument sich im Vorfeld nicht genügend sportlich betätigt und Glyphosat ist vor allem deshalb nützlich, weil man damit bessere Ernten einfahren und so den Welthunger bekämpfen kann. Wie für alle Prozesse institutionaler Argumentation für und gegen bestimmte Regulierungen bzw. Normierungsmaßnahmen, zeigt sich auch in diesen Taktiken „teilnehmender Verweigerung", dass rationale Erwägungen nicht einfach natürlich bestehen, sondern abhängig von Benutzerstandpunkten errungen und verteidigt werden müssen. Was schlussendlich als tauglich, angemessen und vernünftig gilt, ist neben allen Einflussnahmen des Rechts eine Frage dahin gehend, zu welchen verschiedenen Kosten eine soziale Durchdringung innerhalb eines von Normen geformten Wechselspiels zwischen den Akteuren geschieht.

---

[86]Zu den rechtlichen Auswirkungen im Hinblick auf die Regulierungsarten siehe Kap. 2.
[87]Siehe Lodge/Wegrich 2012.

Brauchbare Illegalität: soziologische und juristische Bestimmung und Weiterführung

Die vorstehenden Ausführungen haben gezeigt, wie sehr neben formalem auch informales Handeln in allen Organisationen integrativ zum Tragen kommt. Im Folgenden wird der Versuch unternommen, anhand einiger Beispiele eine Rückanknüpfung zwischen Formalität und Informalität mit Compliance-relevanten Rechtsfragen vorzunehmen. Zunächst wird dazu in den Begriff der „brauchbaren Illegalität" soziologisch eingeführt. Die Theoriefigur der brauchbaren Illegalität geht auf rechts- und organisationssoziologische Studien der 1960er Jahre zurück, hat seitdem aber ihre aufschlussreiche und auch provokante Relevanz behalten. Organisatorische Strukturen sind mit dem Spannungsfeld formaler und informaler Ordnung heute schon aufgrund zunehmender Umwelterwartungen in noch höherem Maße konfrontiert als vor einem halben Jahrhundert. Nachdem die Figur der brauchbaren Illegalität in ihren Funktions- und Anwendungsweisen ausführlicher diskutiert wurde, betrachten wir diese in einem zweiten Abschnitt in der Gestalt informalen Verwaltungshandelns. Darüber hinaus geht es um das Feld von Absprachen, denen entweder Rechtsverbindlichkeit zukommt oder nicht, sowie um Verhaltensstandardisierungen ohne Rechtsnormqualität (wie z. B. dem Deutschen Corporate Governance Kodex). Anschließend wird der Blick auf die Business Judgment Rule (§ 93 Abs. 1 Satz 2 AktG) gerichtet, die sich im Spannungsfeld zwischen Legalitätspflicht und Nützlichkeitserwägungen bewegt. Schon hier ist darauf hinzuweisen, dass es nicht hilfreich ist, die organisationssoziologischen und empirischen Erkenntnisse zu informalem Handeln in einer rechtswissenschaftlichen Betrachtung einfach beiseitezuschieben. Der Pendelblick zwischen soziologischer Betrachtung und rechtlich erheblicher Fragestellungen wird helfen, einige neue Aspekte für Compliance-Management-Systeme herauszufiltern. Sofern es sich bei § 93 Abs. 1 Satz 2 AktG um einen Kontrollmechanismus im Verhältnis von Gesellschaft zum Vorstand handelt, ist zu fragen, welche Gedanken sich – namentlich bei den sogenannten nützlichen Pflichtverletzungen – auf Compliance übertragen und welche sich als umfassender Kontrollmechanismus in Bezug auf die Gesellschaft als Ganzes verstehen lassen.

© Springer Fachmedien Wiesbaden GmbH, ein Teil von Springer Nature 2018
M. Schütz et al., *Compliance-Kontrolle in Organisationen*,
https://doi.org/10.1007/978-3-658-17471-2_6

6.1   Brauchbare Illegalität – zum Gegenstand einer Theoriefigur

Der Begriff „brauchbare Illegalität"[1] entstammt dem gleichlautenden Kapitel aus dem 1964 von Niklas Luhmann erschienenen Buch „Funktionen und Folgen formaler Organisation". Das später als Dissertationsschrift eingereichte organisationstheoretische Grundlagenwerk bildet auf der Basis eines Aufenthalts Luhmanns an der Harvard University den sozialwissenschaftlichen Forschungsstand über Unternehmen und Verwaltungen der damaligen Zeit ab. Es ist der frühe Versuch einer soziologischen Bestimmung von Organisationen auf der Basis funktional-formaler Analyse, verbunden mit dem bereits in Ansätzen vorgestellten Inventar der in den folgenden Jahrzehnten deutlich ausgeweitet entwickelten Systemtheorie.[2]

Auf den nächsten Seiten wird der Text in seinen wesentlichen Aussagen entsprechend der Darstellung im originalen Werk nachgezeichnet.[3] Es handelt sich dabei jedoch nicht um eine bloße Wiedergabe, sondern zugleich um den Versuch einer kommentierenden, einzelne Aspekte besonders gewichtenden bzw. vertiefenden Relektüre. Mit dieser Form des „nachspürenden" Lesens, Interpretierens und Weiterentwickelns der Argumentationszusammenhänge haben wir uns der Form einer Betrachtung genähert,

---

[1]Das Wort „brauchbar" scheint inzwischen eine gewisse Veraltungsneigung aufzuweisen, wiewohl diese immerhin nach dem Duden nicht ausgewiesen wird. In medialen Debatten fällt jedenfalls auf, dass der Begriff interessante Variationen erfährt: „nützliche Illegalität", „nützliche Regelabweichung", „nützliche Informalität". In einem Beitrag der Frankfurter Allgemeinen Zeitung (2015) war im Zuge der VW-Dieselaffäre gar von „nützlicher Kriminalität" die Rede; eine Steigerung, die die Dimensionen bereits deutlich überzieht. Dass schon allein der Begriff „Illegalität" Befremden erregen kann, ist offensichtlich. Im Übrigen ist er zwar originär auf Niklas Luhmann zurückzuführen, wird aber in medialen Darstellungen inzwischen auch von seiner Autorschaft losgelöst diskutiert bzw. eher noch sporadisch fallen gelassen; so ohne weitere Einordnung siehe Rath 2017. Es war im Übrigen spezifisch die VW-Affäre, im Zuge derer – beinahe genau ein halbes Jahrhundert nach Erscheinen des Buches – der Begriff einer breiteren Öffentlichkeit bekannt gemacht wurde und auch internationale Aufmerksamkeit nach sich ziehen konnte (Dinheiro Vivo 2015).

[2]Der hier zu besprechende Text ist das 22. Kapitel des Buches, S. 304–314. Das Buch wurde nach seiner Publikation 1964 in weiteren vier Auflagen (zuletzt 1999 posthum) editiert. Ein Epilog wurde dem Werk vom Autor (1994 verfasst) ab der 4. Auflage 1995 hinzugefügt. Einem verbreiteten Missverständnis entgegentretend sei darauf hingewiesen, dass das Werk mit Ausnahme des Epilogs mit keiner der weiteren Auflagen geändert wurde. Jede Auflage erfolgte ausschließlich als Wiederdruck der Fassung des Jahres 1964. Wenn wir also die Erstausgabe 1964 zitieren, so steht diese (was den Haupttext angeht) in keinem Unterschied zur bisher letzten Auflage 1999.

[3]Der erste Abschnitt dieses Kapitels basiert auf einem für dieses Buch weiter ausgearbeiteten, unveröffentlichten Seminarskript, das der Lehrveranstaltung „Brauchbare Illegalität. Informalität und Regelabweichung in Organisationen" zugrunde lag, die der Autor, Marcel Schütz, im Sommersemester 2016 an der Fakultät für Soziologie der Universität Bielefeld angeboten hat. Archivierte Dokumentation unter https://ekvv.uni-bielefeld.de/kvv_publ/publ/vd?id=60088061 (letzter Abruf: 20.02.2018).

der es um eine besonders detailreiche Aufbereitung eines geschriebenen Textes geht. Einerseits erlaubt uns dies bei der Darstellung die präzise Bestimmung des Begriffs in seiner Luhmann'schen Prägung, andererseits emanzipiert sich aber gewissermaßen unser heutiger Text von dem Original durch wiederholt andersartige Gewichtungen und Vertiefungen. Um eine Vollständigkeit der Wiedergabe kann es dabei also nicht gehen. Mit den fortlaufenden Verweisen auf die Seitenzahlen des Originals können ursprüngliche Argumentationsstellen nachverfolgt werden. Bis auf wenige Ausnahmen exkursiven Verweisens auf weitere Literatur belassen wir es in diesem Abschnitt bei einer konzentrierten Beschäftigung mit dem ursprünglichen Kapitel.[4]

Im bezeichneten Grundlagenwerk widmete sich Luhmann auf der überschaubaren Länge von rund zehn Seiten in zugleich inhaltlich komprimierter Form eingehend dem Phänomen informaler oder regelabweichender bzw. halboffizieller Organisationspraxis. Gleich zu Beginn des Kapitels wird dem Leser verdeutlicht, dass es sich bei den folgenden Ausführungen um ebenso grundsätzlich neuartige wie problemträchtige Perspektiven handelt: „Wenn wir uns mit den Notwendigkeiten und Möglichkeiten brauchbarer Illegalität vertraut machen wollen, müssen wir die Augen zunächst an ein gewisses Zwielicht gewöhnen."[5] – So heißt es nahezu prosaisch eröffnend. Begonnen wird die Analyse mit einer einleitenden, systematisierenden Sondierung der Theorie- bzw. Rechtsfigur brauchbare Illegalität. Luhmann betrachtet die Zwischenzone formalen und informalen bzw. halbformalen Geschehens in bürokratisch geordneten, also administrativen oder betrieblichen, Organisationssystemen. Hierbei wird herausgestellt, dass diese Zwischenzone sich in den Routinen und Praktiken von Organisationen eben nicht leicht nach eindeutig legaler oder doch akzeptierter bzw. illegaler oder inakzeptabler Aktivität bestimmen lässt.[6] So gibt es das formal korrekte, aber doch aufgrund der Bedingungen der Situationen, in der es sich ereignet, akribisch gewertete Tun. Die Regeln folgen unerlaubten Motiven oder werden zu unerlaubten Zwecken verwandt. Es gibt das rechtmäßige Handeln zum unrechten Zeitpunkt; das vertretbar gewertete, aber doch formal illegale Handeln, und weiterhin die längst zur Gewohnheit, zur diskreten betrieblichen Übung gewordene Abweichung von inzwischen obsolet erachteten, nur noch in beinahe vergessenen Artefakten dokumentierten oder vermuteten Normen. Man stößt weiter auf die Bagatelldelikte des organisatorischen Alltags als Abweichungen von minimal

---

[4]Dabei geht es nicht um den Versuch einer analytischen Übersteigerung. Einem Grundlagentext, dazu noch mit einiger zeitlicher Distanz, gerecht zu werden, stellt Autoren, die sich um eine aufschlussreiche und sorgsame Relektüre bemühen, unvermeidbar vor eine Herausforderung. Aufgabe an dieser Stelle soll es sein, einen Beitrag zur theoretischen „Übersetzung" in zum Teil neuartigere Regulierungszusammenhänge der organisatorischen Praxis, wozu die Compliance-Kontrolle gezählt werden kann, zu versuchen. Dazu werden wir uns in Teilen von dem Ausgangstext wiederum zu lösen haben, um präzise auf aktuelle und weitergehende Fall- bzw. Beispielkonstellationen eingehen zu können.

[5]Luhmann 1964, S. 304.

[6]Luhmann 1964, S. 304. Hierzu im Weiteren die Aufzählung in unserem Kapitel.

erachtetem Ausmaß. Organisationen kennen überdies Hürden der Sanktionierung: Das Handeln ist zwar illegal, aber seine Ahndung würde Folgen nach sich ziehen, die in Erwartung von Verantwortlichen die Systemstabilität insgesamt gefährdete. Handeln kann ferner als vertretbar erscheinen, wenn der Auslegungsspielraum seine Rechtfertigung zulässt oder mit anderen Worten: gerade dann, wenn normative Argumente zur situationsgerechten Bestimmung verbraucht sind. Analog zur richterrechtlichen Bewertung können in solchen Lagen auch in Organisationen situative Bemessungen für bisher so nicht aufgetretene rechtliche Probleme zustande kommen. Auch kann ein formal entschieden illegales Handeln in weiterer Hinsicht zu verteidigen sein. Man denke nur an grobes Unrecht oder die missbräuchliche Anwendung von Normen zum Schaden einzelner Personen. Man denke an Auflehnung gegen Akte der Nötigung oder des Mobbings am Arbeitsplatz, das seinerseits harte Gegenmaßnahmen provozieren kann. Organisationen kennen aber auch die praktizierte, bereits zur Gewohnheit gewordene, Abweichung von Normen, deren Charakter veraltet oder obsolet erscheint. Man denke nur an das historische Höflichkeitsprotokoll in der Beziehung der Geschlechter oder den Generationen in großen Unternehmen; Umgangsweisen, die entweder mit modernen Rollenbildern konfligieren oder tatsächliche Herabsetzung und Höherstellung jeweiliger Seiten bedingen.

Abweichungen werden auch dort realisiert, wo Normen als problematisch oder prekär gelten, da ihre strikte Befolgung in unbillig empfundene Zumutungen und mangelnde Spielräume eines großzügigeren oder nachsichtigeren Handelns führte: Kulanz wird Kunden über das zwingende Maß hinaus gewährt, um vorangehende Irrtümer und Schwierigkeiten besonders opulent zu entschädigen und eine positive Neigung zu bewirken. Nachlässe, Erstattungen und Schenkungen werden gewährt, wo die Vorschrift solche strenggenommen nicht vorsieht oder explizit die Bedingungen nicht vorliegen. Man denke nur an Hotelbesuche, Bahnfahrten, Abverkäufe vor dem Verfallsdatum im Handel. Man kalkuliert mit der juristischen Figur des „verständigen Dritten", der einsehen möge, dass man nicht „päpstlicher als der Papst" auftreten wollte. (Mikro-)Abweichungen dieser vielfältigen Art, mögen sie auch noch so in der Sphäre des Singulären und Minimalen erscheinen, entwickeln gerade wegen ihrer diffusen und vielgestaltigen Ausprägung überhaupt erst den Charakter impliziter Anreiz-, Belohnungs- und Verstärkungsmechanismen. Sie halten die Verhältnisse von Organisation und Umwelt[7] „geschmeidig", sie

---

[7]Die Geltung bzw. Autorität der Regel wird auch nach ihrem Ursprungsort bzw. ihrer Rahmung durch Erwartungen zu bemessen sein. Zur Differenz von Organisation und Anforderungen der Umwelt positioniert Luhmann: „Aufgedrängte Illegalität, deren Quelle außerhalb des Systems liegt, ist leichter zu tolerieren als innere Illegalität, die sich aus internen Differenzierungen ergibt." (Luhmann 1964, S. 306). Die Mitgliedschaftsbedingungen bzw. Arbeitsverträge evozieren Bindungen bzw. Loyalitäten der Mitglieder gegenüber der Organisation in toto. Sie können mit der Erwartung einhergehen, dass Bindung und Folgebereitschaft im Hinblick auf die Organisation höher zu werten sind, als jene im Hinblick auf äußere Regelsetzung. Es kommt, funktional besehen, dann nicht darauf an, ob die von außen hineingetragenen Erwartungen im juristischen Sinne womöglich höhere Geltung beanspruchen können, sondern darauf, welche Erwartung von den Mitgliedern höher gewichtet wird; und das gilt umso mehr eingedenk einer Abschätzung der Kalkulation sanktionaler Folgen.

stabilisieren Erwartungen durch Überschusserfüllung: Mehrleistungen, die im Einzelfall die wirtschaftlichen Prinzipien biegen können, im Ganzen aber damit die Hoffnung verbunden bleibt, Bindungen aufrechtzuhalten und sogar noch zu erweitern.

Damit ist zugleich das schon in der Vergangenheit, insbesondere im arbeitsrechtlichen Kontext, heikle Feld der „Bagatellabweichung"[8] adressiert, wenn auch gerade hier viele Fallkonstellationen *gar nicht* der brauchbaren Illegalität *zuzurechnen* sind, sondern sich als „Bagatellbereicherungen" qualifizieren ließen: die entwendete Frikadelle, das übrige Stück Kuchen[9], der an „ungünstiger" Stelle auftauchende Pfandbon. Was zum Delikt werden kann, hängt offenbar in besonderem Maße an den personellen Bedingungen und organisatorischen Erwartungen. Der wöchentlich entwendete Kugelschreiber, Briefumschlag, Schreibblock etc. durch die Referenten im Vorstandsbüro, für teils dienstliche und halbprivate[10], teils gänzlich unbestimmte Zwecke, mag niemandem auffallen und auf dieser Ebene des Hauses schon gar nicht für irgendwen von Interesse sein. Sind die Arbeitsbeziehungen hingegen von starker Hierarchisierung und Weisungsstruktur geprägt, können selbige Handlungen im mittleren und unteren Sektor derselben Organisation die volle Wucht der rechtlichen Folgen nach sich ziehen. Nicht zuletzt scheinen Bagatelldelikte in besonderem Maße von Fehleinschätzungen hinsichtlich der Tragweite abweichenden Handelns geprägt zu sein, weshalb die Bagatelle zuweilen die problematische Eigenschaft aufweist, offenbar *doch keine* Bagatelle zu sein.[11] Schnelle Entscheidungen ohne weitere Besinnung möglicher Bezüge und Folgen

---

[8]Luhmann 1964, S. 304.

[9]Abgrenzungen haben natürlich zuweilen ihre Tücken: Ist der spontane kollegiale, wenngleich nicht genehmigte Verzehr von frisch zubereitetem Essen aus einer innerbetrieblichen Veranstaltung kurz vor einem heißen Wochenende im Sommer als relevante Bereicherung zu werten, wenn man die Lebensmittel ansonsten in den Abfall hätte geben müssen, was wiederum zu hygienisch ungünstigen Verhältnissen beitragen könnte? Wäre die Nachlässigkeit von Mitarbeitern dann nicht darin zu sehen, in unverantwortlicher Weise die Entsorgung vorgenommen zu haben? Bagatellabweichungen sind offensichtlich keine so einfache Angelegenheit. Und wie man auch argumentiert, besteht doch die schnelle Kritik, man bagatellisiere die rechtlichen Probleme der Abweichung selbst.

[10]Was als „zu" privat ausgelegt werden könnte, ist vorsorglich mit formalen Mitteln zu schützen. Einer der Autoren erinnert eine Bestimmung in der Universität vor einigen Jahren, wonach, so die Angabe im beiliegenden Handbuch, die „Fernsprechanlage" in den Büros „nach dem Gebot der absoluten haushälterischen Sparsamkeit" zu benutzen war. Diesem Gebot haben die Mitarbeiter achtsam Folge geleistet. Für den Fall kritischer Rückfragen wurde ohne größere Diskussion vereinbart, was hinsichtlich gelegentlicher persönlicher Telefonate zu erklären sei: Man führe ein „dienstlich veranlasstes Privatgespräch".

[11]Vielleicht ließe sich sagen, die Bagatellabweichung ist mitunter besonders irrtumsanfällig. Die Bagatelle bedarf einer hinreichenden sozialen Anerkennung bzw. Beobachtung als Bagatelle. Ob ein Einzelner etwas als Bagatelle sieht oder nicht, ist hinfällig. Maßgeblich läuft die Qualifizierung über eine in die Bedingungen bzw. Vorgänge, die sie adressieren oder diagnostizieren soll, eingebundene Gruppe.

dürften schnell als leichtfertig und damit verstößig registriert werden. Gleichwohl sind derartige Lagen zumindest unter den Bedingungen einer empathisch sensiblen Kommunikation häufig wie selbstverständlich mit Reaktionen der einsichtsfördernden Nachsicht zu beantworten. Wozu müssen unbedachte Entscheidungen, die in den Folgen überschaubare Verstöße bedingen, überhaupt zur Verfolgung gebracht werden, wenn die Betroffenen bisher nicht durch Auffälligkeiten bemerkbar geworden sind? Wozu sollten Organisationen sich in gerichtlichen, monate- und jahrelangen Streit begeben, dessen Verhältnismäßigkeit am Ende jedem Eigenwert an Prinzipientreue und womöglich auch der richterlichen Entscheidung unterläge?

Naheliegend kann auch jede Bagatelle, die (im Gegensatz zu den oben genannten Fällen) typisch als brauchbar, (in-)formal zweckgerichtet oder organisatorisch erwartet bestimmt werden kann, ein Ausmaß ungeheurer Verstrickung erreichen: Man denke an den Kapitän eines Kreuzfahrtschiffes, der sich mit seinen speziellen Attraktionen der Schiffsmanövrierung im Küstengebiet in eine Verbindung riskanter, in Reederei und an Bord aber informal geduldeter, Abweichungen begibt, das Manöver misslingt und er in einer Folge panisch-verschlimmernder Entscheidungen das entstandene Unglück in seinen Ausmaßen nur noch weiter steigert. So weit, dass er auf Gnade vor dem Gericht nicht mehr hoffen kann.[12] Andere, vielleicht noch weit schwieriger zu beurteilende Problemlagen ungenauer, aber zum Zeitpunkt der (irrtümlichen) Bewertung nur begrenzt verfügbarer Informationen sind mit entsprechenden Unglücksfällen in die Geschichte eingegangen: die diffuse Abstimmung auf der „Titanic" zwischen Kapitän und Reedereiführung beim (fahrtzeitverkürzenden) Passieren eines Eisbergfeldes im Nordatlantik in einer Aprilnacht des Jahres 1912; oder die – welche Banalität des Schreckens – in den Folgen beinahe unbedacht erfolgte Gummi-Ummantelung der Räder am ersten Typ des ICE der Deutschen Bahn, um den Geräuschpegel der Züge zu minimieren, was 1998 (neben anderen hinzukommenden Verwicklungen) mit der Entgleisung eines Zuges in Eschede zum größten Bahnunglück der deutschen Geschichte führte.

Eine demgegenüber besonders unscheinbare Form der Illegalität mag in jenem Handeln liegen, dessen Illegalität gerade auf der Absicht einer Stabilisierung wichtig erachteter Ressourcen für das organisatorische System gründet. Üblicherweise werden solche Fälle besonders unter dem Aspekt der Kosten-Nutzen-Abwägung auftreten. In einer leicht saloppen Form wird man auch von „kalkulierten" oder „lukrativen" Verstößen

---

[12]Siehe hierzu die aufschlussreiche rechts- bzw. risikosoziologische Studie von Culjak 2015 zur Havarie der Costa Concordia im Jahr 2012: „So zeigt die Fallanalyse, dass sich geduldete Normabweichungen an Bord zu informellen Praktiken einspielten, um widersprüchliche Zielsetzungen der Organisation auszugleichen." (S. 189) Culjak bespricht den Fall unter dem verbreiteten Begriff der *Devianz,* der in Zusammenhang mit Abweichungen speziell von gesellschaftlich institutionalisierten Normen gebraucht wird. Er findet in den Sozialwissenschaften aber auch für (lokale) Abweichungen z. B. in Organisationen Verwendung, die nicht unbedingt zugleich eine gesellschaftlich registrierte Abweichung in größerem Maße darstellen müssen.

sprechen können, deren Funktionalität man gerade in der Umgehung bestehender Vorschriften vermutet. Womöglich kann die Zurechnung des Verstoßes sogar an die Umwelt externalisiert werden: Praktiken der Korruption (im Ausland) mit der Möglichkeit zur steuerlichen Absetzbarkeit im (deutschen) Inland waren bis vor einigen Jahren prominente Beispiele. Auch staatliche Akteure können in diesem Feld tätig werden. Man erinnere sich nur an die Debatten der letzten Jahre zurück, in denen der Ankauf von sogenannten „Steuer-CDs" pressewirksam[13] diskutiert wurde. Wie ist es zu beurteilen, dass der Staat zur Eintreibung der Steuer wirkt, wenn er seine Kenntnisse auf illegal beschafften Bankdaten stützt?[14]

Es handelt sich gewissermaßen um explizit geduldete bzw. befristete und damit angeordnete oder immerhin hingenommene Suspendierung einer rechtlichen Ordnung. Würde man diese staatliche Abweichung als illegal einstufen, sähen wir hier prima facie eine besonders pikante Form der Abweichung von der rechtlichen Ordnung, ist doch der Staat jener Akteur, der die Regeln selbst setzt bzw. durch seine Gewaltenteilung organisieren, ja: garantieren lässt. Das führt zu einer beachtlichen Paradoxie. Der Staat muss die gewollte Ordnung zu einem Teil außer Kraft setzen, um sie durchsetzen zu können.[15] Und vielleicht geht es zuweilen auch Organisationen in weniger drastisch markierten Fällen nicht so viel anders?

---

[13]H. P. Schütz/Pfohl/stern.de, 02.02.2010; Schmider/Baumann/Badische Zeitung, 09.09.2012; Fabricius/Gotthold/WELT.de, 21.07.2012.

[14]Vgl. zur feinen Unterscheidung zwischen Beweiserhebungsverbot und Beweisverwertungsverbot BVerfG, Beschluss v. 09.11.2010 – 2 BvR 2101/09 sowie die Diskussion bei Coen 2011, S. 433 ff. Siehe auch EGMR, Urt. v. 6.10.2016 – Az 33686/11.

[15]Dies postulieren Becker/Luhmann 1963, S. 9 f. bereits in den Einführungssätzen ihrer Studie über Verwaltungsfehler (die in weiten Teilen auch auf organisatorische Praxis andernorts bezogen werden kann): „Jede Rechtsordnung hat ihre wesentliche Aufgabe in der Normierung und Durchsetzung von Verhaltenserwartungen. [...] Ein solches Normsystem definiert sich dadurch, daß es richtiges Leistungsverhalten vorschreibt, zugleich den pathologischen Bezirk der Fehlleistungen. In dem Maße, als es technische Präzision gewinnt, treten auch die Fehler stärker ins Relief und gewinnen als besonderes, neues Problem Bedeutung. Das Problem ist neu, weil der Fehler die Situation ändert. Wird eine Leistung fälschlicherweise erbracht oder nicht erbracht, so wird damit eine neue Interessenlage geschaffen, die der Normsetzer zunächst nicht im Auge hatte. Am falschen Zustand kristallisieren sich Kontinuitätserwartungen, er wird weiteren Verfügungen zugrunde gelegt, in Lebenspläne eingebaut, so daß das ursprüngliche Gesetz nicht mehr ohne Härten verwirklicht werden kann. Die Wiederherstellung des rechtmäßigen Zustandes würde einen Schaden verursachen, der in der Interessenabwägung des Gesetzgebers nicht vorgesehen und nicht berücksichtigt war. Deshalb muss die Rechtsordnung zur Behandlung von Fehlern eine zweite Schicht von Normen schaffen, die den ursprünglichen Willen des Gesetzgebers modifizieren, ja sich teilweise sogar in eklatanten Widerspruch zu ihm setzen. [...] Die Unvermeidlichkeit von Fehlern macht es notwendig, auf eine strikte Durchführung des Rechts zu verzichten und in gewissem Umfange Widersprüche und Ungleichheiten in der Rechtsordnung nicht nur zu tolerieren, sondern zu legalisieren." Und weiter auf S. 11: „In dem Maße, als die Verfeinerung und Differenzierung der Entscheidungsprogramme fortschreitet, in dem Maße, als zentrale Steuerung und regulative Festlegung der Entscheidungsprogramme zunehmen und trotzdem eine adaequate

Damit unterscheidet sich diese Abweichung offenkundig von inkrementellen Varianten; sie bedarf üblicherweise einer wie auch immer geordneten bzw. geübten Akzeptanz- oder Anweisungsstruktur. Dies kann letztlich bedeuten, dass die Illegalität wiederum als solche gar nicht mehr (an-)erkannt, sondern qua Weisungswesen gerade zur legalisierten Abweichung wird. Wo sich Staaten mithilfe ihrer Organe darauf verständigen, die übliche Ordnung ihres Rechts aussetzen zu müssen, um ein höheres Gut überhaupt sicherstellen zu können (und sei es das Gut der staatlichen Autorität bzw. Souveränität) und dort, wo sich Organisationen auf den Verstoß zur Wahrung ihrer Stabilität verständigen, muss davon ausgegangen werden, dass die unternommenen Aktivitäten entweder „rechtssicher" oder im Bewusstsein um besondere Rechtfertigungsgründe vollzogen werden. Dass derartige Formen des „regulierten Regelverstoßes" in komplizierte rechts- und risikotheoretische Debatten führen und geradezu Lehrstreitigkeiten um Recht und Moral im Allgemeinen heraufbeschwören, bedarf keiner großen Spekulation.

Ein weiterer – in der Luhmann'schen Aufzählung hier letzter – (Grenz-)Typ der brauchbaren Illegalität dürfte in Formen des Tauschs und der Erwartungsfolge zu finden sein.[16] Gemeint sind Verhältnisse, in denen Personen ihre organisatorisch gerahmten Handlungen in beträchtlichem Maße mit eigennützigen Erwägungen zu verbinden suchen und ihren diesbezüglichen Einfluss- bzw. Ermächtigungsraum auch sukzessive erweitern (womöglich in dem Maße, in dem die ihnen übertragene organisatorische Verantwortung weiter steigt). Es ist hier die Frage nach Möglichkeiten und Grenzen der Rollendifferenzierung zu stellen: Können eigenmotivierte Entscheidungen noch von solchen der organisatorisch geforderten getrennt werden? Gibt es ein Grenzbewusstsein, bis in welche Ausmaße Motivation zur Geltung kommen kann? Wiegt der organisatorische Nutzen des Handelns selbstbezogene Neigungen schließlich noch genügend auf? Es muss gesehen werden, dass jede Motivleitung, die auf individuelle Zurechnungen hinausläuft, also primär der Mehrung und Durchsetzung höchstpersönlicher Interessen zugutekommt und mit dem Maßstab des organisatorisch Brauchbaren rasch nicht mehr zu bemessen sein wird. Doch das Problem der Bemessung liegt einerseits in den prekären Bedingungen der (womöglich sehr geringen) Visibilität des Handelns und anderer-

---

(Schreibweise i. O., Anmerk. d. Verf.) und gerechte Einzelfallbehandlung erreicht werden soll, wird es notwendig, eine gewisse Fehlerquote als normal hinzunehmen […]." Zwar sind diese Ausführungen von Becker/Luhmann in der Schaffung von Korrekturen im Normsystem durch aktives gesetzgeberisches Handeln selbst gemünzt, doch sprechen die Autoren explizit von „allgemeinen Erwägungen", die also als Abweichung von der staatlichen Ordnung durch Rechtsetzung selbst oder durch faktisches Handeln verstanden werden könnte, eben damit die Ordnung selbst durchgesetzt werden kann. Zu Luhmanns juristischem Frühwerk siehe auch jüngst einen Vortrag von Ino Augsberg im Rahmen der Tagung „Niklas Luhmann am OLG Lüneburg", 5.–6. Dezember 2017 in Lüneburg „Am Anfang war das Recht" (unveröffentlichtes Manuskript, S. 2). Die Autoren danken Ino Augsberg für die freundliche Überlassung des Vortragsdokuments.

[16]Luhmann 1964, S. 310 und Fn. 18.

seits in zunehmender Rollendiffusion hinsichtlich (höchst-)persönlicher Ambitionen
und Neigungen hier und organisatorischen Bestimmungen des angemessenen oder
geduldeten Vorgehens dort. Gerade mit steigendem Grad an Hierarchie kann diese Ver-
franzung produktiv fortschreiten: In Aufgabenfeldern mit erhöhter Eigenverantwortung
werden nicht nur die Zugriffe auf das einzelne Geschehen mehr und mehr vermieden.
Auch die Eingrenzung und Zuordnung der Urteilskriterien werden mit Blick auf das
gehobene und Spitzenpersonal prekär. Die Person prägt bisweilen also mehr ihr Amt, als
das Amt die Person. Freilich führt dies zu einer delikaten Frage: Was überhaupt kann in
der Organisation (und durch wen?) als brauchbar unterstellt werden, wenn es die Personen selbst sind, die mit spezifischen Interessen als Eigenressourcen gewissermaßen funktionale Erwägungen unaufhörlich irritieren, wenn nicht gar „verunreinigen"?

Eine Grundannahme im originalen Beitrag Luhmanns besteht darin, dass Normabweichungen aufgrund der Tatsache, „daß soziale Systeme eine widersprüchliche Normorientierung erfordern", in gewissen Grenzen nicht nur hinzunehmen sind, sondern
organisatorisch sogar nahezu unvermeidlich gestaltet werden müssen.[17] Die Normabweichung leistet für das Funktionieren der Organisation auf den ersten Blick ungeahnte
Beiträge. Es ist schon allein der Verstoß, der die Regelbeständigkeit aus ihrer ansonsten
unauffälligen Normalexistenz überhaupt sichtbar hervorhebt.[18] Verstöße rücken ein
Grenzbewusstsein in den Mittelpunkt des Geschehens, Momente der Vergegenwärtigung
des Zulässigen und Unzulässigen. Mit der Regelabweichung wird überhaupt gewissermaßen erinnert, dass es sich um eine Organisation handelt, in der sie sich ereignet;
und damit um in hohem Maße künstlich geschaffene Ordnungen der Arbeitsverrichtung,
die letztlich immer auch anders – und damit eben so oder so nicht natürlich – aussehen
könnten, als sie jeweils Bestand haben. Es ist die Abweichung von der Regel, die pro-
duktive Formen informaler Arbeitspraxis hervorbringt und damit für den Vollzug formaler Ordnung (Zwecke) selbst einen offensichtlichen Nutzen leisten kann. Die Fragen
der Zulässigkeit sind davon zunächst zu unterscheiden, weil Zulässigkeit nicht (jedenfalls nicht außerhalb einer durch weitere Kriterien bedingten Urteilsbildung) auch schon
logisch Fragen der Funktionalität beantworten kann. Unter Bedingungen einer beispielsweise innovationsgetriebenen Wertschöpfung dürfe zweckdienliche Informalität nahezu
selbstredend erscheinen.

Durch Informalität können Organisationsstrukturen elastisch hin auf innere und äußere
Strukturen, also Umwelterwartung, fortentwickelt werden. Eine von allen Modifikationen

---

[17]Luhmann 1964, S. 305.

[18]Das aus der lateinischen Wendung „exceptio probat regulam in casibus non exceptis" gebildete
Sprichwort „Ausnahmen bestätigen die Regel" kommt entsprechend nicht von ungefähr. Es bezieht
sich auf eine Verteidigungsrede Ciceros für den römischen Konsul Julius Cornelius Balbus Maior,
in der er erläutert, dass eine Ausnahme bzw. Abweichung, die dazu führte, eine Handlung illegal
werden zu lassen, sogleich mitmarkiere, dass in Fällen außerhalb dieser Ausnahme die Handlungen als legal anzunehmen seien (Cicero 1891).

entbundene Organisationsstruktur (Luhmann versteht unter dem Begriff Organisationsstruktur im Wesentlichen: Erwartungen und Entscheidungen) würde eine konflikt- und
widerspruchsfreie Normordnung bedeuten; also eine Konstellation die unter den Verhältnissen hochkomplexer Abhängigkeiten gegenüber dem wirtschaftlichen, politischen
oder rechtlichen System schlicht unwahrscheinlich, eher noch unmöglich vorzufinden,
geschweige denn („gegen alle anderen") zu realisieren wäre. Organisationen müssen daher
konflikt- und widerspruchssensibel operieren, sie müssen als standardisierungsgewöhnte
Systeme flexibel auf eine viel geringer standardisiert vorzufindende Umwelt reagieren können: Konzessionen werden erzwungen, Erwartungen müssen erfüllt werden.

Auch innerhalb des Organisationssystems sind latente Rollen und Stellen zu beachten,
deren Einflussgrade entweder vage oder doch offen kritisch zu bewerten sind. In jeglicher Organisation ist zudem ein gewisses (und je nach Größe auch höheres) Maß an
Kommunikationslatenz[19] zu finden. Die basalen Interaktionen, mögen sie auch noch so
sehr über Rollen „räsoniert" werden, bedürfen gewisser Schutz- und Hemmungsfassaden,
die ihre Träger zur wechselseitigen Wahrung von Respekt und Ehrerhalt beachten müssen; zumindest so lange, wie sie beansprucht werden oder als Mitglieder der Organisation sprechen dürfen und auf Entscheidungen (für die sie fast immer die Unterstützung
jeweils anderer Rollenvertreter auf gleichen, unteren oder höheren Rängen benötigen)
Einfluss üben. Schon die hierarchische Stellung einzelner Personen kann es erforderlich
machen, in der Kommunikation mehr die Techniken der Latenz als jene der Transparenz
zu beherrschen. Üblicherweise können Untergebene das Risiko nicht gleichermaßen eingehen, offensichtlichen Grund zur Beschwerde gegenüber Höhergestellten ebenso Taten
folgen zu lassen, wie sie es zu unmittelbar vertrauten oder gleichgestellten Kollegen zu
tun wagten. Höhergestellte wiederum können Untergebene in missliche Lagen führen,
nutzten sie ihre Stellung für betonte Lockerungsübungen, die bei „An"-Gestellten das
Missverständnis sozialer Nähe erwecken können. Bei alledem ist dann zu beachten, dass
organisatorische Normen trotz möglicherweise längst rein symbolischer Geltung unter
sozialer Beobachtung stehen; richtiger: ihr Umgang damit selbst unter Beobachtung steht.
Auch eine auf symbolische Geltung reduzierte Norm kann als pflegebedürftig gelten und
der Verstoß gegen sie kann Ahndungen nach sich ziehen. Der Eindruck einer lediglich
„normalen Normabweichung" kann sich trügerisch erweisen; schon deshalb, weil für
andere Anlass gegeben wird, anzunehmen, dass in vergleichbaren oder bedeutsameren
Lagen von ähnlichen Verstößen ebenso Gebrauch gemacht werde.[20]

Jedenfalls sind es die situativen Rahmungen organisatorischen Geschehens, die Hinweise auf die (Nicht-)Vertretbarkeit eines jeweiligen Handelns anzeigen können.[21]

---

[19]Neben einer organisatorisch sogar „geregelten" oder in gewissem Maße bewusst gemachten
Tolerierung von Abweichungen: „Die Anpassung an nichtlegitimierbare Erwartungen kann entweder über latente Rollen geleitet werden, die nicht ins Bewußtsein gebracht oder doch taktvoll
ignoriert werden." (Luhmann 1964, S. 306).

[20]Hier sei auf Vaughan 1996 verwiesen, die die These der „Normalisierung von Abweichung"
im Zusammenhang mit der Katastrophenforschung bzw. der riskanten Entwicklung von
Abweichungstoleranz eingebracht hat.

[21]Luhmann 1964, S. 306.

Die sozialen Verhältnisse können zugleich dazu dienen, in mahnender Weise die Mitgliedschaftsrolle (was erlaubt ist und was nicht) in Erinnerung zu rufen. Ein Auge kann zugedrückt werden – oder es lässt sich gerade davon absehen.[22] Besondere Anlässe gestatten es, hierüber variabel zu entscheiden. Einige Mitglieder einer Organisation werden mehr Neigung aufweisen und dazu noch auch mehr Möglichkeiten für Abweichung (oder ihre Toleranz) zu nutzen wissen. Das „Normalhandeln" kann ausdrücklich zitiert werden oder aber es kann genau dabei besondere Nachsicht geboten erscheinen. Wie auch immer hier optiert wird: Klar ist, dass (Illegalitäts-)Entscheidungen sicherlich oftmals mit dem Problem der Willkür einhergehen, denn der Bruch der Regel lässt sich schwerlich mit einer informalen Regel rechtfertigen, die nach Statuten des Formalen gar keinen expliziten Bestand haben kann. Jene, die beginnen, die Normabweichung über eine hintergründige Praxis als arbeitsteilig bedingt rechtfertigen zu wollen, gehen das Risiko ein, diese Praxis, die Organisation selbst und ihre verschiedenen Nutznießer zu diskreditieren[23] – und damit schon entstandenen Schaden noch weiter zu erhöhen. Der Arbeitsalltag kennt kritische Beispiele hierfür in reicher Zahl. Wenn man gefragt werde, wolle man sagen, dass man dies oder jenes nie gesagt habe – so lautet die bereits präventive Selbstversicherung derjenigen, die anderen Vorteile, Einsichten, Rücksichtnahmen gewähren, deren Erteilen ihnen nach der formalen Ordnung nicht gestattet ist. Es muss hierbei also schon im Akt der Regelbrechung zugleich eine Mahnung hinsichtlich der engen Grenzen und riskanten Folgen erteilt werden, will man sich als jener, der toleriert, vor eigener Beteiligung geschützt halten. Es geht dann um Sachverhalte von hoher Vertraulichkeit, persönliche Agreements und Abreden, stille Vereinbarungen und auf Loyalitätsverpflichtung gründende Deals. Es ist die jeweilige soziale Struktur einer Organisation bzw. der sich in ihr abspielenden Interaktionen, die über Einbettung, Möglichkeiten und also auch Einschränkungen für die einen und Freizügigkeiten für die anderen hinsichtlich der Realisierung von Regelbrüchen eine maßgebliche Wirkung entfalten.

Regeln können insofern für Personen und Stellen partiell suspendiert werden; ihr Sinn und ihre Bedeutung erschließen sich womöglich überhaupt erst nicht vom Inhalt her, sondern nach dem Standpunkt des von ihnen Betroffenen.[24] Eine nachlässige Rüge kann zur faktischen Anerkennung des Regelbruchs führen, der als solcher nur noch begrenzt sanktioniert werden kann. Der mehrfach verspätet zur Arbeitszeit erscheinende Arbeitnehmer, der wieder und wieder Abmahnungen mit Androhung der Kündigung erhält, ohne jedoch auch gekündigt zu werden, kann bei späterer Kündigung darauf hoffen,

---

[22]Luhmann 1964, S. 309.

[23]Mit Blick auf Regelabweichung qua organisatorischer Binnendifferenzierung (Arbeitsteilung und Bildung betrieblicher Einheiten, als „Untersysteme" des Gesamtsystems Organisation) formuliert Luhmann 1964, S. 307: „Die Kehrseite ist, daß Untersysteme und sogar kurzlebige Situationssysteme, sollen sie Bestand und Grenzen ihrer Normorientierung wirksam konstant halten, dazu Handlungen benötigen, die im Rahmen des globalen Systems nicht mehr zu rechtfertigen sind."

[24]Luhmann 1964, S. 310.

seine arbeitsrechtliche Verteidigung erfolgreich bestreiten zu können: Eine mehrfache Drohung ohne besonders eindringliche Gestaltung kann dann ohne Folgen sein.[25] Gerade also der geduldige Verzicht der Sanktion kann eine spätere Sanktion problematisch erscheinen lassen. Der Regelbruch wird in dem Maße als Bruch gemildert, in welchem ihm Beobachter gegenüberstehen, die auf Interventionen verzichten.

Dies kann die Frage aufwerfen, inwieweit soziale Nähe auf die Möglichkeiten und Grenzen einer (brauchbaren) Regelabweichung Einfluss nimmt. Weil Organisationen nicht nur zweckgerichtete Fertigungs- und Dienstleistungsgebilde sind, sondern auch erheblich zur existenziellen Verwirklichung von Personen beitragen können (oder eben nicht), sind es spezifisch sie, die Tauschbeziehungen hervorbringen. Personen stehen einander in „Kredit", „Freundschaftsdienste" müssen bedacht, Gefallen arrangiert werden, wo entsprechende Verpflichtungen und Begünstigungen einander als versichert gelten. Bestimmte Personen und Positionen können überhaupt kraft bevorzugter Stellungen über Befolgung und Nichtbefolgung entscheiden.[26] Insofern sind Einflüsse der Macht und Machterprobung nicht nur nicht abwegig, sondern schon aus dem formalen hierarchischen Gefüge herrührend dauerhaft (wenn oft auch: unberechenbar) präsent. Auch die Akte der Gnade, der Nachsicht, des Verzeihens und der erlaubten Wiedergutmachung sind schließlich allein von jenen zu treffen, die dazu die Macht beanspruchen können oder immerhin Wege finden, dies anderen, die ihnen anvertraut sind, glaubhaft zu machen.

Wo Abweichungen zustande kommen, sind Techniken ihrer bedarfsweisen Entschuldigung oder Verdeckung ebenfalls zu erwarten. Zum einen ist der versteckt gebliebene Normverstoß (erst recht dann, wenn sein Vorkommen auf eines oder wenige Male begrenzt bleibt und die Ausmaße übersichtlich oder gar unsichtbar bleiben) sicherlich kein unwahrscheinlicher Fall. Ferner ist die Abweichung als „Ausrutscher" zu markieren und qualifiziert sich damit für eine eilige Entschuldigung. Eine andere Begründung bietet behauptete Unkenntnis. Wieder eine andere läuft darauf hinaus, dass der einmalige Verstoß durch den Hinweis entlastet wird, ansonsten die Regeln im besonderen Maße zu achten (gerade hier zeigt sich, wie eng die Begründung des informalen Verstoßes mit der Stabilisierung formaler Regelsetzung zusammenhängt). Verstöße können aber auch als Beleg besonderer Weitsichtigkeit beansprucht werden: Die Regel war bekannt, doch sie erschien den anspruchsvollen oder unbekannten Bedingungen

---

[25]BAG, Urt. v. 16.09.2004 – 2 AZR 406/03; LAG Rheinland-Pfalz, Urt. v. 23.04.2009 – 10 Sa 52/09.

[26]Hinsichtlich tolerierter Abweichungen scheint eine gewisse positionale Stellung bestimmter Personen jedenfalls informativ zu sein: „Solche Freiheiten werden namentlich dann akzeptiert, wenn hochgestellte Mitglieder oder Mitglieder, deren Loyalität sich besonders bewährt hat, sie im Interesse des Systems sich herausnehmen." (Luhmann 1964, S. 306) Die Frage ist dann naheliegend, wie es um den Fall der delegierten Auftrags*abweichung* bestellt ist. Nicht nur aus der Kunst und Literatur dürfte das Motiv bekannt sein, dass der untergebene Handlanger fürs „Grobe" die Risiken der Abweichung häufig selbstbezüglich personalisieren muss, um übergeordnete Ebene zu entlasten bzw. von Belastungen zu schützen.

nicht angemessen, weshalb problematischere Folgen gerade durch ihren Bruch vermieden werden konnten.[27] Was man mit der Regel nicht vorhersehen konnte, kann gerade
mit dem „klugen" Brechen derselben gerettet oder doch gemildert werden. In dieser Konstellation erscheint die formale Ordnung geradezu als rückschrittlich, als stellenweise
untauglich hinsichtlich neuartiger formaler oder informaler Bedingungen. Sie wird daher
im Einzelnen unterbunden oder aufgehoben, um sie *im Ganzen* gerade zu schützen. Eine
(zuweilen riskante) Form der offenkundigen Beschwichtigung bietet genau dann die
Abschwächung der Normabweichung zur „Bagatelle" oder „Petitesse". Das Delikt bleibt
von vornherein gewissermaßen unter der Grenze des „Strafbaren". Mehr oder weniger
sanfte Hinweise, den Wiederholungsfall zu unterlassen, können ebenso erfolgen wie die
schlichte Nichtbeachtung. Voraussetzung dafür ist aber stets eine einigermaßen kollektiv vertretene Anerkennung der Abweichung. In anderen Fällen kann die Feststellung
des geringfügigen Regelverstoßes durch den, der als ihr Verursacher gilt, als anmaßende
Position gewertet werden, die vielleicht nur deshalb überhaupt Sanktionen nach sich
zieht, weil die Bewertung durch den „Schuldigen" und nicht durch die zu dessen Entlastung ermächtigten relevanten Beobachter bzw. die ihm formal Übergeordneten erfolgt.
Der Betroffene stürzt dann nicht eigentlich über sein Vergehen als solches, sondern den
übereilten eigenmächtigen, in allzu selbstsicherer Haltung vermuteten „Freispruch", der
doch nur durch das organisatorische System erteilt und allenfalls durch Geständnis und
neuerliches Bekenntnis zur sonstigen Ordnung wahrscheinlicher gemacht werden kann.
Dass bei allen nachträglichen Distanzierungstechniken von der Abweichung wiederum
personeller Rang und Gepflogenheiten der vorsorglichen und nachträglichen Rationalisierung zum Tragen kommen, liegt wohl auf der Hand.

In der organisatorischen Praxis wird also zu sehen sein, dass immer wieder Anlässe
der Art bestehen, dass – bewertet nach den Problemlagen, denen die Betroffenen
begegnen – ein sinnvolles Operieren nur dann möglich ist, wenn eine bedingte Loslösung
von der formalen Ordnung „gewagt" wird. Klar ist, dass dieses Loslösen nicht sogleich
Abweichung im drastischen Sinne bedingen muss. Vor allem scheint es für Beschäftigte
wesentlich darum zu gehen, die Fähigkeiten und Ansichten insoweit zu verfeinern, als
dass sich überhaupt erst einmal so etwas wie ein „Sinn" für Übergänge und Zweideutig-
keiten von formaler und informaler Ordnung entwickelt.[28] Hiernach wird auch entschieden, inwiefern entsprechende Disposition von Erfolg gezeichnet ist. Und auch wird
dabei zu bemerken sein, dass es nicht in allen organisatorischen Sachverhalten darauf
ankommt, ob ein Handeln im Sinne der Organisation formal ist oder nicht. Ohne dass
sich diese Frage überhaupt stellt, bleibt die Wahrnehmung gegenüber solchen Unter-
scheidungen obsolet oder doch dezent. In wieder anderen Sachverhalten wird es zwar
relevant sein, das Erlaubte vom Untersagten an sich trennen zu können, nun liegt aber

---

[27]Luhmann 1964, S. 306.
[28]Luhmann 1964, S. 311.

das Problem darin, die Bemessungsgrenzen für die eine oder andere Seite präzise zu identifizieren. Ausgenommen davon bleibt die Verschiebung von Grenzen selbst: Man bleibt gerade noch am äußersten Rand des Zulässigen und reizt auch die letzten Grade eine legalen Ordnung aus[29]; oder: Es kommt zu kurzen „Streifzüge[n] ins Illegale"[30], die sogleich wieder mit dem Sprung in die „ordentliche Ordnung" geheilt werden. Und je kürzer die Verweildauer in der Zone des Zwielichts bleibt, desto geringer scheint das Risiko der Enttarnung. Und kommt die Enttarnung doch, so sind die Belastungsindizien vielleicht nicht mehr vollständig heranzuführen.

„Halblegale" Zwischenräume können im Übrigen auch selbst über fehlende formale Ordnung zu charakterisieren sein. In diesen Zwischenräumen machen bestimmte Handlungen die Personen vielleicht auffällig und sichtbar, nicht aber unbedingt haftbar. Es können ja nur die bereits formalisierten Erwartungen auf organisatorischem Wege eingefordert werden. Im Graubereich muss im Zweifel für den Betroffenen entschieden werden: Wenn man hätte zwar vermuten können, dass eine bestimmte Handlung gewählt und eine andere unterlassen werde, aber es eben nicht möglich war, diese Vermutung bis in eine formal zwingende Erwartung auszuformen. Selbst formalisierte Erwartungen bleiben letztlich „Tendenzerwartungen"[31]. Ihr „wirkliche[r] Sinn" kann sich nicht in der Erwartung selbst, sondern erst in den Bedingungen ihrer Verwirklichungen erschließen.[32]

Eine schwer zu fassende Ausprägung organisatorischer Abweichung dürfte speziell in jenen Formen bestehen, mit denen erwartet wird, dass die Personen schwach bestimmte oder weitgehend unbestimmten Normen unter andernorts näher bestimmte subsumieren; dass sie also eigenständige Zuordnungen hinsichtlich einer sorgsamen Wahrnehmung der Formalstruktur unternehmen; gerade wenn dies auch bedeuten kann, dass einzelne Normanforderungen buchstäblich nicht zu erfüllen sind, in Teilen gar verletzt oder umgangen werden müssen, um sie dann wiederum anzuerkennen.

Dass Regel(unter)brechungen – dieser Hinweis auf temporale Bedeutung sollte besonders beachtet werden: *Unter*brechung, nicht Brechung in Gänze – auch in geschickter Weise (abermals durch Abweichung) geschützt werden können, lehrt ebenfalls organisatorische Praxis[33]: Dinge werden in ihrer gegebenen Ordnung raffiniert umgestellt (um nicht zu sagen: durcheinander gebracht), um eine „geordnete Ordnung" bewusst zu vermeiden, etwa weniger zu dem Zweck systematischer Irreführung (diese mag es auch geben), als zur Unterstützung bzw. Forcierung eines bestimmten Entscheidungsverhaltens. Man denke auch an das Zurückhalten oder besonders engagierte Vorbringen von Informationen, an große Aktenstapel, die schon angesichts ihrer Opulenz vermuten lassen, dass

---

[29]Ebd.
[30]Ebd.
[31]Ebd.
[32]Ebd.
[33]Luhmann 1964, S. 311 f.

unter der Vielzahl unterzeichnungsbedürftiger Dokumente auch gerade das eilig erledigt wird, welches – wäre es nun oben auf dem Stapel oder in einem kleineren zu finden
gewesen – eine längere und vielleicht sorgsamere Prüfung und dazu noch etwaige andere
Entscheidungen verursacht hätte. Neben solchen Taktiken kann es zuweilen hilfreich
erscheinen, sich unverständig zu zeigen (gerade weil man versteht, warum es einem nüt-
zen wird), als das Gegenteil, den korrekten Nachvollzug der Weisungen, zu demonstrie-
ren.[34] Es kommt dabei, analytisch gesehen, nicht so sehr darauf an, jede dieser Taktiken
voneinander zu unterscheiden, sondern zu erkennen, dass die Auswahl der Mittel als situativ unterschiedlich geweitetes Kontinuum imaginiert werden kann.

Insofern stehen formale und informale Ordnung auch immer wieder in einer gegen-
seitig abdichtenden oder entlastenden Beziehung. Es werden Techniken gebraucht, die
eine Kollision der Ordnungsinteressen hemmen, die die Spannungen zwischen Regelwerk
und Abweichungsstruktur zu reduzieren vermögen: „Die formalen Erwartungen können
als Normen erhalten, verteidigt oder doch geschont werden, auch wenn anderslaufende
faktische Handlungen vorkommen."[35] Es liegt dann bei den Mitgliedern von Organisationen, die in Arbeitszusammenhängen miteinander tätig werden, die formale Ordnung zur
informalen so in ein Verhältnis zu bringen, dass wechselseitige Beschädigungen gemieden,
ja überhaupt der Gegensatz der Ordnungen in der kritischen Situation, soweit möglich,
latent gehalten werden kann. Wo man darauf verzichtete, müssen Verhaltenskonflikte, Ent-
täuschungserlebnisse und peinliche Irritationen gefürchtet werden.[36]

Es gibt also nicht die „richtige" Abtrennung des Informalen von der geregelten Struktur, bestenfalls gelingt es, scharfe Kontraste in weiche Übergänge aufzulösen. Eine zentrale

---

[34]Der Volksmund spricht vom „sich dumm stellen". Und jedermann weiß natürlich, was damit
gemeint ist und kennt Umstände, die ihn schon einmal zu solch defensivem Präsentieren eigener
Verstandeskraft motivierten.

[35]Luhmann 1964, S. 312.

[36]Luhmann 1964, S. 312. Eine in Organisationen sicherlich typisch auftretende Situation ist jene,
einen entstandenen Fehler dadurch zu heilen, dass die Korrektur zunächst gegenüber möglichen
„Zuschauenden" isoliert wird und erst nach erfolgreicher Erledigung des Mangels dezente, bei-
läufige Hinweise zum Problem, soweit es überhaupt noch nötig ist, nachgereicht werden. So
etwa das Beispiel aus der Universitätsverwaltung, die bei Auszahlung einer monatlichen Leistung an Beschäftigte versehentlich eine Buchung übersehen hatte und der betroffene Beschäftigte
sodann den nicht erfolgten Eingang monierte. Daraufhin teilte die Universitätsverwaltung mit, der
Zahlungsverzug sei nicht eigenverschuldet, sondern könne, so die offizielle Erklärung, nur beim
Kreditinstitut des Beschäftigten verantwortlich liegen. Tatsächlich stellte sich einige Wochen
später heraus, dass es zu einem Versäumnis der Auszahlung gekommen war, man es allerdings
als nicht ratsam ansah, gegenüber dem Beschäftigten dieses einzuräumen. So wurde von einer
den Mangel externalisierenden Erklärung Gebrauch gemacht, wissend, dass es sich um eine
unzutreffende Darstellung handelte. Denn die tatsächliche Darstellung, so stellte sich heraus,
drohte mangelnde Sorgfalt im Arbeitsprozess anzeigen zu können. Zur Sicherung des Außenein-
drucks wurde also eine unverfängliche Mitteilung bevorzugt.

Einordnung nach der Rechts- bzw. Theoriefigur der brauchbaren Illegalität läuft somit darauf hinaus, dass Regelabweichungen von der „prominenten Hauptstruktur des Systems"[37] zwar zu einem gewissen Maß funktionale Wirkung für das Gesamtsystem entfalten; dass aber gesehen werden muss, wie sehr dieses „gewisse" Maß sich aus Ressourcen der Unbestimmtheit speist und insofern es gerade Reiz und Risiko zugleich mit sich bringt, den „Austritt" aus der Formalstruktur ganz und gar von der Beobachtung und dem Urteil anderer (und gelten sie einem auch noch so vertraut und verständig) abhängig machen zu müssen. Luhmann verweist demgemäß nicht zufällig auf ein „hohes Maß an Vermittlungsgeschick, das Regel wie Abweichung vor Schaden bewahrt"[38]. Dazu wiederum bedarf es einer Einsicht in die gegensätzlichen Notwendigkeiten formaler und informaler Ordnung. Völlig zu vermeiden wäre diese eingepreiste Neigung zum partiellen Regelbruch nur dann, wenn es – so diskutiert Luhmann mögliche Alternativen zur Abweichung – gelänge, widerstrebende Erwartungen und Handlungsweisen so in der Normordnung zu integrieren, dass diese sie *elastisch* abdecken könnte.[39] Ein solches Szenario der *formalisierten Informalität* wird in praktischer Hinsicht nur schwer zu fassen sein, müsste doch eine Breite an Variationen erst einmal verrechtlicht oder geordnet werden, die im Hinblick auf soziale bzw. organisatorische Komplexität kaum fassbar erscheint. Die Formalisierung des Informalen bzw. ein systematisches Inkorporieren der Abweichung in die Normalstruktur läuft auf paradoxe Zustände hinaus. Interventionen der Rechts- bzw. Ordnungsbildung kommen hier erheblich an ihre Grenzen. Denn faktisch könnte man erwarten, dass etwaige Formalisierungsversuche aber auch die Elastizität der Untersysteme (Organisationseinheiten) und deren Herausbildung von „Unternormen" forcieren; und dies in einem Maße, wie es unter Aspekten formaler Funktionalität gerade nicht mehr erwünscht, nicht mehr brauchbar erscheint.

Sind damit schon erste Zweifel an den Möglichkeiten regelverstößiger Ordnungsbildung aufgeworfen, stellt Luhmann – der ja schon zu Beginn von der Gewöhnung der Augen ans „Zwielicht" sprach – abschließend kritische Gesichtspunkte invisibler oder tolerierter Regelabweichung näher heraus.[40] Im Grundsatz bleibt es zwar bei der entfalteten Argumentation, jedoch könne kein Zweifel darin bestehen, dass „eine Ordnung, die illegales oder zwielichtiges Handeln braucht, Nachteile mit sich führt"[41]. Man beachte die Wortwahl: *braucht* – es ist hier gar nicht die Frage großer Optionen, sondern einer in mancher Hinsicht nahezu ausweglosen Lage; zumindest vor dem Hintergrund funktionaler Erwägungen. Gleichzeitig jedoch besteht ein nennenswertes Erschwernis brauchbarer

---

[37]Luhmann 1964, S. 312. Wie es sich im Allgemeinen mit Prominenz verhält: Außerhalb ihrer Kreise ereignen sich auch spannende Dinge. Und das vielleicht umso mehr, als dass der Fokus hierauf weniger gerichtet wird.

[38]Luhmann 1964, S. 312.

[39]Ebd.

[40]Luhmann 1964, S. 312–314.

[41]Luhmann 1964, S. 313.

Abweichungen in der üblicherweise notwendigen Beobachtungs- bzw. Kommunikations-latenz.[42] Wo höchstens Brauchbarkeit beansprucht werden kann, ist ein unbefangener Umfang, eine unbeschwerte Diskussion, eine frei von Urteilsrisiken geprägte Problem-betrachtung nicht mehr möglich. Das fragile Argument der brauchbaren (und daher eben gerade nicht: optimalen, soliden, vorbildlichen) Lösung kann harten Angriffen kaum standhalten. Mithin ist schon der immer nur hilfsweise Begriff der Brauchbarkeit als Hinweis auf fortgeschritten belastete, unvollständige oder unzureichende Verhältnisse zu werten; seine Semantik verweist nicht nur auf diffizile Lagen; die Kategorie Brauch-barkeit selbst erscheint defizitär. Nicht nur werden besondere Hilfshandlungen des Schützens und Versteckens notwendig, auch sind diese Handlungen selbst schon unter Ressourcenaspekten eine Last für die Organisation. Unruhe droht aufzubrechen, kommt latent Gehaltenes zum Vorschein; zusätzlicher Aufwand muss getrieben werden, um eben dies zu vermeiden. Wird Brauchbarkeit auch als Hinweis auf wirtschaftliche Opti-mierung gewertet, wird zugleich offensichtlich, wie prekär die Optimierungsversuche in Erscheinung treten und somit könnten Maßnahmen ergriffen werden, die den Nutzen des Verdeckens übersteigen.[43] Luhmann kommt aber auf eine womöglich noch raffi-niertere Beobachtung zu sprechen: Nicht nur die Abweichung muss weithin verborgen bleiben, sondern die Funktion der Abweichung, ihr Beitrag selbst, muss es eben auch.[44] Für das System sind kaum Lerneffekte zu bemessen, denn wie soll über Brüche kom-muniziert werden, die zu eben solchen Vorzügen beitragen, wie sie gleichsam mit hohen Risiken erkauft worden sind? Es ist kaum möglich, den Nutzen der brauchbaren Illegali-tät nennenswert ins Licht zu rücken; wer sich seiner Erfolge rühmen wollte, muss mit Sanktionen rechnen: „Es kann nicht mit Gründen erwartet und gerechtfertigt werden und wird deshalb stets individuell, persönlich, freiwillig erscheinen."[45] Die Pointe ist dann, dass eben dies so auch nicht stimmt, denn das Handeln Einzelner im Sinne organisatori-scher Funktionalität ist „genausosehr oder genausowenig individuell wie konformes Han-deln."[46] Doch die Zurechnung läuft eher im Konflikt- und Schadensfall auf Personen zu, als im Rahmen der Normalität formaler Ordnung.

Die brauchbare Illegalität geht daher mit einer besonders einseitigen Wahrnehmungs- und Urteilsintensität einher. So oder so wird eine soziale Motivation vorauszusetzen sein, aber nur in dem einen Fall gründet diese Motivation auch auf zustimmungsfähigen, für die formale Ordnung tauglichen Zwecken. Nur in dem einen Fall können Beteiligte auf sichere Entlastungen hoffen und diese nötigenfalls mit Verweis auf Regelwerke sogar

---

[42]Ebd.

[43]Luhmann 1964, S. 314.

[44]Ebd.

[45]Luhmann 1964, S. 313.

[46]Ebd.

einfordern.[47] Diese Rechte sind ihnen ansonsten genommen; haben sie diese doch selbst mit Bruch der Ordnung gewissermaßen verwirkt. Was bleibt, sind Entlastungen vom Verdacht und (wenn überhaupt) Gelegenheiten zur Verteidigung. In anderen Situationen wird es wiederum so sein, dass die Verteidigung die Situation noch erschwert, droht hier doch der Eindruck fehlender Einsicht haften zu bleiben. Verkomplizierungen, mit denen man es dann, egal wie, nur noch prekärer machen kann, dürften leicht vorstellbar sein.

Letztlich kommt die Bewertung des Nutzens und des Risikos brauchbarer Illegalität nicht ohne Betrachtung der personellen Entscheidungsprämisse aus. Nach der system-theoretischen Beschreibung von Organisationen stellen Personaleinsatz und -wechsel eine der drei wesentlichen Entscheidungsprämissen dar (neben Kommunikationswegen und Programmen bzw. Regelwerken).[48] Zur Erinnerung: Als Personal gelten, wie schon an anderer Stelle hervorgehoben, die Personen bzw. Organisationsmitglieder als Rollen-träger. Menschen als psychische Systeme in ihrer ganzen Komplexität bleiben für Organi-sationen weitgehend Umwelt. Die Zurechnung auf Persönlichkeit ist gleichwohl insoweit relevant, als dass sie mit Fragen der Rolle und der Funktion in Verbindung steht.[49] Mit Entscheidungsprämissen werden die grundlegenden Kriterien festgelegt, nach denen Ent-scheidungen überhaupt zustande kommen. Die Prämisse *Personal* ist in Bezug auf Regel-abweichungen von besonderer Bedeutung – und zwar mit Blick auf den Stellenwechsel.[50] Personen, die Abweichungen vornehmen und entsprechende Erwartungen auch für das nähere Umfeld stabilisieren, verursachen Übergangsprobleme, wenn sie die Rollen bzw. Stellen verlassen, auf denen sie sich befinden. Eine Fortsetzung des Informalen kann von uninformierten Nachfolgern nicht einfach erwartet werden, mit dem Wechsel kann über-haupt ans Tageslicht gelangen, was an bisher unbekannter oder höchstens leise geahnter Abweichung seine Wirkung entfaltete. Brauchbare Verstöße werden in hohem Maße personalisiert, sie werden an Person und Rolle gebunden, ohne dass dies zum Zeitpunkt notwendig erkennbar würde. Es ist ja gerade eine Kunst der Beteiligten, dafür Sorge zu tragen, dass diese Verinnerlichung in Bezug auf ihre Person nicht vor anderer Augen tritt. Eben diese Verinnerlichung hebt die ansonsten erzwungene Trennung von Persönlich-keit und Amt auf, so wie das Arbeitsverhältnis (aus Schutz der Person vor dem Amt und Schutz des Amtes vor dem Inhaber) sie voraussetzt.[51]

---

[47]Fast ist es ein Bonmot, wenn man dann sieht: Vor dem Urteil, die Regeln gebrochen zu haben, hilft nur noch die Möglichkeit, mit Verweis auf verfügbare (man wird wohl eher sagen müssen: irgendwo *auffindbare,* wenn nicht *aufzutreibende*) Regeln zu argumentieren, die dieses Urteil erschüttern können. Mit anderen Worten: Tricks helfen dem, der sie kennt.

[48]Siehe Kap. 3.

[49]Siehe für eine ausführlichere Darstellung zu dieser gewiss bereits recht voraussetzungsvollen Bestimmung des Personals bzw. Personalwesens in bzw. für Organisationen Kühl 2006.

[50]Luhmann 1964, S. 313 f.

[51]Luhmann 1964, S. 313; Kühl/Schütz 2017, S. 65 f.

Der Bruch der Regeln impliziert somit die Verbindung zweier unterschiedlich erwartbarer Rollenstrukturen. Beim möglichen Stellenwechsel „[g]latt überzuleiten sind nur die korrekten Gepflogenheiten der Amtsführung (die formale Ordnung, Anmerk. d. Verf.), denn die Respektierung der formalen Erwartungen kann jedermann zugemutet werden (gemäß der Mitgliedschaftsregeln, die aus Verträgen herrühren, Anmerk. d. Verf.). Illegales Handeln ist indes nicht jedermanns Sache. Man kann von Neulingen, aber auch von zeitweiligen Vertretern nicht erwarten, daß sie abweichende Praktiken fortsetzen."[52] Die Abweichung kann auch gar „nicht jedermanns Sache"[53] sein, da sie sich jeder intersubjektiven Bemessung entzieht, treten doch bereits im sozialen Registrieren von Abweichung ebenfalls abweichende Beobachtungen hervor. Der Regelbruch ist schon deshalb problematisch, da es ja schließlich naheliegend auch an Regeln dafür fehlt, seinen Bedarf und sein Ausmaß zu bestimmen; wiewohl solche Regeln für Organisationen nützlich sein könnten.

Es kommt im Übrigen bei brauchbaren Brüchen, ebenso wie beim Ausmaß der Brüche selbst, nicht maßgeblich darauf an, dass die Abweichung in besonders markanter Weise offensichtlich hervortritt. Schon leise Andeutungen und Auskünfte hinsichtlich bisheriger Übungen sind für die jeweiligen Personen problematisch und können Folgen auch für jene nach sich ziehen, die selbst gar nicht als Verursacher anzusehen sind. Die Praxis der regelbrüchigen Ordnung kann also weitere Kreise ziehen, als auf den ersten Blick angenommen werden mag und macht jene zu Mitwissenden, die nach genauer Prüfung als entlastet gelten könnten, wobei dies festzustellen womöglich (fehlendes) Interesse, Geduld und Zeit voraussetzte. Einweihungen für die Nachfolger setzen Vertrauen voraus (das kaum vorausgesetzt werden kann, sind die Bekanntschaften nicht bereits fortgeschritten). Die Mitgliedsrolle in einer Organisation wird häufig nicht genügend robust erscheinen. Luhmann notiert: „Nicht einmal stiller Respekt vor dem Gewesenen ist unbedingt sicher."[54] Abweichungen entfalten aufgrund starker Verinnerlichung und

---

[52]Luhmann 1964, S. 313.

[53]Ebd.

[54]In der Organisationspraxis ist nicht selten der Fall zu beobachten, dass Stellenwechsel mit nicht bzw. prekär mitkommunizierten Informationsbrüchen einhergeht: Die informalen Praktiken des Vorgängers haben zu einem Eigenleben beigetragen, das vom Nachfolger nicht fortgesetzt werden kann, ohne sich selbst zu beschädigen. Das Problem ist allerdings, dass die informalen Gepflogenheiten auf der Stelle längst ein Ausmaß erreicht haben, das die formalen Erwartungen mitentwickeln konnte. Nachfolger laufen dann zuweilen in die Falle, selbst für diese Umstände zwar keine Verantwortung zu tragen, jedoch nicht rechtzeitig genug so intervenieren zu können, dass der Schaden völlig von ihnen fern bliebe. Wäre immer schon bekannt gewesen, auf was man sich einlässt, würden manche Stellen wohl kaum noch in kurzer Zeit besetzt werden können. Die Situationen erinnern womöglich an Mietverhältnisse. Man kann die vorherigen Mieter fragen, wie es um die Immobilie denn wirklich bestellt ist. Ob die Antworten zu gebrauchen sind, stellt sich zumeist erst später heraus.

Prägung durch die Betroffenen ihr ganzes Risikopotenzial also besonders im Hinblick auf personelle Fluktuationen.[55] Sogar der vorläufige Vertretungsdienst, Urlaubsabwesenheiten und Krankheitsausfälle können unerfreuliche Irritationen anrichten.[56] Und auch die Absicherung dagegen kann selbst Aufmerksamkeit erregen. So mag sich dann auch erklären lassen, weshalb Abneigungen gegenüber Personalveränderung und selbst vorläufigen Übergaben verbreitet bestehen.[57]

Neben alledem sieht Luhmann jedoch (kritisch) das „praktisch wichtigste Merkmal illegalen Handelns" in der „Ungewißheit seiner Kosten", die jede entschiedene Rationalisierung versperren. „Eben deshalb braucht illegales Handeln Mut oder sekundäre Stützen, die das Kostenrisiko mindern und kalkulierbare Folgen garantieren."[58] Präventive Maßnahmen und Folgenabschätzung, um sich gegen unbrauchbare Illegalität abzusichern, können durch Personalentscheidungen gestärkt werden. Diesbezügliche Nachteile sind womöglich zu verhüten „durch eine vorsichtige, verständnisvolle Hand".[59] Es kann jedoch auch erforderlich sein, Abhängigkeiten von illegaler Ordnung gar nicht erst entstehen zu lassen (um sie später nicht aufwendig in Gang zu halten oder mit konfliktreichen Folgen abbrechen zu müssen).

Für die Organisation bleibt die Unterscheidung zwischen legal und illegal letztlich eine vage und riskante, insoweit sie nicht mit juristischem Fundament näher eingefasst wird. Im Entscheidungsfluss der Organisation wird die Differenz wieder und wieder mit (Unter-)Brechungen zu irritieren sein, um situationsgerecht zu entscheiden und auf positionale Befindlichkeiten von Personen in bestimmten Grenzen Rücksicht nehmen zu können. Dass die (Gesamt-)Organisation und ihre organisatorischen Untersysteme in einem vertrackten Spannungsverhältnis zueinander stehen und funktionale Rückgriffe auf lokale Praxis beinahe wesenstypisch für Organisationen erscheinen, ist eine zentrale

---

[55]Siehe zur sozialen Relevanz des Vorgesetztenwechsels ausführlicher Luhmann 2016, S. 7–42.

[56]Luhmann 1964, S. 314 sowie ebd. Fn. 24. Man erinnere dies an Beispielen zum Umgang mit Fristen bzw. Abgabeterminen: In der zentralen Abteilung eines Unternehmens müssen zu einem bestimmten Stichtag Dokumente eingereicht werden. Unter einigen der Abgabepflichtigen aus den anderen Abteilungen hat sich der informale Gebrauch verfestigt, dass die Abgabe auch ein paar Tage nach dem Stichtag erfolgen kann. Dies aber nur, da der bisherige Sachbearbeiter in der zentralen Abteilung diese Praxis als unproblematisch bewertete und daher duldete. Als der Sachbearbeiter krankheitsbedingt für längere Zeit ausfällt, erreicht seine Vertretung die Nachricht, dass abermals keine rechtzeitigen Abgaben möglich seien und man „in der nächsten Woche" einreichen werde. Der Sachbearbeiter ist darüber verärgert und verweist auf eine eindeutige Abgaberegelung zum Stichtag. Er teilt mit, dass derartige Versäumnisse in Zukunft nicht akzeptiert werden könnten. Die Betroffenen sind irritiert, vermeiden es aber letztendlich, den Stellvertreter in die bisherige, bereits mehrjährig geübte Praxis einzuweihen. In den Rollenverhältnissen hat sich nichts geändert, aber: andere Leute, andere Sitten.

[57]Luhmann 1964, S. 314.

[58]Ebd.

[59]Ebd.

Einsicht entsprechend der analytischen Figur der brauchbaren Illegalität. Denn in dem Ausmaß, in dem die Untersysteme „eigenes Leben entwickeln, wird das illegale Handeln eine Möglichkeit, sich zu erhalten und zu entfalten. Diese Möglichkeit auszuschöpfen, ist keineswegs unvernünftiges, irrationales Handeln, sondern rational unter einem verschobenen Bezugsgesichtspunkt, nämlich für den Bestand des Untersystems."[60]

Im folgenden Abschnitt wird darauf anhand einer Betrachtung in den Anwendungsfeldern von Verwaltung und Management näher eingegangen. Gefragt wird danach, inwieweit (regulatorische) Informalität und brauchbare Illegalität womöglich auch implizit Eingang in juristische Sachverhalte und gar die Gesetzgebung finden. Es ist zu prüfen, ob Bindungswirkungen vom Informalen ausgehen können, das seinerseits regelmäßig abseits einer rechtlichen Formalisierung steht. Für die Compliance-sensible Betrachtung wird dabei die Business Judgment Rule des Aktienrechts vorgestellt, die eine Norm präsentiert, welche die Normabweichung gewissermaßen einpreist, damit die Funktionsfähigkeit der Norm selbst überhaupt sichergestellt werden kann.

6.2 Informales Handeln in Organisationen: Diskussion um informales Verwaltungshandeln

Dass Verwaltungen sich nicht immer rechtsförmlich verhalten, sondern hiervon auch einmal abweichen können, ist in der Rechtswissenschaft eine vergleichsweise junge Erkenntnis. Beispiele, wie das folgende aus dem Baurecht, finden sich jedoch genug: Ein Bürger beantragt bei der zuständigen Behörde eine Baugenehmigung. Die Beteiligten stehen in einem regen Austausch, bei dem die Wünsche und Einwände jeder Seite zur Sprache kommen. Man einigt sich darauf, dass der Bau den Anforderungen der Behörde gerecht wird, zugleich wird im Übrigen den Wünschen des Antragenden entsprochen. Offenbar will sich die Behörde hier nicht rechtlich binden: Es liegt weder ein Verwaltungsvertrag, noch ein Vorbescheid oder eine Zusage vor.[61] Dennoch kann eine faktische Bindung der beiden Parteien die Folge dieser Absprache sein.

---

[60]Luhmann 1964, S. 307. Hier ist noch anzufügen, dass die Regelabweichungen eines Untersystems, je nach Funktion, hingegen durchaus den Regeln eines vergleichbaren Untersystems einer anderen Organisation entsprechen können. Dies ist insbesondere für solche Organisationen als bedeutsam hervorzuheben, die aufgrund einer starken Präsenz von Experten (man spricht so z. B. bei Anwaltskanzleien oder Universitäten von Expertenorganisationen) starke Formen der inneren Selbststeuerung bzw. Selbstverwaltung hervorbringen. Es ist bekannt, dass Experten bzw. Expertenorganisationen dazu tendieren, den Regeln eines bestimmten Berufsstandes oder bestimmten Prinzipien der Fachlichkeit mitunter höhere Bedeutung beimessen, als den lokalen Bestimmungen ihrer Organisation. Dies wiederum ist wesentlich über Sozialisation von Experten (hoher Grad an Eigenverantwortung, starke Abhängigkeit von individuellen Leistungsbeiträgen etc.) und Legitimation gegenüber Gleichrangigen (z. B. Peer Review-Verfahren) zu erklären.
[61]Beispiel nach Maurer/Waldhoff 2017, S. 469.

Darüber hinausgehend, weil die brauchbare Illegalität betreffend, ist der Fall, den Seibel[62] schildert: Eine krebskranke Zollinspektorin muss untersucht werden, weil Unklarheit darüber herrscht, ob sie ihren Beruf noch ausüben kann. Eine Berufsunfähigkeit würde den Verlust der Dienstbezüge sowie eine Kürzung der Versorgungsleistungen für die Familienangehörigen nach sich ziehen. Der Amtsarzt stellt fest, dass die Zollinspektorin nur noch wenige Wochen zu leben habe. Dem zuständigen Amtsarzt von der Oberfinanzdirektion kommen Zweifel, ob er die Berufsunfähigkeit bescheinigen soll; rechtlich verpflichtet wäre er dazu. Nach Rücksprache mit dem Abteilungsleiter der Oberfinanzdirektion kommen sie beide überein, dass der Amtsarzt der Oberfinanzdirektion ein Schreiben schicken solle, dass das erforderliche Gutachten wegen Arbeitsüberlastung erst in einigen Monaten erstellt werden könne. So geschieht es auch. In der Zwischenzeit verstirbt die Zollinspektorin.

Das folgende Teilkapitel nimmt das sogenannte *informale Verwaltungshandeln*[63] in den Blick. Eberhard Bohne war mit seiner Dissertation „Der informale Rechtsstaat"[64] einer der ersten, der sich in der deutschen Verwaltungswissenschaft mit diesem Phänomen befasste: Auf Basis empirischer Daten zum Umweltschutzrecht legte er dar, wie die Verwaltung Entscheidungswege sucht, die abseits der streng verrechtlichen Verwaltungsorganisation bestehen. Dieser Ansatz war für die Warte, aus der aus rechtlicher Sicht auf die Verwaltung geschaut wird, ein Stück weit neu,[65] sodass das Schlagwort des informalen Verwaltungshandelns insbesondere in den 1980er und 1990er Jahren eine angeregte wissenschaftliche Debatte hervorrief.[66] Die Relevanz dieses Themas ist bis heute ungebrochen.[67]

In der Rechtswissenschaft wird der Bereich, der neben dem rechtsförmlichen Verwaltungshandeln steht, dem sogenannten schlichten Verwaltungshandeln zugerechnet bzw. als Realakt der Verwaltung bezeichnet. In der juristischen Literatur werden unter informalem Verwaltungshandeln vor allem Absprachen behandelt, die nicht rechtlich verbindlich und damit auch nicht gerichtlich durchsetzbar sind, aber dennoch eine faktische Bindung der Parteien zur Folge haben können.[68] Auch das Bundesverfassungsgericht befasste sich in seiner Biblis A-Entscheidung mit informalen Absprachen.[69] Vor allem

---

[62]Seibel 2016, S. 9 ff.

[63]In der Literatur ist synonym auch von *informellem* Verwaltungshandeln die Rede.

[64]Bohne 1981.

[65]Hoffmann-Riem 1984, S. 480. Es sei hier darauf hingewiesen, dass diese Debatte nur stark verkürzt dargestellt werden kann. Auf die für Compliance wichtigsten Aspekte wird im Folgenden eingegangen. Zum informalen Verwaltungshandeln umfassend: Fehling 2012, § 38.

[66]Ossenbühl 1987, S. 27; Bauer 1987, S. 241; Dreier 1993, S. 647; Brohm 1994, S. 133; siehe auch Gusy 2000, S. 979; Kellner 2004: Haftungsprobleme bei informellem/informalem Verwaltungshandeln.

[67]Vgl. Bohne 2013, S. 546, der von „Regulierungskultur" spricht.

[68]Maurer/Waldhoff 2017, S. 469, 472.

[69]BVerfG, Urt. v. 19.02.2002 – 2 BvG 2/00.

zwei Umstände[70] sorgen dafür, dass die Behörden, neben verrechtlichen Entscheidungs-wegen, informal tätig werden. Zum einen sind ob der zunehmenden Komplexität (des Rechts) der Gesellschaft Vollzugsdefizite sowie eine vermehrte Kooperation zwischen Staat und Privaten festzustellen. Zum anderen europäisiert und internationalisiert[71] sich das Verwaltungsrecht zunehmend, was neue Erklärungsansätze verlangt (und heute auch immer noch verlangt), wozu u. a. die Soziologie Erklärpotenzial anbieten kann.

Um das Vorkommen des Verwaltungshandelns abseits des rechtlich Formalisierten zu erklären, wird auch auf die Vorteile des informalen Verwaltungshandelns verwiesen. Besonders häufig werden die Kosten- und Zeitersparnis sowie eine Entlastung des eigent-lichen Verwaltungsverfahrens genannt.[72] In der zweiseitigen Kooperation zwischen Verwaltung und Privatem kann eine Zunahme an Sicherheit und Geschwindigkeit im Genehmigungsverfahren für beide Seiten stehen.[73] Hierbei muss indes die Bindung der Verwaltung an Gesetz und Recht nach Art. 20 Abs. 3 GG gewährleistet sein.

Im Zuge der neuen Erklärungsgänge ist die Einteilung in rechtsförmliches und schlichtes Verwaltungshandeln wohl noch weiter auszudifferenzieren. Vorgeschlagen wird z. B. folgende Einteilung:[74]

- formales Verwaltungshandeln ist rechtlich geregelt und – sofern es um Ent-scheidungen geht – auf das Setzen von Rechtsfolgen gerichtet,
- informales Verwaltungshandeln ist rechtlich nicht geregelt, rechtlich unverbindlich und besteht in Bezug auf Tauschbeziehungen zwischen Akteuren als bewusste Alter-native bzw. Ergänzung zu formalem Handeln,
- formloses Verwaltungshandeln ist rechtlich nicht geregelt und rechtlich unverbindlich und beruht auf keinem Tauschverhältnis und betrifft daher im weitesten Sinne also Auskünfte des Staates.

Fraglich ist dabei aber,[75] ob der Definition zu folgen ist, nach der es bei informalem Verwaltungshandeln nur um Absprachen, also zweiseitige Kommunikation geht. Man könnte auch in einer negativen Abgrenzung bereits *jedes* Verwaltungshandeln, das *nicht rechtlich formalisiert* ist, unter den Begriff fassen.[76] Gegen dieses weite Verständnis wird eingewandt, dass informales Verwaltungshandeln dann „nicht mehr sinnvoll unter

---

[70]Vgl. die Darstellung bei Voßkuhle 2012, § 1 Rn. 10 ff.

[71]Vgl. hierzu schon Kap. 2 in diesem Buch.

[72]Kellner 2004, S. 16.

[73]Kellner 2004, S. 76.

[74]Bohne 2013, S. 537.

[75]Abwägend Kellner 2004, S. 13 ff.

[76]Fehling 2012, § 38 Rn. 10, 12; Ossenbühl 1987, S. 29 f.

einheitlichen Gesichtspunkten"[77] einzuordnen ist. Umgekehrt hat dies indes den Vorteil, dass man in den breiten Kategorien des formalen und informalen Verwaltungshandelns angesichts der soziologischen Ansätze der formalen und informalen Organisation auf diese Weise einen Gleichlauf ermöglicht. Eine damit verbundene Angleichung des Vokabulars erleichtert den strukturellen Vergleich beider Forschungsansätze und bietet neue Erklärungen für die oben geschilderten Herausforderungen der zunehmenden Internationalisierung und Ausdifferenzierung des Rechts in der Gesellschaft.

An dieser Stelle wird dafür plädiert, sich auch bei dem Phänomen des informalen Verwaltungshandelns in der Rechtswissenschaft näher mit den Erkenntnissen der Organisationssoziologie zu beschäftigen.[78] Einen ähnlichen Weg geht auch die *Neue Verwaltungsrechtswissenschaft.* Dieser Forschungsansatz analysiert Steuerungsaspekte durch und in der Verwaltung jenseits des Rechtsförmlichen und ist dabei für die Ansätze aus den Nachbardisziplinen wie Soziologie, Wirtschaftswissenschaft und Politikwissenschaft sensibilisiert. Im Zuge dessen geht es nur um eine Erweiterung der jeweiligen Perspektiven und nicht um ein geschlossenes Theoriegebilde.[79]

Die aufgeführten Beispiele machen deutlich (wie schon im Zusammenhang mit der brauchbaren Illegalität festgestellt wurde), dass man sich im Bereich der formalen und informalen Organisation an ein „gewisses Zwielicht"[80] gewöhnen muss. Das Festhalten an der „pathologieorientierten Betrachtungsweise"[81] der binären Betrachtung im Verwaltungsrecht mittels Rechtmäßigkeits- und Rechtswidrigkeitsschema macht das Potenzial der Binnendifferenzierung deutlich, die die Betrachtung von Informalitäten und brauchbarer Illegalität liefern kann. Insofern muss deutlich gemacht werden, dass die brauchbare Illegalität nicht in einem rechtstechnischen Sinne, etwa einer Aufforderung zum Rechtsbruch zu verstehen ist. Der Begriff meint also nicht unmittelbar „Gesetzeswidrigkeit im engeren Sinn, sondern nur de[n] Verstoß gegen das Regelwerk der jeweiligen Organisation".[82] Luhmann geht es um adaptive Strategien des Organisationsmitglieds, mithin den Verstoß gegen *formale Erwartungen* der Organisation.[83] Dies ist

---

[77]Maurer/Waldhoff 2017, S. 470; ähnlich Kellner 2004, S. 14.

[78]Siehe exemplarisch zum Verhältnis zwischen Luhmann'scher Systemtheorie und Verwaltungslehre: Scherzberg 2011, S. 767 ff.

[79]Im Zusammenhang mit der Neuen Verwaltungsrechtswissenschaft: Fehling 2017, S. 66, 86, Gärditz 2017, S. 109 spricht von „Permeabilisierung von Staat und Gesellschaft". Im Übrigen übt Gärditz deutliche Kritik: Die Neue Verwaltungsrechtswissenschaft sei ein Renaissance-Projekt und die latente Sehnsucht nach der methodischen Ganzheitlichkeit der alten Verwaltungslehren lasse offen, wie eine solche methodisch ungeordnete Beschreibung von Topoi modernen Anforderungen an die Wissenschaftlichkeit genügen soll, vgl. ebd. S. 124 f.

[80]Luhmann 1994, S. 304.

[81]Voßkuhle 2012, § 1 Rn. 10.

[82]Kühl 2011, S. 121. Analog zur These der Binnendifferenzierung ließe sich vielleicht auch von einer (systeminhärenten) „Binnenillegalität" sprechen.

[83]Luhmann 1964, S. 304.

zunächst eine soziologische und keine rechtliche Kategorie; dennoch wird aus rechtswissenschaftlicher Sicht oft davor gewarnt, dass sich das Konzept der brauchbaren
Illegalität im Verwaltungsrecht mit der Bindung der Verwaltung an Recht und Gesetz
(Art. 20 Abs. 3 GG) reiben könne. Dieser Hinweis ist auch insofern durchaus berechtigt,
als dass im ersten Schritt eine einfache Übertragung soziologischer Konzepte auf die
Rechtswissenschaft zu voreilig wäre. Nachdem in einem zweiten Schritt geschaut wird,
wo die unterschiedlichen Konzepte gemeinsame Berührungspunkte haben, muss nach den
Auswirkungen gesucht werden, die die eine Disziplin auf die andere ausübt. Zu suchen
ist demnach nach strukturellen Ähnlichkeiten der Methoden und anschließend nach einer
möglichen Angleichung der Konzepte und Erkenntnisse. Nur weil man Informalität vielleicht in der bisherigen rechtlichen Nomenklatur nicht gut fassen kann, eben weil sie ja
nicht formalisiert ist, bedeutet es nicht, ihr ihre Erklärungsmacht abzusprechen. Auch aus
rechtswissenschaftlicher Sicht wird darauf hingewiesen, dass das informale Verwaltungshandeln in seinen Ansätzen besondere Sensibilität hat, zugleich aber in seinen Wirkungen und Folgen der Betrachtung von Informalität sehr subtil und differenzierend ist.[84] Die
Zwielichtigkeit der Informalität lässt sich aber nicht durch Formalisierung auflösen. Denn
mehr Formalisierung bedingt wiederum neue Formen des informalen Handelns, weil es
Zeit und Kosten spart: Je mehr Formalisierung, desto mehr Informalität kann die Folge
sein.[85] Informales muss und darf nicht verrechtlicht und damit formalisiert werden, sondern streng genommen müsste der umgekehrte Weg gegangen werden: Das rechtliche
Instrumentarium müsste auf die Vorgänge der Informalität hin geschärft werden.[86] Auch
die Rechtswissenschaft wird immer wieder damit konfrontiert werden, mit Phänomenen
und Methoden zu arbeiten, die das Verhalten von Menschen beeinflussen und möglicherweise steuern. Außerrechtliche Phänomene abseits der Bindung des Einzelnen an for-
malisiertes Recht ist für den Rechtsbetrachter stets Herausforderung, aber gewiss nichts
Neues. Wie bereits in Kap. 2 in Bezug auf die Compliance-typischen Regulierungsarten
dargestellt, arbeitet Compliance mit Bindungen jenseits der Rechtsnorm. Die nachfolgenden Ausführungen nehmen weitere Beispiele in den Blick, nämlich das sogenannte
Nudging oder die Bindung durch soziale Normen, die das menschliche Verhalten steuern,
ohne dass diesen „Regeln" damit Rechtsnormqualität zukäme.

---

[84]So Schmidt-Aßmann 2006, S. 349.

[85]Aus organisationssoziologischer Sicht Schütz/Röbken 2017a, S. 51 ff.; aus verwaltungsrechtlicher
Sicht Maurer/Waldhoff 2017, S. 473. Siehe auch unten in der Übertragung auf Compliance im
Kap. 7.

[86]Schmidt-Aßmann 2006, S. 353. Maurer/Waldhoff 2017, S. 473 wollen das informale Verwaltungshandeln nicht „regeln, sondern nur – vor allem im Blick auf seine Auswirkungen – [...]
begrenzen."

6.3   Steuerung ohne Rechtsnormqualität

Das von Thaler und Sunstein im Jahr 2008 veröffentlichte Buch „Nudge: Improving Decisions about Health, Wealth and Happiness"[87] untersucht Maßnahmen, mit denen Entscheidungsarchitekten (also z. B. der Staat gegenüber den Bürgern oder eben im Verhältnis der Privaten untereinander wie im obigen Beispiel) das Verhalten von Menschen in vorhersehbarer Weise verändern können, ohne deren Handlungsoptionen auszuschließen oder wirtschaftliche Anreize stark zu verändern.[88] Betrachten wir z. B. den Fall der Geldabhebung: An einem Bankomaten erhält man immer zuerst die Karte zurück, bevor der Automat das Geld zur Verfügung stellt. Dies verfolgt einen besonderen Zweck: Erhielte man zuerst das Geld und danach erst die Karte, würde letztere häufig im Bankomaten vergessen. In diesem Beispiel verhindert der sogenannte Nudge also, dass man seine Kreditkarte vergisst. Wie Beispiel und Definition aufzeigen, soll es sich beim Nudging um einen recht vorsichtigen Ansatz handeln. Auch sprachlich spiegelt sich dies wider: Nudging wird gemeinhin mit einem „Anstups" in eine bestimmte gewünschte Richtung beschrieben. Dass das Nudging sich einer vermehrten wissenschaftlichen (und auch coram publico rezipierten) Untersuchung erfreuen darf, wird allein schon dadurch gestützt, dass Thaler im Jahr 2017 mit dem Alfred-Nobel-Gedächtnispreis für Wirtschaftswissenschaften ausgezeichnet wurde.

Dabei soll abermals nicht unerwähnt bleiben, dass sich neue Begriffe und Erklärungsansätze aus Nachbardisziplinen in der Rechtswissenschaft mitunter schwer tun, akzeptiert zu werden. Nimmt man das hier diskutierte informale Verwaltungshandeln, das Nudging oder auch viel allgemeiner den Ansatz der ökonomischen Analyse des Rechts mit der Grundannahme des rational handelnden und nutzenmaximierenden *homo oeconomicus* als Beispiel, so lässt sich nicht selten eine gewisse Reserviertheit der Rechtswissenschaft feststellen. Gibt es Ansätze, wird Kritik dann entweder an den Methoden und Grundannahmen selbst oder aber an einzelnen Auswüchsen geübt. Wehrte man sich früher etwa noch, dass „ökonomische Rechtsanalyse und freiheitliches Rechtsdenken […] unvereinbar"[89] seien, richten sich heutzutage einige gegen das Nudging mit Aussagen wie der, dass Menschen „keine Labormäuse" darstellten.[90] In den Worten von Möllers wird in der Rechtswissenschaft aus den Nachbardisziplinen häufig ohnehin nur das rezipiert, was dort „eine gewisse Geläufigkeit gewonnen" hat; sicherlich wird man sich eine Übernahme „nachbarwissenschaftlicher Unsicherheiten" auch nur eingeschränkt leisten können.[91] Eine gewisse wissenschaftliche Skepsis gegenüber blinder

---

[87]Die deutsche Ausgabe ist 2009 unter dem Titel „Nudge: Wie man kluge Entscheidungen anstößt" erschienen. Aus deutscher rechtswissenschaftlicher Sicht: J. Wolff 2015, S. 194 ff.

[88]Thaler/Sunstein 2009, S. 15.

[89]Fezer 1987, S. 823.

[90]Vgl. die Zusammenfassung einiger Kritik am Nudging bei Weber/H.-B. Schäfer 2017, S. 4.

[91]Möllers 2005, S. 286.

Übertragung ist sicherlich angebracht. Wenn denn aber ein Gedankentransfer stattfindet, trifft genauso zu, dass die Erkenntnisse nicht selten „nur Schlagworte oder metaphorische Nebenbedeutungen [sind], die sich in ohnehin intendierte Argumentationsgänge ohne weiteres einfügen lassen, um dieser Argumentation auch noch interdisziplinäre Weihen zu verleihen."[92] Dennoch wird kaum zu leugnen sein, dass manche Rechtsgebiete (wie das Kartellrecht) ohne interdisziplinäre Erkenntnisse kaum auskommen. Abseits der Übertragung von Schlagworten oder der pauschalen Kritik an anderen Disziplinen[93] versuchen wir, darüber zu streiten, welches Erklärpotenzial die jeweiligen Ansätze haben. Selbstredend ist alsdann nach den rechtlichen Auswirkungen neuerer Entwicklungen zu fragen. Auch hierzu einige Worte in Bezug auf Nudging und informales Verwaltungshandeln: Selbst Kritiker des Nudgings erkennen an, dass es *in der Regel* nicht rechts- bzw. verfassungswidrigen Zielen dient.[94] Im Einzelfall kann dies natürlich anders sein. Die tatsächlichen Auswirkungen bleiben folglich abzuwarten.

Ähnliches dürfte für das informale Verwaltungshandeln gelten. Im Extremfall kann sicherlich die Bindung der Verwaltung an Recht und Gesetz tangiert (Art. 20 Abs. 3 GG) und schlimmstenfalls unterlaufen werden. Doch gleich den Schluss zu ziehen, dass Rechtsnormen beiseitegeschoben werden sollen, nur weil man sie für „unzweckmäßig" halte,[95] erscheint dann eher weit hergeholt. Ohnehin wird eine Kooperation zwischen Staat und Bürger nicht per se unzulässig sein.[96] Daher wird auch zum Teil positiv formuliert, dass es aufgrund des Fehlens eines Numerus clausus für die Handlungsformen der Verwaltung bezüglich informalen Verwaltungshandelns eine gewisse Grundlage in den verfassungsrechtlich verankerten Pflichten der Verwaltung gäbe: So sei der Staat bzw. die Verwaltung verpflichtet

- zur Anhörung der Bürger, die sich nicht auf ein Zuhören beschränkt, sondern eine Erörterung der wichtigen Gesichtspunkte umfasst,
- beim Untersuchungsgrundsatz den Sachverhalt umfassend aufzuklären – was häufig nur mithilfe des Betroffenen möglich ist,
- eine optimale, die Interessen der Allgemeinheit und des Einzelnen gleichermaßen berücksichtigende Entscheidung zu finden.[97]

---

[92]Ebd.

[93]So ist z. B. an den von Juristen viel behaupteten „Universalitätsanspruch" der Rechtsökonomik ein Fragezeichen zu setzen, wenn man denn erkennt, dass es sich hierbei um einen *zusätzlichen* Erklärungsansatz handelt, der nicht etwa die Rechtswissenschaft ökonomisieren will, sondern eine neue Perspektive bietet, vgl. Atta/Beckmann 2014, S. 172. Dies gilt im Besonderen auch deswegen, weil weder Gesetzgeber noch Richter hierdurch gebunden, sondern lediglich ihre Grundlagen der Entscheidungsfindung erweitert werden.

[94]G. Kirchhof 2017, S. 136.

[95]Bull/Mehde 2015, S. 76.

[96]Kellner 2004, S. 16.

[97]Maurer/Waldhoff 2017, S. 471.

Richtigerweise folgt hieraus noch keine „Pflicht" zu informalem Handeln oder gar zur brauchbaren Illegalität. Dennoch sind dies Phänomene organisatorischer Regelleitung. Natürlich darf der Nutzen informaler Handlungsformen für die Zeit- und Kostenersparnis gepaart mit einer gewissen Flexibilität für die Anpassung an sich ändernde Umstände nicht übertünchen, dass dabei auch kollusives Verhalten entstehen kann, bei dem beispielsweise Grundrechte Dritter verletzt werden.[98] Ob aber allein mit der *bloßen Anerkennung der Kategorien* von informalem Verwaltungshandeln und brauchbarer Illegalität die Gefahr einer Erosion rechtsstaatlicher Disziplinierung der Verwaltung oder eine Aufweichung demokratischer Legitimation durch selektive Partizipation[99] bestünde, Rechtsunsicherheit herrsche und der Rechtsschutz verkürzt werde, dürfte allerdings zu bezweifeln sein. Selbst wenn es im Einzelfall Spannungen mit dem Verfassungsrecht geben sollte, dann geht die rechtliche wie auch die soziologische Untersuchung dieser Phänomene *nicht* dahin, etwa ein „Mehr" davon zu wünschen oder sie gar als „gut" zu bewerten. Wie aufgezeigt, sind diese Figuren Erklärungsansätze für Vorkommnisse aus der organisatorischen Praxis – sie sind zu erforschen, eben weil sie existieren.

6.4 Grenzbereich sozialer Norm und Rechtsnorm

Faktische Bindungswirkung kann sich auch dort entfalten, wo keine Rechtsnormqualität vorliegt.[100] Die vorangegangenen Ausführungen haben Bindungswirkungen durch informale Absprachen oder durch Nudging betrachtet. Rechtsnormqualität mag Rechtssicherheit gewährleisten. Zugleich zeigen informale Praktiken und brauchbare Illegalität, dass gerade die *Unterwanderung* der Norm (wiederum: nicht unbedingt das vollkommene Beiseiteschieben!) ihrerseits eine Verhaltensstandardisierung bedingen kann. Welche Folgerungen kann man daraus für ein Compliance-Management-System ziehen, das bekanntlich zur Verhaltenssteuerung beitragen soll? Möglicherweise könnte das Vorkommen und das Anerkennen von sozialen Bindungen abseits der Rechtsförmlichkeit ein Zeichen von nötiger Flexibilität sein. Mit anderen Worten: Was bedeutet es für das Recht und seine Anwendung, dass zunehmende Formalisierung zugleich dazu führen kann, dass informale Praktiken zunehmen?

Bevor sich Kap. 7 dem Zusammenspiel von Formalisierung und Informalitäten und brauchbarer Illegalität in Bezug auf Compliance widmet, dienen die folgenden Erläuterungen dem Verständnis dafür, wie die Rechtswissenschaft mit Steuerungsaspekten und sozialen Bindungswirkungen konfrontiert wird, denen *keine* Rechtsnormqualität zukommt,[101] und wie sie diese behandelt.

---

[98]Siehe die Kritikpunkte an informalem Verwaltungshandeln bei Fehling 2012, § 38 Rn. 53–60.

[99]Vgl. die Kapitelüberschriften bei Fehling 2012, § 38 Rn. 56 ff.

[100]Zum Verhältnis zwischen sozialer Norm und dem Recht siehe McAdams/Rasmusen 2007, S. 1575 ff. und Acemoglu/Jackson 2017, S. 245 ff.

[101]Schulze 2008, S. 3.

6.4.1 Gefälligkeitsverhältnisse

Bei sozialen Bindungen mag man im Bereich des Zivilrechts zunächst an Gefälligkeitsverhältnisse denken. Gefälligkeiten sind Erklärungen auf gesellschaftlicher Ebene wie Abmachungen im geschäftlichen Verkehr oder sogenannte Gefälligkeiten des alltäglichen Lebens.[102] Es geht um Fälle wie die morgendliche Fahrgemeinschaft zur Arbeitsstelle: Kommt der Fahrer nicht, hat der Mitzunehmende dann einen Rechtsanspruch auf die Mitnahme? Nach der in der Rechtswissenschaft herrschenden Meinung zeichnen sich Gefälligkeiten dadurch aus, dass in ihnen kein Rechtsbindungswillen enthalten ist. Damit kann keine Willenserklärung vorliegen, die ihrerseits Grundlage für einen Vertragsschluss und damit eine rechtliche Bindung wäre. Zur Abgrenzung zwischen Rechtsgeschäft und Gefälligkeitsverhältnis muss gefragt werden, ob sich die Partner rechtsgeschäftlich binden *wollen*. Liegt eine solche Bindung nicht vor, liegt auch kein Vertrag vor. Unabhängig vom Vorliegen einer etwaigen Rechtspflicht ist natürlich zu fragen, inwiefern sich die fahrende Person „sozial" an die Fahrgemeinschaft gebunden „fühlt". Die Abgrenzung zwischen Rechtsgeschäft und Gefälligkeitsverhältnis kann Schwierigkeiten bereiten, da sich die Parteien über eine etwaige rechtliche Bindung kaum Gedanken machen werden.[103] Für den Fall, dass der tatsächliche Parteiwille nicht festgestellt werden kann, hat der Bundesgerichtshof einen Reigen an Indizien entwickelt, an dem der mutmaßliche Parteiwille analysiert werden soll und dessen Vorliegen für einen Rechtsbindungswillen sprechen soll: die Art der Gefälligkeit, ihren Grund, ihren Zweck und die Umstände, die rechtliche wie wirtschaftliche Bedeutung usw.[104]

Selbst wenn kein Rechtsgeschäft vorliegt, kann sich aus den Gefälligkeitsverhältnissen als soziale Normen eine Bindungswirkung für die Parteien ergeben. Auch im sozialen Leben wirken die Parteien aufeinander ein. Dies führt einige Stimmen in der Literatur zur Forderung, dass es Gefälligkeitsverhältnisse mit rechtsgeschäftlichem Nebenpflichten gebe, die Schutz- und Obhutspflichten nach § 241 Abs. 2 BGB auslösen könnten.[105] Andere bestreiten dies und verweisen auf das Bestehen des Deliktsrechts.[106] Dieser Streit muss hier nicht in die eine oder die andere Richtung aufgelöst werden. An dieser Stelle reicht die Feststellung aus, dass auch die Rechtswissenschaft anerkennt, dass sozialer Kontakt Bindungswirkungen auslösen kann. Denn selbst, wenn man sich als Partei keine Gedanken darüber macht, ob man sich denn rechtlich binden möchte oder nicht, so wird man sich nicht selten an Versprechungen aller Art gebunden *fühlen*.

---

[102]Looschelders 2016, Rn. 93; Medicus/Petersen 2017, Rn. 130.

[103]Medicus/Petersen 2017, Rn. 367.

[104]Vgl. BGH NJW 2009, S. 1141; BGHZ 21, S. 102 (107); BGH NJW 1974, S. 1705.

[105]Canaris 2001, S. 520.

[106]Looschelders 2016, Rn. 97.

Etwas weitergehend, weil schon im rechtsgeschäftlichen Kontakt, aber in dennoch vergleichbarer Weise, stellen sich die Fragen nach der Haftung aus vorvertraglichen Schuldverhältnissen wegen Verschuldens bei Vertragsverhandlungen (sogenannte *culpa in contrahendo*), die sich neben die deliktischen Ansprüche gesellen. Bereits im vorvertraglichen Bereich lässt man die Einwirkung des anderen auf die eigenen Interessen und Rechtsgüter zu. Der culpa in contrahendo liegt im Besonderen das Vertrauensprinzip zugrunde.[107] Wird dieses Vertrauen der Parteien im vorvertraglichen Bereich verletzt (z. B. bei Vertragsverhandlungen), ergänzt die culpa in contrahendo als Haftung nach vertraglichen Grundsätzen die gesetzlichen deliktischen Ansprüche.

6.4.2 Gentlemen's Agreement

Vergleichbar mit den Gefälligkeitsverhältnissen ist das sogenannte *Gentlemen's Agreement*, das weltweit im Rechtsverkehr anerkannt ist.[108] Das Gentlemen's Agreement findet im Völkerrecht wie auch vor allem im Kartellrecht rechtswissenschaftliche Beachtung. Ein solches Agreement beschreibt die Bindung von Parteien auch ohne regelnde Norm oder (unmittelbare) Sanktion der Rechtsordnung.[109] Wo früher teilweise noch vertreten wurde, dass ein Gentlemen's Agreement Vertragscharakter haben kann, so wird heute nach allgemeiner Ansicht darauf abgestellt, dass die Agreements eine nichtrechtsgeschäftliche Verhaltensabstimmung sind. Die faktische Beachtung der Norm wird durch wirtschaftliche Nachteile bzw. „moralischen Druck" sichergestellt.[110] Das Stichwort „Gentleman" impliziert, dass die faktische Bindung an den Ehrcharakter anknüpft. Ehrcharakter und moralischer wie wirtschaftlicher Druck scheinen hier so nah beieinander zu sein, dass man gar nicht auflösen mag, was genau die Bindung auslöst. Sicher ist zumindest, dass es einer explizit rechtlichen Bindung gerade nicht bedarf. Gemeinsam ist Gefälligkeit und Gentlemen's Agreement zunächst, dass bei ihnen kein Rechtsbindungswille vorliegt. Zugleich sind sie wiederum voneinander abzugrenzen. Grob kann gesagt werden, dass die Gefälligkeit eher ein Phänomen des allgemeinen

---

[107]Die verschiedenen Anknüpfungen des Rechts an das Vertrauensprinzip sind maßgeblich von Canaris 1971 herausgearbeitet worden; vgl. auch Looschelders 2016, Rn. 143.

[108]Schulze 2008, S. 28 zitiert das Ergebnis des XV. Kongresses der Internationalen Akademie für Rechtsvergleichung in Bristol 1998.

[109]Banthje 1982, S. 17.

[110]Vgl. Kling/Thomas 2016, S. 66 Fn. 110, auch Emmerich 1983, S. 808, der Banthjes Versuch der dogmatischen Einbettung der Gentlemen's Agreements heftig kritisiert. So seien die soziologischen Ausführungen Bahntjes zur faktischen Durchsetzbarkeit der Agreements „überflüssig", „da ohnehin noch niemals jemand daran gezweifelt hat, daß die Geltungskraft von Gentlemen's Agreements letztlich allein auf (häufig recht wirkungsvollen) gesellschaftlichen und wirtschaftlichen Sanktionsmechanismen" beruhe.

Zivilrechts ist, wohingegen das Gentlemen's Agreement im Völker- als auch im Wirtschaftsstrafrecht vorkommt. Eine speziellere Abgrenzung liegt möglicherweise im Wortlaut: Während das Agreement die Gegenseitigkeit betont, legt die Gefälligkeit eher den
Schwerpunkt auf die Einseitigkeit des Verhältnisses.[111]

6.4.3   Guidelines: insbesondere der Deutsche Corporate Governance Kodex

Im Weiteren ist der Blick auf Verhaltenssteuerung durch sogenannte Best-Practices
oder Guidelines zu richten. In der Compliance-Diskussion ist dann häufig auch von
sogenannter Good Governance die Rede. Best Practices und Guidelines werden häufig von privaten Akteuren erstellt, sodass diesen Richtschnüren keine Rechtsnormqualität zukommt. Zugleich ist denkbar, dass sich die Akteure selbst durch freiwillige
Selbstverpflichtung binden. Im Rahmen der Compliance-Diskussion ist der Deutsche
Corporate Governance Kodex Element der staatlich-privaten Koregulierung. In seiner
Präambel deskribiert sich der Deutsche Corporate Governance Kodex in der Fassung
von 2017[112] als Darstellung der wesentlichen gesetzlichen Vorschriften zur Leitung und
Überwachung deutscher börsennotierter Gesellschaften; zudem soll er international wie
national anerkannte Standards guter und verantwortungsvoller Unternehmensführung
enthalten. Mit dem Kodex werden die Ziele der Transparenz, Nachvollziehbarkeit und
Vertrauensbildung für Anleger, Kunden, Mitarbeiter und Öffentlichkeit angestrebt, wobei
für ein „gutes" Wirtschaften nicht nur Legalität, sondern auch ethisch fundiertes, eigenverantwortliches Verhalten verlangt wird. Mithin wird sich am Leitbild des sogenannten
Ehrbaren Kaufmanns orientiert.[113]

Es finden sich Stimmen, die die Unklarheit bemängeln, die dieses Leitbild in der
unternehmerischen Realität (vor allem im internationalen Kontext) mit sich bringt,
und dass man schnell erkenne, dass „Ethik und Ehrbarkeit auf dem Papier immer gut
aussehen, aber als Verhaltensrichtlinie im Unternehmen wenig taugen."[114] Kritisiert
wird, dass man entweder hätte genauer erklären müssen, was unter dem Leitbild – das
zumindest ein historisch gewachsenes ist – in diesem Zusammenhang zu verstehen ist
oder „man hätte es gleich ganz gelassen."[115] Offenbar wird dieser vom Deutschen Corporate Governance Kodex gewählte Mittelweg in die eine, wie die andere Richtung als
unzureichend angesehen. Kurz angemerkt, ist es soziologisch nicht uninteressant, dass

---

[111]Ähnlich Banthje 1982, S. 198.

[112]Änderungen für die Praxis sind dargestellt bei Mense/Klie 2017, S. 771 ff.

[113]Siehe hierzu schon Kap. 2.

[114]Hauschka 2017, S. 97.

[115]Ebd.

derartige abstrakt-generelle, das heißt *differenzierungsschwache* Formulierungen in diesem Zuge unterstellen, dass sich die Entfaltung des Rechts in Organisationen überhaupt hinreichend einheitlich entfalten kann.[116] Eine Bindung bei Soft Law wird dabei gewährleistet, indem Zielbegriffe durch informale Erwartungen an die Einhaltung der Normen gekoppelt werden. Zugleich sollen diese Normen des Soft Law dann dieselbe Wirkung wie Hard Law, also Bindung, haben.

Die fehlende Rechtsnormqualität des Deutschen Corporate Governance Kodizes ist im Übrigen Gegenstand weiterer Kritik.[117] Denn die Nichtbefolgung der Empfehlungen aus dem Deutschen Corporate Governance Kodex kann trotz fehlender Rechtsnormqualität Folgen nach sich ziehen. Vor allem dreht sich die Diskussion um Haftungsfragen bei Nichtbefolgung der Empfehlungen aus dem Kodex. Es zeigt sich, dass die Form der Regelung eine andere ist, wohingegen die Wirkungen ähnlich wie die von Hard Law sind.[118] Insoweit wird beim Deutschen Corporate Governance Kodex teilweise von einer mittelbaren Rechtsquelle mit gesetzesähnlicher Wirkung gesprochen.[119] Dies liegt darin begründet, dass nach § 161 Abs. 1 Satz 1 AktG Vorstand und Aufsichtsrat einer börsennotierten Gesellschaft jährlich erklären müssen, dass den Empfehlungen des Deutschen Corporate Governance Kodex Folge geleistet wurde und wird; oder aber es muss erklärt werden, welche Empfehlungen nicht angewendet wurden oder werden und warum nicht (*comply or explain*). § 161 Abs. 1 Satz 2 AktG erweitert den Anwendungsbereich auch auf andere Gesellschaften. Nach § 161 Abs. 2 AktG muss die Erklärung im Internet publik gemacht werden. Inwieweit dem Kodex Folge geleistet wurde, liegt also in der Hand des Unternehmens. Zunächst führt die Rechtfertigungslast zu dem Anreiz, den Kodex zu befolgen. Außerdem soll mit dieser Regelung der Effekt genutzt werden, dass eine Befolgung des Kodizes sich positiv auf den finanzmarktlichen Kurs des Unternehmens auswirke, wohingegen Nichtbefolgung eine Sanktion mit Abschlägen zur Folge habe. Der Kapitalmarkt soll also den nötigen Druck in Richtung der Befolgung der Kodizes ausüben.[120]

Das Wirken des Deutschen Corporate Governance Kodizes über § 161 AktG hat einige Zweifel an der Verfassungsmäßigkeit dieser Rechtsnorm nach sich gezogen. Denn es gilt die Wesentlichkeitstheorie, nach der der Gesetzgeber verpflichtet ist, alle wesentlichen Entscheidungen selbst zu treffen und sie nicht anderen Normgebern zu überlassen.[121] Dies hat in der mittelbaren Wirkung des Kodizes, der mithilfe einer Regierungskommission

---

[116]Aber hiergegen ist abermals an die innere Differenzierung organisierter Sozialsysteme, d. h. Herausbildung von Untersystemen, zu erinnern.

[117]Koch 2017, S. I.

[118]Vgl. auch hier bereits Kap. 2.

[119]Vgl. Hüffer/Koch 2016, § 161 Rn. 4; Hoffmann-Becking 2011, S. 1174.

[120]Vgl. statt vieler Tröger 2011, S. 752 ff.

[121]BVerfGE 98, S. 218 (251).

entwickelt wurde, Bedenken ausgelöst. Inwiefern Soft Law überhaupt unter die Wesentlichkeitstheorie fällt, scheint noch ungeklärt zu sein. Weil § 161 AktG geltendes Recht ist, wird auf diesen Streit nicht weiter eingegangen und für die weitere Analyse vorgeschlagen, in pragmatischer Weise auf die Wirkungen der Norm zu schauen. Selbst wenn dem Kodex nur als Guideline bzw. Best Practice eine Rechtsnormqualität *nicht* zukommt, so ist die faktische bzw. politische Bindung der Marktteilnehmer durchaus nicht gering zu schätzen. Für solche Bindungswirkungen spricht auch der umfassende Dialog zwischen Gesetzgebung, Praxis und Öffentlichkeit, der in dem Ordnungsrahmen[122] der Kodizes mündete. Die diesbezügliche Regierungskommission besteht namentlich aus Vertretern von Vorständen und Aufsichtsräten kapitalmarktorientierter Unternehmen und deren Stakeholdern, worunter sich zudem Vertreter der institutionellen Investoren und der Privatanleger, der Rechts- und Wirtschaftswissenschaften, der Wirtschaftsprüfer und Vertreter eines Gewerkschaftsbundes finden lassen.[123]

Auch in anderen Konstellationen ist die Bindung, welche von Guidelines oder Best Practices ausgeht, nicht zu unterschätzen. So hat sich etwa die sogenannte „Düsseldorfer Tabelle" als festes und unumstrittenes Mittel zur Berechnung von Unterhaltsansprüchen etabliert. Da das BGB in diesem Zusammenhang sehr allgemein gehalten ist, hat es sich das Oberlandesgericht Düsseldorf zur Aufgabe gemacht, eine Rechtsprechungszusammenfassung über Unterhaltsansprüche herzustellen und zu veröffentlichen; zwar genuin nur als eine Presseinformation, jedoch binden sich die Gerichte deutschlandweit an diese Tabelle.[124]

Diese Erkenntnisse sind für die Beschäftigung mit Compliance insofern wichtig, als dass untersucht und ausgelotet werden muss, was die Voraussetzungen für eine Verhaltenssteuerung der Akteure in die gewünschte Richtung sind und wie diese auszugestalten sind. Nach der Kernaussage der Ziffer 4.1.3 des Deutschen Corporate Governance Kodex kommt dem Vorstand die Aufgabe zu, für die Einhaltung der Gesetze und unternehmensinternen Richtlinien und zudem für ein Compliance-Management-System zu sorgen. Im Hinterkopf sollte dabei behalten werden, dass die wohl überwiegende Meinung eine allgemeine Rechtspflicht für Unternehmen, ein Compliance-Management-System einzurichten, ablehnt. Dies gilt in erster Linie aufgrund der Existenz kleinerer Unternehmen, denen solche Pflichten nicht abverlangt werden können. Trotzdem hat sich der Bundesgerichtshof jüngst in einem obiter dictum insofern geäußert, dass für

---

[122]Hauschka/Moosmayer/Lösler 2016, S. 5.

[123]http://www.dcgk.de/de/kommission.html (letzter Abruf: 29.11.2017). Siehe noch einmal in Kap. 2 hierzu Heintz 2014, die die Bedeutung des Entscheidens im Konsens für Bindungswirkungen herausstellt.

[124]Vgl. zu diesem Beispiel im Kontext der kontinentaleuropäischen Rechtsquellenlehre Kischel 2015, S. 402 ff. In Süddeutschland wird die Düsseldorfer Tabelle in die „Süddeutschen Leitlinien" eingearbeitet.

die Bemessung einer Geldbuße nach dem Gesetz über Ordnungswidrigkeiten (OWiG) der Existenz eines Compliance-Management-Systems zur Vermeidung von Rechtsverstößen eine Bedeutung zukommen kann.[125] Derartige Bemühungen scheinen also auch im Recht und der Rechtsprechung allmählich Akzeptanz zu finden. Hieraus kann sich eine erhebliche Anreizwirkung für die Einrichtung eines solchen Systems ergeben.

6.5 Compliance: Bindung durch Sozialisierung, Ethik und Wertehaltung im Unternehmen?

Da Compliance nicht nur durch Hard Law ausgeformt wird und sich nicht nur ausschließlich im Bereich desselben bewegt, ist zu fragen, welchen Einfluss Soft Law auf Compliance-Management-Systeme und die Verhaltenssteuerung hat.

Compliance beschäftigt sich mit Ereignissen aus der Vergangenheit (wenn ein etwaiger Schaden womöglich bereits eingetreten ist) sowie mit der proaktiven Gestaltung des Zusammenarbeitens verschiedener Akteure, die sich im Lichte des Legalen bewegen sollen. Hierzu kann es nicht bei einem rezeptologischen Vorgehen bleiben, indem behauptet wird, dass allein die Rechtsnormqualität eine Verhaltenssteuerung in die gewünschte Richtung sichert. Zur Verhaltenssteuerung und Anreizsetzung gehören auch Konzepte und Leitbilder wie der „Ehrbare Kaufmann", der zwar möglicherweise in seinen Aussagen im internationalen Kontext schwierig zu denken, trotzdem nur *ein* Element des umfassenden Themenkomplexes, das wir Compliance nennen, ist. So sind auf globaler Ebene beispielsweise die Regelwerke zur Corporate Social Responsibility entstanden.[126] Mithin zeigt sich, dass sich ein Reigen von Ansätzen herausgebildet hat, welcher für Compliance zusätzlich Überlegungen der „Ethik" und eines „Wertemanagements" aufgreift. Dies sieht man allein an dem vermehrten sprachlichen Wandel bei der sprachlichen Gestaltungen von Stellenanzeigen: Häufig ist nicht mehr vom „Compliance-Officer" die Rede, sondern vom Integritätsmanagement.[127]

Bei der Compliance-Kontrolle wird häufig über Standardisierung geredet. Man kann einerseits auf Standardisierungswirkungen hinsichtlich des Compliance-Management-Systems selbst (also Standardisierung und Bewertung der Regelungen, des Überwachungssystems usw.)[128] und andererseits auf eine Verhaltensstandardisierung[129] der Akteure blicken. Standardisierung ist nicht etwa mit Starrheit zu verwechseln. Auch ist

---

[125]BGH, Urt. v. 09.05.2017 – 1 StR 265/16 Rn. 117–118. Besprochen etwa von Bings/Link 2017, S. 332; Baur/Holle 2018, S. 14 ff.

[126]Vgl. hierzu schon aus rechtlicher Sicht (Kap. 2) und aus organisationaler Sicht (Kap. 5).

[127]Vgl. schon Kap. 1.

[128]Siehe statt vieler Kap. 8 in Bay/Hastenrath 2016, S. 229 ff.

[129]Vgl. der Titel bei Kort 2008, S. 81 ff.

es eher unwahrscheinlich, dass sich eine „gelebte" Integritätskultur, wie es im Compliance-Marketing gern heißt, von heute auf morgen einrichten lässt. Nicht selten soll das Compliance-Management-System an die Unternehmenskultur angeknüpft werden; verschwiegen wird dabei häufig die Annahme, dass eine solche Kultur schon bestehe.[130] In jedem Fall müsse die Implementierung eines Compliance-Systems als Lernprozess[131] verstanden werden. Vertreten wird also zum einen, dass sich in manchen Unternehmen erst noch eine „Unternehmenskultur" bilden müsse und zum anderen, dass diese bei anderen Unternehmen an die veränderlichen Umstände angepasst werden müsse. Ein „atmendes" Compliance-System sei vonnöten, das für neue Entwicklungen anpassungsfähig ist und nicht in einer Ist- und Sollbeschreibung hängen bleibt. Compliance müsse Erreichtes sichern und zugleich Anreize für Innovation zur Ermöglichung des Bestehens im (internationalen) Wettbewerb geben. Compliance sei neben der Regelsetzung (auch) ein dialogischer Prozess.[132] Mit anderen Worten: Bloße Kenntnis der Regeln führt nicht zwangsläufig zum Befolgen dieser.[133] Besteht das Compliance-Management-System also nur als „Papiertiger"[134] und fallen hohe Bürokratiekosten an, kann es seitens der Mitarbeiter zu Abwehrreaktionen kommen, die Unzufriedenheit und ein Misstrauensklima fördern (sogenanntes Compliance-Paradox)[135], die gesetzten Regeln gerade nicht anzuerkennen. Wenn die intrinsische Motivation – einfach gesprochen, das Handeln aus Einsicht – durch die externe Kontrolle verdrängt wird, so führt dies nach einigen Stimmen dazu, dass Compliance-Kontrollsysteme „aus erwachsenen Menschen Unmündige" mache, „die im privaten Leben wichtige Entscheidungen selbst treffen können", hingegen „im beruflichen Kontext zu reinen Regel- und Anweisungsempfängern" würden.[136] Wie wichtig Handeln aus Einsicht ist, lässt sich leicht veranschaulichen: Wohl niemand wird genau sagen können, was alles im deutschen StGB geregelt ist. Dennoch handeln wir alle in den allermeisten Fällen rechtskonform.

Überdies muss in der Compliance-Diskussion auch der Blick darauf gerichtet werden, dass es ein Alltagsphänomen ist, Regeln zu brechen[137] und auch darauf, dass dieser

---

[130]Beispielhaft zum Aufbau einer Ethik-Abteilung Hussain 2011, S. 134 ff. und zur Einführung von Ethikrichtlinien Nezmeskal-Berggötz 2009, S. 209 ff.

[131]Ulrich 2015, S. 258.

[132]In diese Stoßrichtung Steinmann/Löhr 2015, S. 297.

[133]Linssen 2016, S. 198.

[134]Im Rahmen der US Sentencing Guidelines, die etwaige Sanktionen gegen Unternehmen beinhalten und inwieweit die Höhe der verhängten Strafe von einem „effektiven" Compliance-Programm abhängt, kann der Staatsanwalt beurteilen, u. a. auch, ob das Compliance-Management-System nur ein „Papiertiger" ist. Ist dies der Fall, wirkt sich die Existenz eines Programms nicht positiv aus; Moosmayer 2015, S. 8 f.

[135]Bussmann, 2016, S. 50 f. und oben Kap. 2.

[136]Steuernagel/Frey 2016, S. 31.

[137]Schütz 2016a S. 2; Linssen 2016, S. 198.

Regelbruch das Normsystem nicht gleich infrage stellt. Niemand käme auf die Idee, Verkehrsampeln für obsolet zu erklären, auch wenn jeder von uns dann und wann über eine rote Ampel geht.[138] Für die Anpassung des Normsystems an sich ändernde Umstände setzt Normbefolgung aus Einsicht also zu einem gewissen Maße auch Abweichung von der Norm voraus. Ein gesetzliches Verbot drückt immer aus, dass ein gewisses Risiko des Normbruchs besteht.[139] Dieses Risiko lässt sich nicht auf Null herabsenken: Wäre dies möglich, bedürfte es wiederum keiner Verbote.[140] Da eine marktwirtschaftliche Ordnung auf Innovation und Fortschritt ausgerichtet ist, ist das „Austesten" von Grenzen der freiheitlich marktwirtschaftlichen Ordnung systemimmanent.[141] Freilich ist dabei mit Recht die Frage zu stellen, welches Maß an Regelabweichung damit wiederum als „normgerecht" zu qualifizieren ist. Nichtsdestoweniger ist der Umstand, dass der Normbruch eine Funktionsbedingung der Normbefolgung ist, für die Befassung mit Compliance ungleich relevanter. Noch einmal[142] soll die These Fissenewerts in Erinnerung gerufen werden: Der sogenannte „VW-Skandal" – zahlreiche Normbrüche – führe dazu, dass Compliance weiter in den Markt kommen werde, da es sich ob des wettbewerblicher Drucks und der öffentlichen Aufmerksamkeit kein Konzern zukünftig mehr leisten könne, mit Zulieferern ohne Compliance-Management-System zusammenzuarbeiten.[143] In Rückbindung zu Luhmann sind Normverstöße nicht schlechthin als negativ zu bewerten, da sie das Normbewusstsein schärfen und zugleich zu Maßnahmen gegen den Abweichenden führen können und damit die Solidarität der Normanhänger gegebenenfalls stärken.[144]

Unter einem Bonmot Rousseaus („Wer nur um des Geldes willen Gutes tut, wartet nur darauf, besser bezahlt zu werden, um Schlechtes zu tun."[145]) wird in der Wirtschafts- und Unternehmensethik versucht, zum Ansatz des *homo oeconomicus*[146] eine neue Dimension hinzuzufügen. Auch die Organisations- und Rechtssoziologie hat die entschiedenen und unentschiedenen (Regel-)Strukturen und ihre Entscheider in Organisationen zum Gegenstand.[147] Vermehrt wird auch in der rechtswissenschaftlichen Befassung

---

[138]Linssen 2016, S. 198.

[139]Bussmann 2016, S. 50.

[140]Zu den weiteren Folgerungen für den Normbegriff an sich siehe unten Kap. 7; ansonsten auch Bussmann 2016, S. 50.

[141]Bussmann 2016, S. 51.

[142]Vgl. Kap. 2.

[143]Fissenewert 2017, S. I.

[144]Luhmann 1964, S. 304.

[145]Zitiert nach Aßländer 2015, S. 398.

[146]Das obige Zitat setzt voraus, dass „Anreiz" als „geldwerter Anreiz" verstanden wird, was in der ökonomischen Forschung keinesfalls zwangsläufig ist.

[147]Luhmann 2011, S. 222–225; siehe bereits Kap. 3.

mit Compliance erkannt, dass allein das Bestehen von Compliance-Maßnahmen noch nicht zu einer Normbefolgung führt. Auch der US-amerikanische Energiekonzern Enron hatte ein „brilliantes [sic!]"[148] Compliance-System, was aber die Bilanzfälschungen nicht verhinderte, die schließlich zur Insolvenz führten. Was aber hilft für eine nachhaltige Implementierung von Compliance-Regeln, die von und im Unternehmen realisiert werden?

Bussmann etwa hat das Ziel einer „informellen Sozialkontrolle"[149] durch Sozialisation im Unternehmen vorgeschlagen. Neben der Erstellung eines Compliance-Programms soll auch eine sogenannte „integritätsfördernde Unternehmenskultur"[150] aufgebaut und kontinuierlich angepasst und verbessert werden. Der Gedanke knüpft daran an, dass auf einer Makroebene ein Unternehmen in ein Wirtschaftssystem eingebunden ist und zwar so, wie auf einer Mikroebene der einzelne Mitarbeiter in das Unternehmen selbst. Auf der Makroebene führt der Wettbewerbsdruck zur strukturellen Angleichung der Organisationen[151] und mithin auch ihrer Compliance-Systeme. Diese Compliance-Systeme werden im Unternehmen selbst durch entsprechende Abteilungen und Beauftragte (z. B. den Compliance-Officer) institutionell verankert.[152] Hier wirken also der externe Druck durch Wettbewerb, rechtliche Anforderungen durch Gesetz oder Rechtsprechung sowie die unternehmensinterne Befassung mit Compliance-Risiken und -Verstößen zusammen. Was dabei das regelkonforme Verhalten im Unternehmen gewährleistet, ist nach Bussmann die informelle Sozialkontrolle: „Im Bereich der klassischen Kriminalität wurde die Hauptlast der Prävention schon immer von Sozialisationsinstanzen getragen: der Familie, den Nachbarn, der Schule und der Gemeinschaft. Warum soll das im Bereich der Wirtschaftskriminalität anders sein. [sic!] Selbstregulierung der unternehmensinternen Wirtschaftskriminalprävention ist der eigentliche Bedeutungskern von Compliance."[153] Eine Sozialisation im Unternehmen wirkt hiermit also als regulierte Selbstregulierung auf der Mikroebene. Zugleich sei damit auf die weiteren Effekte der staatlich-privaten Koregulierung wie auch der Selbstregulierung hingewiesen: Einerseits wirkt nach den oben dargestellten Thesen[154] die Globalisierung dahin gehend, dass der Gesetzgeber aufgrund der Ausdifferenzierung der Gesellschaft und ihrer Lebensweise nicht mehr alles umfassend regeln kann (sogenannte Regulierungsvakua), zugleich bewirkt dies aber im Sinne einer Normökonomie eine Entlastung des Gesetzgebers. Er wird in manchen Fällen durch die Globalisierung faktisch aus der Entscheidungsmöglichkeit

---

[148]Wieland 2008, S. 17.

[149]Bussmann 2016, S. 52, 56 f.

[150]Bussmann 2016, S. 52.

[151]Sogenannte Isomorphie-These, siehe Kap. 5.

[152]Bussmann 2011, S. 64.

[153]Bussmann 2011, S. 66.

[154]Vgl. Kap. 1.

herausgedrängt[155], hat jedoch zugleich die Möglichkeit, sich aus bestimmten Entscheidungsnotwendigkeiten zurückzunehmen.

Angesichts der Selbstregulierung der Unternehmen im Umgang mit Compliance-Risiken vollzieht Bussmann eine Differenzierung zwischen *systemischen Risiken* und *exzessbedingten Risiken*. Ein systemisches Risiko bezieht sich auf das einer einzelnen Organisation inhärente Risiko, wohingegen exzessbedingtes Risiko sich auf Risiken bezieht, die im Individuum[156] begründet sind.[157] Allerdings ist hier zu sehen, dass formal-organisatorische und informale und personale Zuordnungen bzw. Zurechnungen nicht feinsäuberlich voneinander zu trennen sind. Denn bei der Ausgestaltung von Anstellungsverträgen respektive -verhältnissen kommt es regelmäßig auch zur unbeabsichtigten, aber nahezu unvermeidbaren Ausbildung von *Indifferenzzonen*. Diese „nicht vorher spezifizierten Bereiche, in denen von Mitgliedern Folgebereitschaft erwartet wird", beinhalten jene Ordnungen, „in denen sich die Mitglieder gegenüber der Organisation ‚indifferent' zu verhalten haben",[158] es also zu einer „Pauschalunterwerfung für noch unbestimmte Erwartungen"[159] kommt. Diese Zone ermöglicht flexible situative Anpassungen im Entscheiden, auch im Hinblick auf Erwartungen der Umwelt einer Organisation. Ohne dies wären Organisationen bezüglich ihrer Änderungsbedarfe in hohem Maße eingeschränkt.[160] Allerdings werden Mitarbeiter hier auch in Lagen

---

[155]Dies gilt zudem auch dann, wenn internationale, vor allem europäische, Entwicklungen abgewartet werden müssen, vgl. hierzu die Diskussion um die Anpassung des Organhaftungsregimes der GmbH an das der AG jüngst bei Reichert 2017, S. 694.

[156]Oder einer kleinen Gruppe, vgl. Bussmann 2016, S. 51.

[157]Bussmann 2016, S. 51.

[158]Kühl 2011, S. 35, mit Rückgriff auf Barnard 1938, S. 168 ff. Kühl macht in diesem Zusammenhang auf eine folgenreiche arbeitsrechtlich-organisationale Unterscheidung aufmerksam: „Hierin liegt der (organisationale, Anmerk. d. Verf.) Unterschied zwischen einem Werkvertrag und einem Arbeitsvertrag. Mit einem Werkvertrag kauft die Organisation eine genau spezifizierte Leistung ein. Es ist detailliert festgelegt, welche Aufgabe bis zu welchem Zeitpunkt zu erledigen ist und wer der Empfänger der Leistung ist. Mit einem Arbeitsvertrag dagegen erwirbt die Organisation die Zeit der Mitglieder nur in einer sehr abstrakten Form. Das Organisationsmitglied stellt mit dem Unterzeichnen eines Arbeitsvertrages eine Art „Blankoscheck" aus und erklärt sich bereit, seine Arbeitskraft, seine Fähigkeit, seine Kreativität gemäß der ihm gestellten Aufgabe einzusetzen. Es verzichtet darauf, dass im Detail festgeschrieben wird, worin seine Leistungen zu bestehen haben." Entsprechend bedarf es keiner außerordentlichen Fantasie, das Bestehen von Indifferenzzonen auch als Möglichkeitsraum regelabweichender Aktivitäten zu erwarten, existiert die Indifferenzzone doch gerade im Spannungsfeld formaler und informaler bzw. weisungsgerechter und weisungsunspezifischer Bestimmung.

[159]Luhmann 1971, S. 219.

[160]Luhmann 1964, S. 94. Schließlich kann nicht für jede vorgesehene Entscheidung individualrechtlich eine Änderungskündigung getroffen werden. Ein wesentlicher Gestaltungshebel besteht daher im arbeitgeberseitigen Disziplinar- bzw. Weisungsrecht, dessen rechtmäßige Ausübung letztlich nur arbeitsgerichtlich überprüft bzw. abschließend entschieden werden kann. Ansonsten bleibt es für Beschäftigte bei Bereitschaft und Vertrauen.

geraten, die ihnen Folgebereitschaft abverlangen, obwohl die Unbestimmtheit einer Weisung gegenüber der formalen Ordnung offensichtlich wird. Folgen Mitarbeiter organisatorisch formulierten Erwartungen in der Indifferenzzone zu „blind", können gerade damit zivil- und strafrechtliche Verstöße[161] individueller Art zustande kommen; folgen Mitarbeiter den Erwartungen hingegen nur mit Widerstand und Verweigerungshaltung, in jenen Fällen, in denen Erwartungen mit formaler Ordnung eher lose verbunden ist, riskieren sie arbeitsrechtliche Sanktionen, da ihr Verhalten womöglich als vertragsverletzend behauptet werden kann.

Bussmann argumentiert, die organisationsbetreffenden systemischen Risiken ließen sich mittels eines Compliance-Management-Systems zurückdrängen.[162] Darauf aufbauend sei es dann einer „integrationsförderlichen Unternehmenskultur" möglich, sich durch einen Sozialisationsprozesses im Unternehmen neben der Bekämpfung systemischer Delikte überdies der Exzesstaten präventiv zu widmen.[163] Werde das Unternehmen zur Instanz für wertegeleitetes, regelkonformes Handeln, ginge es bei Compliance dann auch nicht mehr „nur um Regeln und ihre Überwachung, sondern [...] um eine nachhaltige Einhaltung von Compliance-Regeln aus Einsicht und Überzeugung."[164]

Mittels eines Compliance-Systems kommt den Unternehmen als Regelsetzer demnach eine aktive Rolle zu. Regeln sind stets in einen bestimmten Wertekatalog eingekleidet. Für ein wirkungsvolles Compliance-Management-System suchen Berater auch immer mit den Unternehmen zusammen nach der Organisationskultur und den Werten, die das Unternehmen prägen. In der Außendarstellung des Compliance-Systems bleiben dann vertraulich wirkende Schlagworte wie „moralisches Handeln", „Glaubwürdigkeit", „Respekt und Fairness", „Umweltschonung" sowie Appelle an „Kopf und Herz" hängen, die sicherlich die Brücke zum Marketing schlagen.

In Erinnerung zu rufen ist hier, dass wir bereits im Gang der Untersuchung auf einige Besonderheiten um den Begriff der Organisations- bzw. Unternehmenskultur hingewiesen

---

[161]Die organisatorisch angewiesene Ausführung von strafrechtlichen Taten kann nur in illegalen bzw. kriminellen Organisationen formal bzw. „legal" realisiert und gerechtfertigt werden. Auch illegale Organisationen bilden im Wesentlichen eine formale Organisation nach, haben Zwecke, Programme und Mitgliedschaften. Mitglieder einer kriminellen Organisation verstoßen gerade dann gegen die Mitgliedschaftserwartungen bzw. -regeln, wenn sie den (nach juristischen Maßstäben) betriebenen Regelbruch nicht mehr mittragen wollen, beispielsweise indem sie von weiterer Verbrechen absehen und freiwillig sich der Justiz stellen wollen. Insbesondere terroristisch und mafiös „zweckgerichtete" Organisationen reagieren darauf dann üblicherweise mit dem Versuch, abtrünnige Mitglieder nicht nur aus der Organisation fernzuhalten, sondern sie auch ansonsten beseitigen, also liquidieren zu wollen (siehe zu kriminellen/illegalen Organisationen Paul/Schwalb 2012). Bekanntere Beispiele für eine weniger eindeutige Diskussion um die mögliche Ausprägung von Indifferenzzonen bieten die sogenannten Juristen- und Mauerschützenprozesse nach Nationalsozialismus und Mauerfall.

[162]Bussmann 2016, S. 51, wenngleich ohne empirischen Nachweis an dieser Stelle.

[163]Bussmann 2016, S. 52.

[164]Ebd.

haben.[165] Insbesondere ist zu sehen, dass eine Kulturbeschreibung in hohem Maße eine Sphäre des sozial Erwünschten und Erhofften adressiert. Eben diese macht selbsterklärend den juristischen Zugriff nicht einfacher, sondern prekarisiert noch die Versuche individueller Zurechnung (wo alles nur noch im Lichte einer Kultur erkannt wird, wird der Einzelne sich vom Kollektiv schwerlich sichtbar abheben können). Bussmanns Vorschlag insinuiert die Möglichkeit als naheliegend, sowohl eine einförmige Entwicklung bzw. Einschreibung von Kultur (zumindest in einer energischen Form läuft dies konträr zur bereits entfalteten These der Binnendifferenzierung) in Gang zu bringen, als auch ein explizites Wertegefüge zu errichten. Die theoretisch und empirisch begründete Skepsis unserer vorherigen Ausführungen dürften hier nachwirken. Es wird gerade als prekär erscheinen müssen, informale Ordnungen mit formaler Intervention in einem Maße nützlich strukturieren zu wollen, wie man es in vielen überaus idealen Planungen zur Organisationskultur (und der „Formalisierung" von Werten) dargestellt sehen kann.

Sei der Unternehmensführung nicht klar, wofür das Unternehmen stehe oder stehen soll, so folgert Bussmann weiter, könnten diese Werte auch von der Führungsebene nicht vorgelebt und damit von den Unternehmensangehörigen auch nicht als Handlungsorientierungen verinnerlicht werden.[166] Ziel des Sozialisationsprozess in der Organisation solle letztlich eine informelle Selbstkontrolle sein. Damit sei gemeint, dass empirisch die stärkste Sanktionswirkung schon bereits in der *Erwartung* informaler Sanktionen wie Verlust von Respekt und Reputation durch Arbeitskollegen liegt.[167] Folgt man dem, so ist zu berücksichtigen, dass sich eine Organisationskultur durchaus erst noch bilden muss und darüber hinaus auch noch veränderlich ist. Dies verdeutlicht, dass eine Implementierung von Compliance nicht ohne einen Entwicklungsprozess zu denken ist. Dieser Prozess müsste auch stetig hinterfragt werden. Häufig bestehe nämlich die Kenntnis darüber, wie ausgeprägt und gut sozialisierend die Organisationskultur greift erst dann, wenn Schäden bereits nach Compliance-Verstößen eingetreten sind.[168] Ferner müsse zudem der Aspekt der Organisationskultur betrachtet werden, nach dem eine „Kultur" auch zu einem „Korpsgeist" führen kann, bei dem Compliance- oder Rechtsverstöße gebilligt und vertuscht werden.[169] Insoweit sei ein interessanter Befund, dass die durchschnittlichen Täter in der Wirtschaftskriminalität „um die 40 Jahre alt und überwiegend männlich sind sowie schon seit vielen Jahren dem Unternehmen angehören, in Deutschland durchschnittlich 10 Jahre."[170] Dies ist insofern interessant, als dass eine fehlende Sozialisierung in diesen Fällen aufgrund der langen Bindung an das und im Unternehmen doch einige Zweifel hervorruft. Wahrscheinlicher ist wohl,

---

[165]Siehe Kap. 3.
[166]Bussmann 2011, S. 67.
[167]Bussmann 2016, S. 56 f.
[168]Bussmann 2016, S. 57.
[169]In diese Stoßrichtung Bussmann 2011, S. 68 f.
[170]Bussmann 2011, S. 70.

dass bestimmte Handlungen gerade aufgrund dieser Sozialisierung unternehmensintern als üblich angesehen werden, obgleich sie von einer Außenperspektive womöglich als schädlich eingestuft werden. Ein Compliance-Management-System muss demnach kompatibel sein, sich nicht nur mit dem gewünschten regelkonformen Verhalten auseinanderzusetzen, sondern auch das informale, möglicherweise bis hin zur brauchbaren Illegalität reichende Verhalten zu behandeln. Hierzu gehört auch die häufig zu vernehmende Forderung, dass in der Organisation eine Fehlerkommunikation ermöglicht werden muss, damit sich das erwünschte, regelkonforme Verhalten durchsetzen kann. So sollen es Hinweisgebersysteme (zumeist als sogenannte Whistle-Blowing-Hotlines) ermöglichen, Fehler und Verstöße jeglicher Art im Unternehmen anzumelden.[171] Ein Hinweisgebersystem ermöglicht zumeist ein *anonymes* Melden von Verstößen an die unternehmensinterne Compliance-Abteilung. Die Anonymität wird gewährleistet, weil Mitarbeiter zumeist für sich selbst nachteilige Konsequenzen befürchten, wenn sie Verstöße melden. Die Anonymität soll demnach als Schutz für die Mitarbeiter dienen und ihnen den Anreiz geben, Verstöße zu melden. Umgekehrt könnte man zwar auch schließen, dass die Anonymität gegen das Plädoyer einer „offenen" Kommunikation von Fehlverstößen spricht, dennoch scheint sie – national wie international – ein praktikabler Mittelweg zu sein. Gerade in Großunternehmen, in denen nicht „jeder jeden kennt", sind die verschiedenen Kommunikationswege noch einmal zu differenzieren. So können Risiken, die in der Unternehmensorganisation selbst angelegt sind, adäquat per anonymem Whistle-Blowing-System kommuniziert werden, wohingegen das Plädoyer einer offenen Kommunikation gerade in dem kollegialen Miteinander auf der persönlichen Ebene zutreffend sein mag. Wenn Bussmann wiederum davon spricht, dass an eine Compliance-Organisation nur „realistische Erwartungen" zu stellen seien,[172] so zeigt sich auch hier in Bezug auf die Hinweisgebersysteme, dass diese mit unterschiedlichen Erwartungen konfrontiert sind. Und insofern wird die Beurteilung der Ergebnisse wiederum vom jeweiligen Standpunkt des Betrachters und des Betroffenen abhängen.

Ein Compliance-System wird es nicht schaffen, jede noch so kleine Regelabweichung zu unterbinden. Dies ist auch nicht wünschenswert, denn eine Organisation wird ohne Verstöße nicht vorkommen, da Abweichungen stets auch zur Funktion einer Organisation beitragen. Natürlich sollte ein solches System darauf hinarbeiten, das legale Handeln zu stärken. Ein Allheilmittel ist es trotzdem nicht. Hieran können auch die Erwartungen ausgerichtet sein.[173] Häufig ist nämlich der Erwartungsdruck so hoch, dass bei den Verantwortlichen eine regelrechte Enttäuschung eintritt, wenn ein Compliance-System immer wieder Verstöße des

---

[171]Ein Hinweisgebersystem schreibt Section 301 Sarbanes-Oxley Act in den USA im Rahmen eines Audit Comittees vor, was nach den US Sentencing Guidelines auch Gegenstand eines Compliance-Programms ist, vgl. Moosmayer 2015, S. 52. Im Übrigen empfiehlt dies auch Ziffer 4.1.3 des Deutschen Corporate Governance Kodex.

[172]Bussmann 2016, S. 50.

[173]Siehe hierzu das folgende Kap. 7.

Unternehmens und im Unternehmen zu Tage fördert.[174] Dies ist mit Compliance nicht intendiert: Das Herausfiltern eines Verstoßes spricht nicht gegen das Compliance-System, sondern
im Gegenteil gerade für seine Leistungsfähigkeit. Erst mit der Zeit können und sollten die
Maßnahmen dazu führen, ein gewisses Maß an Verstößen zu unterbinden. Das Recht spricht
häufig aber nur die formalisierten Prozesse an. Inwieweit lassen sich aber die vorstehenden
Ausführungen über das informale Handeln und die brauchbare Illegalität in das Zivilrecht
übertragen? Denn hier spielt sich die Compliance zumeist ab, wenn es darum geht, Regelabweichung zu sanktionieren oder etwa zu tolerieren, weil sie brauchbar illegal erschien.

6.6 Nützliche Pflichtverletzungen

Im Folgenden wird daher der Versuch unternommen, aufzuzeigen, dass sich das Zivilrecht
an prominenter Stelle bereits mit diesen Fragen befasst. Denn aus rechtlich-soziologischer
Betrachtung könnte sich die Behandlung von nützlichen Pflichtverletzungen im Zusammenhang mit § 93 Abs. 1 Satz 2 AktG, der sogenannten Business Judgment Rule, möglicherweise als eine solche um Inhalt und Grenzen von brauchbarer Illegalität im Vorstandshandeln
darstellen. In diesem Zusammenhang kann die wissenschaftliche Diskussion um sogenannte
nützliche Pflichtverletzungen im Rahmen dieser Vorschrift nur in groben Zügen nachgezeichnet werden. Der Schwerpunkt der Betrachtung wird darauf liegen, zu zeigen, dass
die Wissenschaft ein abgestuftes Haftungssystem entwickelt hat, das sich an der Schwere
des Verstoßes orientiert. Erkennt man, dass das Recht bzw. die Rechtswissenschaft sich an
dieser Stelle mit nützlicher Regelabweichung befasst, so ist daraus zu schließen, dass für
eine Compliance-Kontrolle eine ähnliche Diskussion geführt werden muss: Genauso wie ein
Vorstandsmitglied nützliche Pflichtverletzungen begehen kann, kann ein solches Verhalten
im gesamten Unternehmen, folglich auch beim einzelnen Mitarbeiter, vorkommen. Das
Kap. 7 wird sich dann der Frage widmen, was dies für das Compliance-Management-System
bedeutet.

6.6.1 Nützliche Pflichtverletzungen im Rahmen des
§ 93 Abs. 1 Satz 2 AktG

Im Aktienrecht hat der Vorstand die Gesellschaft unter eigener Verantwortung zu leiten
(§ 76 Abs. 1 AktG). Dabei sieht es Ziffer 4.1.3 des Deutschen Corporate Governance Kodizes als eine Aufgabe des Vorstands an, für die Einhaltung der gesetzlichen Bestimmungen

---

[174]Siehe dazu die schon in der Einführung vorgestellten Beobachtungen von Kette 2018, S. 6, der
auf eine Forcierung von „Blame Games" hinweist und Tendenzen einer zugleich organisatorisch ver-
unsichernden und individuell „absichernden Verantwortungsweiterreichung" beschreibt. Die von
Bussmann empfohlene informale Sozialkontrolle könnte also tatsächlich den Gegebenheiten organisatorischer Praxis nahekommen, allerdings vielleicht in einem einigermaßen anderen Sinne, als intendiert.

und der unternehmensinternen Richtlinien zu sorgen und auf deren Beachtung durch die Konzernunternehmen hinzuwirken. Im Übrigen formuliert § 91 Abs. 2 AktG, dass der Vorstand geeignete Maßnahmen zu treffen hat, damit unternehmensgefährdende Entwicklungen früh erkannt werden.

§ 93 AktG hat die Sorgfaltspflicht und Verantwortlichkeit der Vorstandsmitglieder einer Aktiengesellschaft zum Gegenstand. Nach § 93 Abs. 2 Satz 1 AktG sind Vorstandsmitglieder, die ihre Pflichten verletzen, der Gesellschaft als Gesamtschuldner zum Schadensersatz verpflichtet. Die Regelung betrifft also eine Innenhaftung. Die Kontrolle des Vorstands obliegt dem Aufsichtsrat (§ 111 Abs. 1 AktG).[175] Ferner hat eine Aktionärsminderheit unter den Voraussetzungen des § 148 AktG die Möglichkeit, eine dies betreffende Haftungsklage anzustoßen.

Nach § 93 Abs. 1 Satz 1 AktG haben die Vorstandsmitglieder bei ihrer Geschäftsführung die Sorgfalt eines ordentlichen und gewissenhaften Geschäftsleiters anzuwenden. Nach § 93 Abs. 1 Satz 2 AktG liegt hingegen keine Pflichtverletzung vor, wenn das Vorstandsmitglied bei einer unternehmerischen Entscheidung vernünftigerweise annehmen durfte, auf der Grundlage angemessener Informationen zum Wohle der Gesellschaft zu handeln. Liegt also keine Pflichtverletzung vor, so kann auch kein Schadensersatz verlangt werden. § 93 AktG ist grundsätzlich zwingend und kann weder durch Vertrag noch Satzung abbedungen werden.[176]

Die Änderung des Aktiengesetzes hin zur Kodifikation des § 93 Abs. 1 Satz 2 AktG durch das Gesetz zur Unternehmensintegrität und Modernisierung des Anfechtungsrechts (UMAG) aus dem Jahr 2005 erfolgte durch Bezugnahme auf die Rechtsprechung des Bundesgerichtshofs in der Rechtssache ARAG/Garmenbeck[177] aus dem Jahr 1997. Mit dem UMAG wurde die Sicherstellung der unternehmerischen Entscheidungsfreiheit intendiert. Demnach wird dem Umstand Rechnung getragen, dass unternehmerische Entscheidungen mit Risiken einhergehen, diese aber keine Pflichtverletzung begründen, wenn die Voraussetzungen des § 93 Abs. 1 Satz 2 AktG vorliegen, also wenn seitens des Vorstandsmitglieds

- eine unternehmerische Entscheidung vorliegt,
- diese auf Grundlage angemessener Information beruht und
- das Vorstandsmitglied vernünftigerweise annehmen durfte, zum Wohle der Gesellschaft zu handeln.

Der Gesetzgeber versteht den Terminus der unternehmerischen Entscheidung weit. Er umfasst die Entscheidungsfindung sowie ihre Umsetzung durch Rechtsgeschäft

---

[175]Hierzu Bieder 2015, S. 1178 ff.; ferner Habersack 2014, S. 2 m. w. N.

[176]Hüffer/Koch 2016, § 93 Rn. 2.

[177]BGH NJW 1997, S. 1926 – ARAG/Garmenbeck.

oder Realakt.[178] Die unternehmerische Entscheidung bereitet einige Schwierigkeiten. Als problematisch wird angesehen, dass dieser Terminus zur Annahme verleitet, den Schwerpunkt auf „unternehmerisch" zu legen, wohingegen eigentlich der Unsicherheitscharakter der Entscheidung das Tatbestandsmerkmals prägen soll. Daher wurde bereits dafür plädiert, die „unternehmerische Entscheidung" durch einen breiteren Begriff, wie die „Ermessensentscheidung" oder „Prognoseentscheidung" zu ersetzen.[179] Die Unsicherheit der Entscheidung spielt darüber hinaus noch im Merkmal „auf Grundlage angemessener Information" eine entscheidende Rolle. Das Vorstandsmitglied darf bei der Entscheidung nicht davon ausgehen, auf Grundlage angemessener Information zum Wohle der Gesellschaft zu handeln, wenn das mit der Entscheidung verbundene Risiko in „völlig unverantwortlicher Weise falsch beurteilt worden ist".[180]

Die Beurteilung der Entscheidungssituation erfolgt aus ex ante-Perspektive des Geschäftsleiters,[181] um Rückschaufehler zu vermeiden.[182] Damit ist gemeint, dass Entscheidungen sich zumeist erst in der Rückschau als sinnvoll oder nicht sinnvoll beurteilen lassen. Hierzu seien die Worte Englerths zitiert: „[Der] Rückschaufehler *(hindsight bias)* [verleitet] Menschen dazu, Ereignisse, die bereits stattgefunden haben, für wahrscheinlicher zu halten als alternative Verläufe (‚Das hätte man doch kommen sehen müssen.')."[183] Die Gefahr besteht mithin darin, aus der Rückschau die Dinge anders zu beurteilen, als noch in der entscheidenden Situation selbst. Die ex ante-Perspektive führt also dazu, ungerechtfertigte – gerichtliche – Beurteilungen aus der ex post-Sicht zu vermeiden. Denn auch in der rechtlichen Beurteilung muss in Rechnung gestellt werden, dass unternehmerisches Handeln stets eine Abwägung zwischen Chance und Risiko darstellt. Was dabei als angemessene Informationsgrundlage für eine unternehmerische Entscheidung anzusehen ist, lässt sich aus Sicht des Gesetzgebers insofern nicht verobjektivieren, als dass Instinkte, Erfahrungswerte, Phantasie sowie ein gewisser Grad an Gespür und Gefühl für

---

[178]Bundestagsdrucksache 15/5092, S. 11.

[179]Siehe die Nachzeichnung des Gutachtens für den 70. Deutschen Juristentag von Bachmann bei Reichert 2017, S. 685.

[180]Bundestagsdrucksache 15/5092, S. 11 unter Bezugnahme auf BGH NJW 1997, S. 1926 – ARAG/Garmenbeck.

[181]Bundestagsdrucksache 15/5092, S. 11.

[182]Vgl. Faßbender 2015, S. 503; Bachmann 2014, S. 4 f.; Fleischer 2008a, S. 372; Koch 2006, S. 782; jüngst Brock 2017, S. 37 m. w. N. in Fn. 61.

[183]Mit Nachweis über empirische Forschung Englerth 2010, S. 181; vgl. auch BGH NJW 1997, S. 1927 – ARAG/Garmenbeck: „Bei seiner Beurteilung, ob der festgestellte Sachverhalt den Vorwurf eines schuldhaft pflichtwidrigen Vorstandsverhaltens rechtfertigt, hat der Aufsichtsrat zu berücksichtigen, daß dem Vorstand bei der Leitung der Geschäfte des Gesellschaftsunternehmens ein weiter Handlungsspielraum zugebilligt werden muß, ohne den eine unternehmerische Tätigkeit schlechterdings nicht denkbar ist. Dazu gehört neben dem bewußten Eingehen geschäftlicher Risiken grundsätzlich auch die Gefahr von Fehlbeurteilungen und Fehleinschätzungen, der jeder Unternehmensleiter, mag er auch noch so verantwortungsbewußt handeln, ausgesetzt ist."

die Marktentwicklung Teil unternehmerischen Handelns seien.[184] Dennoch soll durch die grundsätzlich angeordnete Haftung nach § 93 Abs. 2 Satz 1 AktG gewährleistet werden, dass das Vorstandsmitglied eine möglichst reflektierte Entscheidung fällt und nicht mit „Unbesonnenheit und Leichtsinn"[185] handelt.

Um die letzte Voraussetzung für das Nichtvorliegen einer Pflichtverletzung zu erfüllen, muss der Vorstand vernünftigerweise annehmen dürfen, zum Wohle der Gesellschaft zu handeln. Mitumfasst sind dabei Tochtergesellschaften und der Gesamtkonzern. Ein Handeln zum Wohle der Gesellschaft liegt dann vor, „wenn es der langfristigen Ertragsstärkung und Wettbewerbsfähigkeit des Unternehmens und seiner Produkte oder Dienstleistungen dient."[186]

6.6.2 Gesetzesverstöße als nützliche Pflichtverletzungen im Rahmen des § 93 Abs. 1 AktG?

Neben den Pflichten, die den Vorstand im Innenverhältnis, also im Verhältnis zur Aktiengesellschaft treffen,[187] treffen die Gesellschaft Pflichten im Außenverhältnis, so z. B. die Einhaltung von Rechtsnormen. Im Weiteren steht Letztere im Mittelpunkt.

> Managers have no general obligation to avoid violating regulatory laws, when violations are profitable to the firm, because the sanctions set by the legislature and courts are a measure of how much firms should spend to achieve compliance.[188]

Diese Aussage aus dem US-amerikanischen Rechtskreis versteht Recht als zugänglich für eine Kosten-Nutzen-Analyse. Gemünzt auf das deutsche Recht legt dies die Frage nahe, ob nach einer Kosten-Nutzen-Analyse durch eine Gesetzesverletzung ein positiver Saldo steht, der den Vorwurf einer Sorgfaltspflichtverletzung im Sinne des § 93 Abs. 1 AktG entfallen ließe.[189] Diese Frage ist berechtigterweise deswegen zu stellen, weil es sich bei der Business Judgment Rule um ein „legal transplant" handelt, eine Rechtsfigur also, die dem angelsächsischen Rechtskreis entnommen wurde, ohne dass

---

[184]Bundestagsdrucksache 15/5092, S. 11 f.

[185]Bundestagsdrucksache 15/5092, S. 12.

[186]Bundestagsdrucksache 15/5092, S. 11.

[187]Das sind die organspezifischen Pflichten, die sich vor allem aus AktG, Satzung, Geschäftsordnung und der Kompetenzverteilung ergeben, vgl. Harnos 2013, S. 78 mit weiterer Differenzierung. Zur Frage nach der Rechtsgrundlage für die Compliance-Pflicht im Innenverhältnis etwa Bachmann 2016, Rn. 825.

[188]Easterbrook/Fischel 1982, S. 1168, Fn. 36.

[189]Fleischer 2005, S. 142

es in Deutschland eine „Tradition" für eine derartige Regelung gibt.[190] In Deutschland erkannte man mit der Zeit die Notwendigkeit für eine solche Haftungsfigur in Literatur sowie Rechtsprechung, sodass der Gesetzgeber sie schließlich in § 93 AktG umsetzte.

Sowohl für das Recht der Aktiengesellschaft als auch für das Recht der GmbH ist anerkannt, dass Geschäftsführer bzw. Vorstandsmitglieder gesetzliche Pflichten strikt ein-zuhalten haben (sogenannte Legalitätspflicht). Losgelöst vom Streit darüber, auf welcher dogmatischen Grundlage diese Legalitätspflicht fußt,[191] soll diese Legalitätspflicht allen unternehmerischen Entscheidungen vorgeschaltet sein. Die Legalitätspflicht führt nach der herrschenden Ansicht zur Unanwendbarkeit der Business Judgment Rule bei Gesetzesver-stößen. Unklar ist insoweit, ob Gesetzesverstöße durch den Vorstand von vornherein nicht als unternehmerische Entscheidung angesehen werden können (worauf die Gesetzesbe-gründung hindeutet: Kein „sicherer Hafen" für illegales Verhalten[192]), damit eine Haftungs-befreiung nach § 93 Abs. 1 Satz 2 AktG nur dem *rechtstreuen* Vorstand zukommen kann,[193] oder ob im Einzelfall erst auf das Entfallen des Schuldvorwurfs abgestellt wird. Einzelne Stimmen versuchen sich dagegen an einer Unterscheidung, nach der eine Pflichtverletzung gemäß § 93 Abs. 1 Satz 1 AktG etwa nur dann in Betracht käme, wenn der Vorstand gegen Normen verstößt, die das Gesellschaftsvermögen schütze.[194]

Die Pflichtenbindung gilt nach herrschender Meinung in der deutschen Litera-tur auch dann, wenn ein Gesetzesverstoß aus ex ante-Sicht subjektiv und/oder objek-tiv nützlich ist.[195] Hierzu ein Beispiel: Kartellabsprachen sind nach Art. 101 AEUV bzw. § 1 GWB verboten, um den Wettbewerb zu schützen.[196] Der Schutzzweck der Norm bezieht sich nicht auf das Unternehmen.[197] So kann eine Absprache mit Wett-bewerbern über eine Preisanhebung helfen, die eigenen Unternehmensgewinne zu erhöhen. Eine horizontale Absprache mit Wettbewerbern führt also nicht unmittel-bar zu einer Vermögensminderung des einzelnen kartellierenden Unternehmens, son-dern kann die Unternehmensgewinne steigern. Liegt hiermit eine unternehmensinterne

---

[190]von Hein 2008, S. 58, dort auch in Fn. 316. Dies gilt wohl zumindest bis zur ARAG/ Garmenbeck-Entscheidung des BGH im Jahr 1997, die auch heute noch Gegenstand zahlreicher gesellschaftsrechtlicher Publikationen ist.

[191]Zuletzt Brock 2017, S. 57 ff.

[192]Bundestagsdrucksache 15/5092, S. 11.

[193]Vgl. Koch 2006, S. 786.

[194]Mit unterschiedlichen Akzentuierungen Harzenetter 2008, S. 101 ff.; Sieg/Zeidler 2016, § 3 Rn. 20.

[195]Vgl. statt vieler für die GmbH: Zöllner/Noack 2017, § 43 Rn. 23; für die AG: Fleischer 2015b, § 93 Rn. 36.

[196]Als weitere Beispiele „nützlicher" Gesetzesverstöße für das Unternehmen werden verbotene Schmiergeldzahlungen, kartellrechtswidrige Gebietsabsprachen oder die Missachtung von Umweltstandards genannt, Fleischer 2015b, § 93 Rn. 36.

[197]Sieg/Zeidler 2016, § 3 Rn. 37.

Pflichtverletzung[198] vor, die ein Organmitglied zum Schadensersatz führen würde? Selbst wenn man dies bejaht,[199] wäre weiter zu fragen, ob und welcher Schaden dem Unternehmen entstanden wäre. *Unmittelbar* können durch eine Kartellabsprache höhere Gewinne für das Unternehmen entstehen, und erst *mittelbar* kann es zu einer Geldbuße kommen. Und gerade bei der Geldbuße ist umstritten, ob diese überhaupt vom Schutzbereich des § 93 Abs. 2 Satz 1 AktG mitumfasst ist.[200] Zur Illustration folgende Hinweise zunächst zum Schadensersatz: Bei einem Schaden ist der Zustand herzustellen, der bestehen würde, wenn der zum Ersatz verpflichtende Umstand nicht eingetreten wäre (§ 249 BGB). Man vergleicht also den Jetzt-Zustand mit der hypothetischen Situation ohne das schädigende Ereignis. Die Schadensberechnung umfasst zudem entgangene Gewinne.[201] Bei der zu ermittelnden Differenz muss ein Minus vorliegen, d. h. an die Stelle eines günstigeren muss ein schlechterer Vermögenszustand getreten sein.[202] In Bezug auf die Aktiengesellschaft wird grundsätzlich darauf hingewiesen, dass die Grundsätze der Vorteilsausgleichung anzuwenden sind, wenn das schadenstiftende Ereignis der Gesellschaft neben Nachteilen auch Vorteile gebracht hat.[203] Damit ist gemeint, dass Gewinne aus unzulässigen Geschäften auf Verluste aus diesen Geschäften angerechnet werden müssen.[204] Dies führt dann dazu, dass sich der zu zahlende Schadensersatz reduzieren kann. In den Details und vor allem im Zusammenhang mit „nützlichen" Gesetzesverstößen ist dies umstritten. Kurz umrissen, wird darauf hingedeutet, dass im Wege einer wertenden Gesamtbetrachtung ein Wegfall oder eine Kürzung der Schadensersatzpflicht nicht hinnehmbar erscheint.[205] Bei der Bebußung nach einem Kartellverstoß weisen Kritiker vor allem darauf hin, dass die damit einhergehende Entlastung der Unternehmen dem Sanktionszweck der Unternehmensgeldbuße zuwiderlaufe.[206] Teilweise wird daher auch eine Begrenzung des Regresses vorgeschlagen. Entsprechende Fragen stellen sich im Hinblick auf die GmbH.[207]

---

[198]Zu beachten ist, dass § 43 Abs. 2 GmbHG von Obliegenheitsverletzungen und nicht von Pflichtverletzungen spricht. Bei § 43 Abs. 2 GmbHG ist jedoch anerkannt, dass Pflichtenverletzungen gemeint sind, vgl. statt aller Zöllner/Noack 2017, § 43 Rn. 17.

[199]Eine Bejahung kritisiert insoweit Harnos 2013, S. 97 f., der darauf abstellt, dass man bei einer solchen Wertung dem Vorstand einen Handlungsspielraum zubillige, der im Widerspruch zu der gesetzgeberischen Entscheidung stünde. Denn der Gesetzgeber wollte gerade Gesetzesverletzungen aus dem Anwendungsbereich des § 93 Abs. 1 Satz 2 AktG herausnehmen.

[200]Siehe zum Streit hierüber Bayer 2010, S. 95 ff.

[201]Spindler 2014, § 93 Rn. 171.

[202]Ebd.

[203]Hüffer/Koch 2016, § 93 Rn. 49.

[204]Spindler 2014, § 93 Rn. 171; Bayer 2009, S. 85 ff.; Fleischer 2005, S. 142.

[205]Vgl. die Darstellung und Nachweise bei Hüffer/Koch 2016, § 93 Rn. 49.

[206]Vgl. die Nachweise bei Fleischer 2008b, S. 1073.

[207]Ziemons 2017, § 93 Rn. 463 ff.

6.6.3   Verstöße gegen Ordnungswidrigkeitenrecht als nützliche Pflichtverletzungen im Rahmen des § 93 Abs. 1 AktG?

Auch wenn Verstöße gegen Gesetzesrecht nach überwiegender Ansicht als Pflichtverletzung angesehen werden, so wird teilweise vertreten, dass dies bei Ordnungswidrigkeitenrecht anders zu beurteilen sei. Das würde bedeuten, dass der Vorrang des
Legalitätsprinzips nicht in jedem Falle eingreift. Folgendes Beispiel mag das Problem
verdeutlichen:[208] Ein Manager wirft kurz vor Mitternacht bei einer Behörde persönlich ein für das Unternehmen wichtiges Antragsschreiben ein. Dabei verstößt er gegen
Vorschriften zum Schutz des Anwohnerparkens, weil er nur so eine dem Unternehmen
gesetzte Frist wahren kann. Ist hier ein Pflichtverstoß zu bejahen?

Diejenigen, die einen Pflichtverstoß in den Fällen dieser Art verneinen, argumentieren
mit einem Vergleich zum Einzelkaufmann. Denn die herrschende Meinung verhielte sich
insofern widersprüchlich, als dass sie denselben Fall bei einem Einzelkaufmann anders
beurteilen würde.[209] Die überwiegende Ansicht erkenne dann nämlich an, dass der Verstoß gegen die Vorschrift nämlich im Sinne seines Unternehmens sei, weil Nutzen und
Schaden aus dem Rechtsverstoß in der Person des Einzelkaufmanns zusammenfielen.
Ginge man also davon aus, dass bei einem Einzelkaufmann keine Pflichtverletzung
vorliegt, dürfte das wiederum bei einer Aktiengesellschaft nicht anders sein; jedenfalls
nicht nur deshalb, weil die Rechtsform eine andere sei und weil Schaden und Nutzen
auseinanderfiele. Den Schaden hätte nämlich das Vorstandsmitglied zu tragen, wohingegen der Nutzen der Gesellschaft zukomme. Einige wehren sich auch dagegen, dass
die Weigerung, Vorgaben von Aufsichtsbehörden Folge zu leisten, ebenfalls eine zum
Schadensersatz führende Pflichtverletzung eines Vorstandsmitglieds sein könne: Es sei
durchaus eine unternehmerische Entscheidung, einer behördlichen Weisung oder Verfügung gerade nicht Folge zu leisten und die Rechtmäßigkeit dieser Verfügung oder Weisung erst in einem gerichtlichen Verfahren prüfen zu lassen.[210]

Zu Recht wird im Hinblick auf das Ordnungswidrigkeitenrecht aber eingewandt,
dass es sich hierbei auch um gesetzliche Normen handelt. Würde man diese Verstöße nicht ahnden, würde man *(Rechts-)*Normen zweiter Klasse tolerieren.[211] Die allgemeine Legalitätspflicht würde derartigen Überlegungen von vornherein einen Riegel

---

[208]Zitiert nach Hasselbach/Ebbinghaus 2014, S. 877.

[209]Hierzu Hasselbach/Ebbinghaus 2014, S. 877 f.

[210]Sieg/Zeidler 2016, § 3 Rn. 44.

[211]Fleischer 2005, S. 149. Dass es aber wiederum eine Eigenheit der Norm ist, ihre eigene Brechung möglich zu machen und zu erwarten, wird im Kap. 7 diskutiert. Daher liegt auch hier
die Betonung auf der *Rechts*norm, die keine „zweite Klasse" akzeptiert, da mit der Setzung der
Rechtsnorm ein bestimmter, der Rechtsnorm eigener, Geltungsanspruch einherzugehen scheint.

vorschieben. Andere begleiten dies wiederum mit Kritik. Bei der Bestimmung ginge es nämlich um eine Organpflicht, die sich nur am Unternehmensinteresse auszurichten habe.[212]

Für unsere Zwecke genügt hierbei wiederum – in diesem Fall einigermaßen bemerkenswert – die Feststellung der Regelabweichung. Das obige Beispiel des Falschparkens ist nämlich in abgewandelter Form tatsächlich bereits vorgekommen: Im Jahr 1994 erlaubte United Parcel Services of America ihren Kurieren, in New York City Bußgelder in Höhe von 1,5 Mio. US$ aufgrund von unerlaubtem Parken zu verwirken.[213] Dieses Beispiel zeigt wiederum den Konflikt zwischen formalen Erwartungen seitens des Rechts und dem Unterlaufen dessen im Wege brauchbar illegalen Handelns, um die eigentlichen Organisationsziele – hier das pünktliche Zustellen der Pakete – zu erreichen.[214]

6.6.4 Nützliche Pflichtverletzungen im Rahmen des § 93 Abs. 1 AktG bei unklarer Rechtslage und im Anwendungsbereich ausländischen Rechts?

Weiter ist an die Problematik zu denken, in der keine rechtlich vorgezeichnete, also gebundene, Entscheidung vorliegt. Vorstellbar ist, dass die Rechtslage sich als unklar herausstellt.[215] Was hat der Vorstand dann zu beachten? Kann er sich auf § 93 Abs. 1 Satz 2 AktG berufen?

Stellt sich die Rechtslage als unklar dar oder ist eine Vorschrift mit unbestimmten Rechtsbegriffen[216] anzuwenden, so wird darüber gestritten, ob dem Geschäftsleiter bei angemessener Informationslage dabei ein Ermessensspielraum zukommt, zwischen Chancen und Risiken für die Gesellschaft abzuwägen:[217] Gewichtige Stimmen vertreten, dass der Vorstand nicht verpflichtet sei, den rechtssichersten Weg zu wählen. Er könne sich auch auf einen für die Gesellschaft günstigen rechtlichen Standpunkt stellen. Dabei wird zugleich darauf hingewiesen, dass sich die Geschäftsleitung „bei erheblicher Bedeutung der Sache" oder bei „erkennbaren Zweifeln an der Rechtmäßigkeit"[218]

---

[212]Schneider 2010, S. 910.

[213]Nachweis bei Fleischer 2005, S. 149.

[214]Mit einem ähnlichen Beispiel Kette 2018, S. 4.

[215]Monografisch Harnos 2013: Geschäftsleiterhaftung bei unklarer Rechtslage, rezensiert von Twele 2015, S. 1222 ff.

[216]Vgl. etwa Kocher 2009, S. 217.

[217]Bicker 2014, S. 10; Fleischer 2005, S. 149 f.; anderer Ansicht Zöllner/Noack 2017, § 43 Rn. 23, die nur eine Ausnahme in den Fällen anerkennen wollen, in denen eine Zahlungsverbindlichkeit aufgrund von Liquiditätsengpässen nicht vollständig getilgt werden könne (siehe ebd. Rn. 23b).

[218]Verse 2017, S. 176.

einen Rechtsrat einholen müsse. Wie dann die Entscheidung durch die Geschäftsleitung gefällt wird, wird unterschiedlich beurteilt. Manche stellen darauf ab, dass sich die Abwägung, welcher Rechtsansicht zu folgen sei, wie folgt darstellen muss: Je stärker eine bestimmte Rechtsauffassung ist, desto gewichtiger müssen die Gründe für den Vorstand sein, von dieser Auffassung abzuweichen.[219] Zum Teil wird auch eine sogenannte „Optimierungsthese" aufgestellt. Gesellschaften träfe eine Rechtsbefolgungspflicht; bestünde eine Gerichtspraxis, müsse das Unternehmen dieser folgen. Fehle es an einer Gerichtspraxis, sei der „am besten vertretbaren" Rechtsansicht zu folgen, und eine Wahl stünde nur bei gleich gut vertretbaren Lösungen zu.[220] Die Rechtsprechung musste dies bisher noch nicht entscheiden.[221] Im ISION-Fall[222] urteilte der Bundesgerichtshof, dass die Geschäftsleitung einer Aktiengesellschaft sich nicht damit begnügen könne, eine schlichte Anfrage bei einer für fachkundig gehaltenen Person zu stellen. Man müsse sich von einem unabhängigen, für die zu klärende Frage fachlich qualifizierten Berufsträger beraten lassen und darüber hinaus auch den erteilten Rechtsrat einer sorgfältigen Plausibilitätskontrolle unterziehen.[223] Unter Beachtung der vom Bundesgerichtshof in ISION aufgestellten Kriterien versucht Verse deshalb, einen Rahmen für Risikoabwägungen aufzustellen, der sich an den Abwägungsmaßstäben eines Geschäftsleiters orientiert: Es sei erstens der Grad an Wahrscheinlichkeit festzustellen, zu welchem die Handlung einer gerichtlichen Überprüfung standhält, zweitens sei das Gewicht der Nachteile für den Geschäftsleiter und für die Gesellschaft festzustellen, wenn auf die in Rede stehende Handlung verzichtet wird, und drittens sei die Schwere der Rechtsverletzung zu betrachten, wenn sich der eigene Rechtsstandpunkt als fehlerhaft erweise.[224] Anhand dieser Kriterien sei eine Abwägung zwischen dem Interesse an der Einhaltung der Gesetze und den Pflichten des Geschäftsleiters gegenüber den Interessen der Gesellschaft möglich. Folgt man dem, wird eine Einzelfallbetrachtung nötig,[225] wobei die Abwägungskriterien flexibel gehandhabt werden müssten. Denn würde man z. B. einen zu strengen Haftungsmaßstab anlegen, so würde der rationale Entscheider, der das volle Risiko trägt, zugleich aber „an den Chancen allenfalls marginal partizipiert", dazu angehalten, profitable (und womöglich im Ergebnis rechtmäßige) Handlungen zu unterlassen, selbst wenn das rechtliche Risiko viel kleiner ist als die Chancen aus dem Geschäft.[226]

---

[219]Bicker 2014, S. 11.

[220]Langenbucher 2014, S. 344.

[221]Vgl. etwa Verse 2017, S. 178.

[222]BGH NJW-RR 2011, S. 1670 ff.

[223]BGH NJW-RR 2011, S. 1672.

[224]Verse 2017, S. 188 f.

[225]So auch Bayer 2009, S. 92 f.

[226]Verse 2017, S. 187.

Nimmt man einmal an, dass dem Vorstand bei unklarer Rechtslage (oder gar bei der Anwendung einer Vorschrift mit unbestimmten Rechtsbegriffen) ein Ermessen zusteht: Würde damit aber die in den Augen einiger Autoren als unumstößlich geltende Aussage relativiert, dass die Legalitätspflicht der Business Judgment Rule stets vorgehe? Teilweise wird daher die Frage gestellt, ob der strenge und absolute Vorrang der Legalitätspflicht in praxi durchsetzbar sei.[227] Andere meinen, dass es um keine Ausnahme oder Durchbrechung der Legalitätspflicht gehe, eben weil die Pflichtenlage im Außenverhältnis unklar oder umstritten ist; wiederum andere wollen das Problem nicht im Rahmen der Pflichtverletzung, sondern auf der Verschuldensebene lösen.[228]

Überdies wird darüber gestritten, in welchen Fällen die Business Judgment Rule zur Anwendung kommen kann, wenn man sich im Anwendungsbereich ausländischen Rechts bewegt, also insbesondere dann, wenn das Unternehmen international tätig ist. Neben der Beachtung des Rechts des Heimatstaates wäre dann auch das jeweilige ausländische Recht zu befolgen. Im Zusammenspiel mit der Haftungsbefreiung nach der Business Judgment Rule wird daher in der Literatur der Versuch unternommen, die jeweilige ausländische Rechtsordnung je nach Rechtssicherheit zu beurteilen. Je weniger verlässlich gerichtliche und behördliche Entscheidungen trotz eigentlich rechtlich vorgeprägten Entscheidungen seien, umso mehr soll nach Ansicht dieser Autoren die eigentlich gebundene Entscheidung als eine unternehmerische Entscheidung im Innenverhältnis bei der Anwendung der Business Judgment Rule angesehen werden.[229]

Eine andere Ansicht will auch keine Verletzung der Legalitätspflicht darin sehen, wenn gegen „totes" ausländisches Recht verstoßen wird.[230] Tot sei das Recht, wenn es in der Rechtspraxis nicht gelebt oder nicht umgesetzt würde und daher auch keine Geltung für sich beanspruchen könne. Die Legalitätspflicht zeichne sich dadurch aus, die Pflichten des Vorstands zu begründen; und das kann eben nicht der Fall sein, wenn das Recht „tot" ist.

Ohne auf diese Ansichten näher einzugehen, soll herausgestellt werden, dass diese Lösungsvorschläge auf einem schwankenden Fundament stehen. Die Vielgestaltigkeit der unternehmerischen Entscheidungssituationen kristallisiert sich hier heraus. Selbst wenn man sich auf die Vorschläge einließe, müsste ohnehin eine diesbezügliche, mitunter aufwendige Prüfung dahin gehend vorgenommen werden, ob diese Kriterien tatsächlich vorliegen. Möglicherweise ist eine Einhaltung auch des „toten" Rechts kostengünstiger und damit nützlicher als Überlegungen dahin gehend, ob ausländisches Recht nun gelebt wird oder nicht. Ohnehin sollten derartige Vorschläge gerade im Ausland nicht ohne Vorsicht behandelt werden. Denn mittelbar kann dann doch wieder das deutsche Recht eingreifen: So kommt eine Rechtfertigung von Schmiergeldzahlungen an

---

[227]Hasselbach/Ebbinghaus 2014, S. 877.

[228]Harnos 2013, S. 149 ff. Gegen die Lösung auf Verschuldensebene Ott 2017, S. 159.

[229]Hasselbach/Ebbinghaus 2014, S. 881–883.

[230]Bicker 2014, S. 12.

ausländische Staatsbedienstete oder Privatpersonen auch dann nicht in Betracht, wenn dies in dem betreffenden Land als üblich gilt oder vielmehr ein erfolgreiches Wirtschaften nur so möglich sein soll.[231] Vielmehr ist dies nach § 299 StGB strafbewehrt. Zudem regeln die §§ 334 ff. StGB die Bestechung von Amtsträgern.[232] Es sei nur am Rande erwähnt, dass bis zum Jahr 1995 Bestechungs- und Schmiergelder als Betriebsausgaben („nützliche Aufwendungen") steuerlich absetzbar waren.[233] Heute gilt die Nichtabziehbarkeit nach § 4 Abs. 5 Nr. 10 EStG, wenn die Zuwendung der Vorteile eine rechtswidrige Handlung darstellt, die den Tatbestand eines Strafgesetzes oder eines Gesetzes verwirklicht, das die Ahndung mit einer Geldbuße zulässt.

6.6.5 Vertragsbrüche als nützliche Pflichtverletzungen im Rahmen des § 93 Abs. 1 AktG?

Wie oben aufgezeigt,[234] ist als herrschende Meinung im Schrifttum anzusehen, dass Gesetzesverstöße durch den Vorstand *nicht* unter den Schutz der Business Judgment Rule fallen. Demzufolge ist in Deutschland eine Theorie des *efficient breach of law* nicht anerkannt. Wie aber steht es um Vertragsbrüche, folgte man hier der Theorie des efficient breach of contract? Dieser sogenannte effiziente Vertragsbruch ist vielfach Gegenstand der rechtsökonomischen Forschung. Diese Denkfigur steht bei deutschen Juristen ebenfalls in der Kritik, weil sie ohne eine gewisse Spannung zum Grundsatz *pacta sunt servanda* („Verträge sind einzuhalten") nicht auskommt. Sicherlich mag es für den deutschen Rechtskreis auch etwas schwieriger sein, den effizienten Vertragsbruch in das Rechtssystem einzufügen, ist doch der Grundsatz des Vertragsrechts die Erfüllung in natura, d. h. der Schuldner muss die Leistung erfüllen, wie er sie versprochen hat. Auch bei Nicht- oder Schlechtleistung kann der Gläubiger die geschuldete Leistung verlangen (§ 241 Abs. 1 BGB). Ist dies nicht erfolgreich, kann nach §§ 280 ff. BGB Schadensersatz verlangt werden. Auch wenn damit deutlich wird, dass das Gesetz im Grundsatz von der Erfüllung in natura ausgeht und nur subsidiär den Schadensersatz gewährt, hat sich dieses Regel-Ausnahme-Verhältnis in der Praxis umgekehrt.[235]

Im ohnehin eher kaufmännisch orientierten angelsächsischen Rechtskreis steht die Gewährung von *damages,* also Schadensersatz, grundsätzlich vor der Gewährung der *specific performance.*[236] Letztere, also die Erfüllung der Pflicht ihrem Wesen nach, ordnet das Gericht nur an, falls der Schadensersatz *inadequate* ist, die Gläubigerinteressen

---

[231]Fischer 2018, § 299 Rn. 42 ff.

[232]Fleischer 2015b, § 93 Rn. 26 f.

[233]Vgl. Gotzens 2005, S. 673 ff.

[234]Siehe Kap. 6.6.2.

[235]Oetker 2016, § 249 Rn. 320.

[236]Co-Operative Insurance Society Ltd. v Argyll Stores (Holdings) Ltd. [1997] 2 WLR 898 House of Lords.

an der Erfüllung zu befriedigen.[237] Daher stünde die Gewährung von *specific performance* im Ermessen des Richters. Dieses Regel-Ausnahme-Verhältnis verliert zwar „bei näherer Betrachtung einiges von seiner Schärfe"[238], wird hier gleichwohl zum besseren Verständnis nachgezeichnet. Hat man jedenfalls dieses Grundsatz-Ausnahme-Verhältnis vor Augen, dürfte nicht verwunderlich scheinen, dass die Figur des effizienten Vertragsbruchs in der angelsächsischen Forschung zu verorten ist. Dies gilt gerade aus der Gegenüberstellung von Kosten und Nutzen aus dem Einhalten eines Vertrags. Übersteigt der Nutzen aus dem Vertragsbruch die Kosten aus der Schadensersatzzahlung zur Kompensation an den Vertragspartner, so ist es eben nützlicher, den Vertrag zu brechen. Genau diese Fälle beschreibt der effiziente Vertragsbruch.

Ob ein solcher Vertragsbruch auch im Rahmen der nützlichen Pflichtverletzungen beim Vorstandshandeln bei § 93 Abs. 1 Satz 2 AktG berücksichtigt werden sollte, wird kontrovers diskutiert. Anders gewendet: Löst ein Verstoß gegen Pflichten aus einem privatrechtlichen Vertrag eine Haftung nach § 93 Abs. 2 Satz 1 AktG aus oder ist dem Vorstand grundsätzlich der sichere Hafen der Haftungsfreistellung nach § 93 Abs. 1 Satz 2 AktG eröffnet?

Als Ausgangspunkt für die Annäherung an eine Antwort auf diese Frage steht die oben beschriebene Legalitätspflicht, die sich in interne und externe Pflichtenbindung unterteilen lässt. Nach Fleischer setzen sich interne Pflichten aus dem AktG, der Satzung sowie der Geschäftsordnung zusammen; umgekehrt werden externe Pflichten „aus den zahlreichen Rechtsvorschriften außerhalb des Aktiengesetzes"[239] ausgeformt. Eine mögliche Folgerung aus der Legalitätspflicht ist, dass rechtswidriges Verhalten im Außenverhältnis zugleich eine Pflichtverletzung im Innenverhältnis darstellt. In der Tat können Gesetzesverstöße der Gesellschaft zu Nachteilen sowie Schadensersatzzahlungen führen. Dennoch ist dabei zu beachten, dass man das Pferd denklogisch von hinten aufzäumt: Eigentlich muss erst die Pflichtverletzung festgestellt werden, die kausal zu einem Schaden geführt hat. Für einigen Konflikt sorgt es dann also, wenn man vom Vorliegen eines Schadens auf eine Pflichtverletzung zurückschließen will.

Diejenigen, die meinen, Vertragsbrüche stünden nicht unter dem Schutz der Business Judgment Rule, berufen sich auf eine gewisse, ihrer Ansicht nach hinreichende, Ähnlichkeit eines Vertrags mit einer Rechtsnorm. Sie gestehen ein, dass private Verträge zwar keine Rechtsnormen im technischen Sinne seien, doch stünde hinter ihnen mittelbar die Autorität des Gesetzes.[240] Müsse man also Gesetze einhalten, so gelte dies auch bei Verträgen. Hinzu komme, dass gesetzliche und vertragliche Ansprüche ohnehin häufig

---

[237]Dieses Verhältnis geht auf die ursprüngliche Trennung von Common Law and Equity („Billigkeitsrecht") zurück, vgl. Zweigert/Kötz 1996, S. 478.

[238]Zweigert/Kötz 1996, S. 482.

[239]Fleischer 2005, S. 142.

[240]Koch 2006, S. 786.

konkurrieren würden.[241] Insofern scheint hiermit ein Gleichlauf zwischen vertraglichen und gesetzlichen Ansprüchen bezweckt zu sein. Diesen Meinungen nach soll ein Vertragsverstoß also nicht den „sichereren Hafen" des § 93 Abs. 1 Satz 2 AktG eröffnen. Andere machen diese Ansicht an dem Tatbestandsmerkmal der „unternehmerischen Entscheidung" fest:[242] Ein Vertragsverstoß sei eben keine solche. Auch wenn die Voraussetzungen des § 93 Abs. 1 Satz 2 AktG nicht vorliegen, wird zum Teil darauf abgestellt, dass das Vorstandsmitglied sich bei § 93 Abs. 1 Satz 1 AktG entlasten könne, indem es nachweise, dass trotz der Pflichtwidrigkeit gegenüber dem Vertragspartner eine Pflichtverletzung im Innenverhältnis nicht vorliege.[243] Ist aber eine Vertragsverletzung keine unternehmerische Entscheidung, so würde das bedeuten, dass die Entscheidung in vollem Umfang der gerichtlichen Kontrolle unterliegt.[244] Gerade dies wollte doch die Business Judgment Rule vermeiden, indem sie von vornherein einen freien Raum für unternehmerische Entscheidungen eröffnet. Ohnehin spricht die allgemeine Lebenserfahrung doch dafür, dass Verträge durchaus gebrochen werden. Warum sollte man also den Wortlaut so einschränken, wenn der Schluss doch nahe liegt – und genau das thematisiert ja die Theorie des effizienten Vertragsbruchs –, dass es durchaus eine Entscheidung sein kann, gegen Verträge zu verstoßen und dass dies dann nichts am Element „unternehmerisch" ändert?

Dies führt zu der Gegenansicht, die § 93 Abs. 1 Satz 2 AktG grundsätzlich – und auch zu Recht – bei Vertragsverstößen anwenden will. Zunächst setzt diese Meinung daran an, dass Verträgen gerade keine Rechtsnormqualität zukommt. Daher kann hier die Legalitätspflicht nicht eingreifen, wenn man sie denn als Vorrang der Bindung an das Gesetz versteht.[245] Überdies diene die Einhaltung von Gesetzen dem Schutz des öffentlichen Interesses – was von einer vertraglichen Bindung nicht gesagt werden könne. Die Leitungspflicht soll eben die Gesellschaft schützen und nicht das Erfüllungsinteresse Dritter.[246] Schneider weist einschränkend darauf hin, dass es im Einzelfall für das Vorstandsmitglied aber zu einer Ermessensreduzierung auf Null kommen könne, sodass der Vertrag einzuhalten sei.[247] Eine Antwort, woraus sich diese Herabsenkung des Ermessens denn ergibt, bleibt er schuldig. Sie müsste sich vermutlich dann ergeben, wenn der Vertragsbruch strafbewehrt ist. Hasselbach und Ebbinghaus verweisen hier auf den Betrugstatbestand des § 263 StGB, der etwa greife, wenn der Verstoß schon bei

---

[241]Für die GmbH: Zöllner/Noack 2017, § 43 Rn. 23a.

[242]Ihrig 2004, S. 2105.

[243]Koch 2006, S. 786 f.; Ihrig 2004, S. 2105.

[244]Schneider 2010, S. 910.

[245]Fleischer 2005, S. 150.

[246]Schneider 2010, S. 912.

[247]Ebd.

Vertragsschluss mindestens billigend in Kauf genommen wurde oder falsche Tatsachen behauptet wurden.[248]

6.6.6 Compliance-Verstöße als nützliche Pflichtverletzungen: ein Verallgemeinerungsversuch für Compliance im Hinblick auf brauchbare Illegalität

Das Vorstehende zeichnete die verschiedenen Haftungsszenarien bei nützlichen Pflichtverletzungen nach, welche die rechtswissenschaftliche Literatur im Zusammenhang mit der Business Judgment Rule des § 93 Abs. 1 Satz 2 AktG entwickelt hat. Zwischen der grundsätzlichen Ablehnung einer Herausnahme des Gesetzesverstoßes aus § 93 Abs. 1 Satz 2 AktG und der grundsätzlichen Zustimmung zur Herausnahme des Vertragsverstoßes ergeben sich viele Verästelungen. Wo es noch recht einfach erscheint, Verletzungen von Ordnungswidrigkeitenrecht aus dem Anwendungsbereich herauszunehmen, fällt die Beurteilung bei ausländischem Recht oder unklarer Rechtslage schon deutlich schwieriger aus.

Inwiefern lässt sich also das oben Geschriebene auf den Compliance-Diskurs beziehen? Inwiefern helfen die Erkenntnisse aus § 93 Abs. 1 Satz 2 AktG für die Behandlung relevanter Fragen für die Compliance-Organisation?

Zunächst ist einmal eine *funktionelle Ähnlichkeit* des § 93 AktG mit einem Compliance-Management-System festzustellen. Geht es bei § 93 AktG um die Kontrolle des Vorstands durch die Gesellschaft, geht es bei Compliance um eine Kontrollwirkung gegenüber der Gesellschaft insgesamt und ihrer Mitglieder selbst. In dieser Beziehung trifft den Vorstand die Pflicht zur ordnungsgemäßen innerbetrieblichen Organisation. Es gilt der Grundsatz der Gesamtverantwortung des Vorstands.[249] Die herrschende Meinung im Schrifttum will die unzulässige Delegation von Leitungsaufgaben des Vorstands als dessen eigene Pflichtverletzung ansehen; ist die Delegation ordnungsgemäß erfolgt, so richten sich die Pflichten des Vorstands je nach Sachverhalt bei Auswahl, Einweisung und Überwachung.[250] Zur Organisationspflicht des Vorstands gehört auch die Pflicht zur Implementation eines Risikoüberwachungssystems nach § 91 Abs. 2 AktG. Dem Vorstand kommt für dieses Risikoüberwachungssystem sowie für die Einzelmaßnahmen ein weites Ermessen zu. Dies betrifft zum einen die Entscheidung über die einzurichtenden Maßnahmen sowie deren Ausgestaltung; wie Fleischer schreibt, geht es nicht an, dem

---

[248]Hasselbach/Ebbinghaus 2014, S. 881. Ihrer Ansicht nach erledige sich das Problem um die Loslösung von der Legalitätspflicht schon aufgrund der Tatsache, weil sie aus Praxissicht argumentieren, dass eine absolute Einhaltung der Legalitätspflicht nicht möglich ist und dem Vorstand schon allein deswegen ein großer Ermessensspielraum zukäme.

[249]Spindler 2014, § 93 Rn. 149.

[250]Fleischer 2015b, § 93 Rn. 99 f.

Vorstand ex post vorzuschreiben, wie das Unternehmen hätte organisiert werden sollen.[251] Das schließe wiederum nicht aus, dass es im Einzelfall zu Ermessensbeschränkungen kommen könne (z. B. aus Branchenstandards). Teilweise wird das Ermessen aber auch so weit gezogen, dass selbst bei großen Unternehmen die Nichteinrichtung einer Compliance-Kontrolle keine Pflichtverletzung bedeuten soll.[252] Wiederum sei auf die Entscheidung des Bundesgerichtshofs aus dem Jahr 2017 hinzuweisen, dass – salopp gesagt – ein Compliance-Management-System zumindest nicht schadet, da es bei der Bemessung einer Geldbuße nach §§ 30 Abs. 3, 17 Abs. 4 OWiG zu berücksichtigen ist.[253]

Die Rechtswissenschaft erkennt bei § 93 Abs. 1 Satz 2 AktG an, dass beim Vorstandshandeln Regelabweichungen allgegenwärtig sein können – und sich mitunter auch im Bereich der Illegalität bewegen können. Dabei wird erkannt, dass Pflichtverstöße nicht nur schädlich, sondern mitunter auch *nützlich* für das Unternehmen sein können. Die Wissenschaft entwickelt in diesem Zuge ein abgestuftes System nach der „Härte" der Verstöße (vom Gesetzesverstoß bis hin zum Vertragsverstoß).[254] Dessen ungeachtet, wird darauf hingewiesen, dass Pflichtverletzungen ohne Schaden auch im Aktienrecht nicht sanktionslos bleiben müssen: Der Vorstand kann nach § 84 Abs. 3 AktG abberufen werden, möglich ist auch eine fristlose Kündigung des Anstellungsvertrags (§ 626 BGB) oder die Versagung von Ruhegeld und schlimmstenfalls straf- und öffentlich-rechtliche Sanktionen.[255] Diese Umstände machen aber eines deutlich: Wenn beim Vorstandshandeln ein Verstoß nicht vorliegt (oder nach anderen Ansichten gegebenenfalls nur das Verschulden ausscheidet), zugleich aber Sanktionierungen des Verstoßes immer noch möglich sind, so wird augenfällig, dass die Fragen der Regelabweichung auf einer viel grundsätzlicheren Ebene zu stellen sind. Regelabweichungen sind in der rechtlichen Ausgestaltung eines Compliance-Management-Systems mehr und mehr Aufmerksamkeit zu schenken. Damit ist der zweite Punkt angeschnitten, eine *inhaltliche Vergleichbarkeit*: Regelabweichung ist allgegenwärtig.[256] Dies gilt für den Vorstand, zugleich aber auch für die Angestellten. Die Empirie zeigt uns, dass auch der einzelne Mitarbeiter die Ziele der Organisation fördern kann, indem er von den Regeln abweicht: Pflegekräfte, die ihre Dokumentationspflichten an das Ende der Schicht schieben, verstoßen einerseits gegen formale Erwartungen, wenn vorgeschrieben ist, dass sie die Pflegeleistungen

---

[251]Fleischer 2015a, § 91 Rn. 56.

[252]Siehe zu dieser Diskussion bereits oben. Siehe auch Bürkle 2007, S. 1799, der meint, dass eine grundsätzliche Pflicht zur Installation eines Compliance-Systems bestünde, doch der Unternehmensleitung bei der konkreten Ausgestaltung – weil sie sich an unternehmensindividuellen Faktoren orientiere – ein weiter Ermessensspielraum zustünde (Organisationsermessen).

[253]BGH, Urt. v. 09.05.2017 – 1 StR 265/16, Rn. 118.

[254]Mit der Entwicklung einer abgestuften Systematik der Regelabweichung ist man derzeit auch in der Soziologie befasst. Wir danken Stefan Kühl für einen diesbezüglichen Hinweis.

[255]Kindler 2011, S. 376.

[256]Schütz 2016a, S. 2.

am Anschluss an die jeweilige Tätigkeit erbringen sollen. Andererseits fördern sie hierdurch die Erreichung der Organisationsziele.[257] Was also im Bereich der Business Judgment Rule diskutiert wird, und zwar die Regelabweichung in der Vorstandsetage, kann ebenso wenig für den einzelnen Mitarbeiter ausgeblendet werden. Wenn ein Richter hingegen der Meinung ist, dass Angestellte ähnlich wie Kinder zu behandeln sind, weil sie angeblich Kontrolle und ein festes Regelkorsett „wollen", damit sie sich wohl fühlten,[258] führt diese Formalisierung von Regeln wiederum nur zu verstärkten Gegenreaktionen: Jede Formalisierung kann die Unterwanderung dieser hervorrufen. Erkennt man die Notwendigkeit der Befassung mit Regelabweichung, so muss gefordert werden, in der Diskussion um Compliance die wesentlichen Gedanken, die man bei der Business Judgment Rule aus vollkommen richtigen Erwägungen herausgearbeitet hat, zu berücksichtigen und dementsprechend neue Lösungen zu entwickeln. Liegt ein Verstoß gegen formale Erwartungen vor, so wäre zu fragen, inwieweit Regelabweichung zur Funktionsfähigkeit des Compliance-Systems und der Gesellschaft insgesamt beiträgt. Da der in § 93 AktG kodifizierte Gedanke des Geschäftsleiterermessens (Business Judgment Rule) ohne weitere positivrechtliche Regelung in anderen Bereichen „alle Formen unternehmerischer Betätigung" und „Anknüpfungs- und Ausgangspunkt" für die Rechtsentwicklung sein soll[259] und die Business Judgment Rule in vielen europäischen Ländern wie in vielen Rechtsordnungen der Welt implementiert ist,[260] durchdringen diese Erwägungen ohnehin viele weitere Ebenen.

Doch auch das Arbeitsrecht an sich stellt viele Mittel zur Verfügung, um die Sanktion von Regelverletzungen abzumildern oder eben zur Sanktionslosigkeit zu kommen. Haben Arbeitnehmer bei betrieblicher Verrichtung Schäden verursacht, gibt das Arbeitsrecht bei Verstößen gegen formales Recht[261] zunächst mit den Grundsätzen der Arbeitnehmerhaftung bzw. des innerbetrieblichen Schadensausgleichs eine Handreichung. Anerkannt ist, dass die allgemeine Regelung des § 276 Abs. 1 Satz 1 BGB, wonach ein Arbeitnehmer schon bei leichter Fahrlässigkeit vollen Schadensersatz leisten müsste, eine zu starke Belastung für ihn wäre. Die Rechtsprechung entwickelte

---

[257]Kette 2018, S. 4.

[258]Managerhaftung – Compliance - Spielregeln für Unternehmen.

[259]Bundestagsdrucksache 15/5092, S. 12. Teilweise wird auf die strukturellen Unterschiede zwischen Aktiengesellschaft und GmbH hingewiesen, die insbesondere auf dem größeren personalistischen Zuschnitt der GmbH und der Bindung der Geschäftsleiter an das Vertrauen der Gesellschafter beruhen, womit eine kongruente Anwendung der Business Judgment Rule zumindest nicht ohne Probleme erscheint. Hierbei können – bevor eine positivrechtliche Normierung der Business Judgment Rule im Recht der GmbH (und allgemeiner: in Bezug auf andere Gesellschaftsformen) möglicherweise vorschnell gefordert wird – zunächst die Entwicklungen in Österreich abgewartet werden; denn in § 25 Abs. 1a öGmbHG wurde die Business Judgment Rule für die GmbH eingerichtet, vgl. Merkt 2017, S. 142 f.

[260]Merkt 2017, S. 133 f.

[261]Hier als Gegensatz zu informalen Praktiken verstanden.

daher in Anlehnung an die Mithaftung nach § 254 BGB ein abgestuftes Haftungssystem bei betrieblich veranlasster Tätigkeit.[262] Bei leichtester Fahrlässigkeit trifft den Arbeitnehmer keine Haftung, bei mittlerer Fahrlässigkeit kommt es zu einer Quotelung zwischen ihm und dem Arbeitgeber, ab grober Fahrlässigkeit bis zum Vorsatz haftet der Arbeitnehmer zumeist unbeschränkt. Bei Schäden Dritter hat der Arbeitnehmer einen Freistellungsanspruch gegenüber seinem Arbeitgeber. Auch über eine Beschränkung der Haftung des Vorstands bei § 93 AktG über die Grundsätze des innerbetrieblichen Schadensausgleichs wird im Gesellschaftsrecht gestritten.[263] Was ist aber mit dem Fall, in dem der Arbeitnehmer eine „unternehmerische Entscheidung" trifft, etwa, wenn ein Vorstandsmitglied eine solche Aufgabe an einen Angestellten delegiert hat? Müsste dem Arbeitnehmer in vergleichbarer Weise der Schutz der Business Judgment Rule gewährt werden? Hierfür plädiert zumindest Schneider, der in diesen Fällen auch bei Arbeitnehmern die Business Judgment Rule heranziehen will, wobei die Haftung des Angestellten sich dann nach den Grundsätzen des innerbetrieblichen Schadensausgleichs zu richten hätte.[264] Folgerichtig wäre das Ergebnis, entsprechend der ratio des § 93 Abs. 1 Satz 2 AktG, dass unternehmerische Entscheidungen durch einen Angestellten nicht der gerichtlichen Kontrolle eröffnet wären. Die Literatur ist, soweit ersichtlich, in diesem Punkt sehr rar.

Zumindest Eufinger deutet an, dass auch für den Arbeitnehmer kein Raum für nützliche Gesetzesverstöße bestehe.[265] Soweit aber schon bei dem Vorstand unklar ist, inwieweit eine Legalitätspflicht durchzuhalten ist,[266] stößt man dann auf einige Bedenken, warum dies bei Arbeitnehmern dann uneingeschränkt gelten solle. Richtigerweise deutet Eufinger an, dass im Falle der Vorteilsanrechnung von Vorstandsmitgliedern bei nützlichen Pflichtverletzungen diese Grundsätze dann erst recht auch für die Arbeitnehmer gelten müssen.[267] Letztendlich wird man im Arbeitsrecht den Arbeitnehmer wahrscheinlich über verschiedene Wege sanktionsfrei halten können. Das Landesarbeitsgericht Berlin-Brandenburg hat z. B. die Kündigung wegen Compliance-Verstößen im Rahmen der Verhältnismäßigkeit für unwirksam erklärt.[268]

Dennoch sollte auch für Arbeitnehmer eine vergleichbare Diskussion, wie bei § 93 Abs. 1 Satz 2 AktG, geführt werden, um das Zusammenspiel zwischen Regelabweichung und Sanktion bei Arbeitnehmern deutlicher werden zu lassen: Je nach Schwere

---

[262]Vgl. für die weiteren Ausführungen Dütz/Thüsing 2012, Rn. 201 ff.

[263]Jüngst, und im Ergebnis zustimmend, Wilhelmi 2017, S. 681 ff. m. w. N.

[264]Schneider 2010, S. 914 f.

[265]Eufinger 2017, S. 133 mit Hinweis auf BGH NStZ 2011, S. 37 (38).

[266]Vgl. bereits oben in Kap. 6.6.4.

[267]Eufinger 2017, S. 137.

[268]LAG Berlin-Brandenburg, Urt. v. 17.05.2017 – 4 Sa 30/17.

eines Verstoßes durch einen Angestellten kann ein abgestufter Sanktionsmechanismus eingreifen:[269]

- Ermahnung,
- Abmahnung,
- Verlust von freiwilligen oder variablen Entgeltbestandteilen,
- Versetzung in eine andere Funktion,
- Fristlose oder ordentliche Kündigung.

Doch die Auswahl einer Maßnahme ist selbstredend abhängig von unterschiedlichen Faktoren und muss abgewogen werden. Im Falle nützlicher Regelabweichungen durch Arbeitnehmer hilft dabei der Hinweis, dass Disziplinarmaßnahmen auch hinreichend durchgesetzt werden müssen, um negative Handlungen konsequent zu ahnden, nur bedingt weiter. So lag dies auch im bereits zitierten Fall des Landesarbeitsgerichts Berlin-Brandenburg, bei dem ein Compliance-Verstoß zwar als Kündigungsgrund bejaht wurde, die Kündigung selbst aber letzten Endes an der Unverhältnismäßigkeit scheiterte. Häufig bewegt sich die Compliance-Diskussion jedoch allein zwischen den Fronten von harter und milder Sanktion, die jeweilige Vor- und Nachteile mit sich bringen. Man denke daran, dass Compliance nur ein „zahnloser Tiger" ist, wenn die betreffende Sanktion nicht „hart" genug war oder denke umgekehrt an die Schädlichkeit „allzu harter" Sanktionen für das Betriebsklima. Dennoch muss darüber hinaus – entsprechend der Diskussion um nützliche Pflichtverstöße bei Vorstandshandeln – auch gefragt werden, wie (und ob überhaupt) das Arbeitnehmerverhalten sanktioniert werden sollte, wenn sich der durch den Arbeitnehmer begangene Pflichtverstoß als nützlich darstellt. Für Compliance ergeben sich hier wichtige Folgefragen, deren Beantwortung sich die weitere Forschung annehmen muss: Was passiert bei einer unterlassenen Sanktionierung eines nützlichen Compliance-Verstoßes, welcher durch Vorstand oder Angestellte[270] begangen wurde? Wenn man dem Vorstand einer Aktiengesellschaft in manchen Fällen des Verstoßes einen „sicheren Hafen" gewähren will, so wäre zu fragen, warum für Angestellte etwas anderes gelten sollte. Geht man aber davon aus, dass in der Arbeitswelt bei nützlichen Pflichtverletzungen dann auch „mal ein Auge zugedrückt wird", müsste überlegt werden, inwiefern negative Auswirkungen auf das Compliance-System als Ganzes verhindert werden können, wenn bei der Belegschaft der Eindruck entsteht, dass man mit zweierlei Maß misst.[271] Ein Vorschlag für einen innerbetrieblichen

---

[269]Vgl. Moosmayer 2015, S. 92.

[270]Zum Verhältnis von Compliance-Verstoß und innerbetrieblichem Schadensausgleich siehe Eufinger 2017, S. 130. Auf S. 137 widmet er sich kurz den nützlichen Pflichtverletzungen und der Frage, ob sich auch Arbeitnehmer auf den Vorteilsausgleich berufen könnten. Dies spiele seiner Ansicht nach aber nur eine untergeordnete Rolle.

[271]Moosmayer 2015, S. 93.

Compliance-Disziplinarausschuss[272], der zumindest versucht, einheitliche Linien zu geben, ginge sicherlich in eine angemessene Richtung. Je genauer aber die Entscheidungen vordefiniert und ihre Entscheider „bewacht" werden sollen, desto ungenauer werden gegebenenfalls die alternativen Wege und Ausgänge des straff regulierten Verfahrens. Und diese Wege vermag man wiederum nicht oder unter erschwerten Bedingungen zu prüfen. Es treten also leicht, entgegen intendierter Zwecke, unerwünschte Neben- und Folgewirkungen ein, welche wiederum nicht mit formalen Mitteln vorhergesehen oder abgewendet werden können. All diese Fragen können an dieser Stelle nur aufgeworfen werden. Daher nur einige wenige Punkte in Bezug auf die Business Judgment Rule:

Die Erkenntnisse zur Business Judgment Rule sprechen zumindest dafür, dieselben Fragen hinsichtlich der nützlichen Regelabweichung auch bei Arbeitnehmern zu stellen. Zwar steht dem Arbeitgeber bei der Sanktion von Arbeitnehmern von Ermahnung bis zum Ausspruch einer Kündigung im Vergleich zur gesetzlich formalisierten Kontrolle des Vorstands durch die Gesellschaft sehr viel mehr Ermessen zu, jedoch verlangt dieses Ermessen durch den Arbeitgeber aber auch einiges an Fingerspitzengefühl. In theoretischer Hinsicht vermag daher der pauschale Verweis, dass eine absolute Legalitätspflicht auch für Arbeitnehmer gelte, nicht zu überzeugen, denn diese steht bereits für die Vorstandsebene auf keinem dogmatisch sicheren Fundament.[273] Auch in praktischer Hinsicht erscheint die absolute Legalitätspflicht brüchig und in vielen Fällen nicht durchzuhalten. Daher wäre es folgewidrig, eine absolute Legalitätspflicht in Gänze auf die Arbeitnehmer übertragen zu wollen. Eine eindimensionale Ausrichtung eines Compliance-Systems auf die Verhinderung von Regelabweichung kann hier nicht ausreichen. Denn sowohl auf Vorstands- als auch auf Mitarbeiterebene, ist Regelabweichung empirisch präsent und trägt zu einem gewissen Maße zur Funktionsfähigkeit der Organisation bei. Letztlich geht es auch um die soziale Akzeptanz eines Compliance-Management-Systems, wenn der Eindruck des Messens mit zweierlei Maß verhindert werden soll. Für eine (rechts-)soziologische Betrachtung muss über die Verletzung des Formalen hinausgegangen und gefragt werden, was aus der Regelabweichung für Compliance folgt, wenn es denn um informales Handeln und die „kurze[n] Streifzüge"[274] in die Illegalität geht. Möglicherweise muss der rechtlich-soziologische Dialog dort noch intensiviert werden, wo bei Compliance bisher die Einbettung des Einzelnen in die Organisation zu kurz gekommen ist.

---

[272]Ebd.
[273]Umfassend herausgearbeitet bei Brock 2017, S. 57 ff.
[274]Luhmann 1964, S. 311.

7

Im letzten Kapitel wollen wir den Streifzug durch juristische, soziologische und ökonomische Betrachtungen abschließen und uns dazu noch einmal vertiefend dem Beispiel der schon andiskutierten (Kap. 6) Norm im Aktienrecht widmen. Mit dieser ist zu zeigen, dass steuernd intendierte Interventionen qua Regulierung sowohl eine Minderung, als auch eine Steigerung der Unsicherheit in (Arbeits-)Organisationen und im Recht insgesamt mitproduzieren können. Wir sehen in den diesbezüglichen Bestimmungen das Ergebnis einer aufschlussreichen Rechtsbildung, die zwischen personalen bzw. individuellen Facetten der Zurechnung einerseits und jenen des organisatorischen Systems andererseits oszilliert. Praktische Folgerungen als Nutzen, wie auch als Erschwernis, sind weit über die Grenzen des hier beispielhaft zu diskutierenden aktienrechtlichen Gebiets zu erwarten. Ferner gehen wir auch auf einige Missverständnisse um den in unserem Band eingehend besprochenen Begriff der „brauchbaren Illegalität" ein und enden sodann mit einem eigenen Ansatz für eine zweiseitige (Weiter-)Entwicklung der Compliance-Kontrolle.

7.1   Keine Organisation ohne Regelabweichung

Das Vorkapitel hatte es sich zur Aufgabe gemacht, einige soziologische Konzepte, wie das informale Handeln und die nützliche Regelabweichung, in juristisch geprägten Sachverhalten zu suchen. Aus § 91 Abs. 2 AktG folgt die Pflicht des Vorstands einer Aktiengesellschaft, ein Überwachungssystem einzurichten, damit gefährdende Entwicklungen für den Fortbestand der Gesellschaft früh erkannt werden. Was hierunter in concreto zu verstehen ist, ist umstritten. Spitzt man die Diskussion auf Compliance zu, so dreht sie sich um die Frage, ob mit den Maßnahmen zur Früherkennung bestandsgefährdender Entwicklungen und dem Überwachungssystem diese als allgemeine Compliance-Pflicht verstanden werden müssen oder nicht. Von den Gegnern wird eingewandt, dass sich dies vor allem bei kleinen Unternehmen kaum realisieren lassen dürfe. Besinnt man sich auf die Pflicht der Unternehmensleitung – so z. B. des Vorstands der Aktiengesellschaft nach § 76 Abs. 1 AktG – genau das zu tun, was ihr Name schon sagt, ein Unternehmen *zu leiten*, wird man ihnen die Entscheidung überlassen müssen, ab welchem Risikoindiz oder -grad welche Maßnahmen zu ergreifen sind. Verneint man aber namentlich die rechtliche Pflicht zur Einrichtung eines Compliance-Management-Systems, wird es aus Praxissicht so sein, dass sich häufig bereits aus den vielgestaltigen Unternehmensrisiken eine *faktische Pflicht* zu derartigen Maßnahmen ergibt. Demnach fokussiert sich das vorliegende Kapitel auch weniger auf das *Ob* der Einrichtung eines Compliance-Management-Systems, als vielmehr auf das *Wie*. Hier kommt der Unternehmensleitung ein weiter Gestaltungsspielraum zu.[1]

Mit § 93 Abs. 1 Satz 2 AktG wurde eine Norm geschaffen, die spezifisch den Fall der Regelabweichungen seitens des Vorstands in den Blick nimmt. Die Wissenschaft ringt bei § 93 Abs. 1 Satz 2 AktG in Anbetracht nützlicher Regelverletzungen um ein ausdifferenziertes Sanktionssystem. Zunächst wird nach der Qualität des Pflichtverstoßes unterschieden: Gesetzesverstoß[2], Haftung bei unklarer (ausländischer) Rechtslage, bis hin zu privatrechtlichen Vertragsverstößen werden betrachtet. Es wird ein abgestuftes Sanktionssystem herausgefiltert, das von Schadensersatzpflicht, bis hin zu „weicheren" Sanktionen, wie der Abberufung des Vorstands und im Einzelfall bis zur Sanktionslosigkeit, reichen kann.

Hinsichtlich der Debatte um die Auswirkungen dieser nützlichen Pflichtverletzungen im Rahmen der Business Judgment Rule wird zu überlegen sein, inwiefern die entwickelten Gedanken verallgemeinerungsfähig und auf Compliance-Management-Systeme zu übertragen sind, denn bei § 93 AktG geht es um die Pflichtenbindung des Vorstands gegenüber der Unternehmensgesellschaft. Funktional geht es bei Compliance ebenso um ein Kontrollsystem gegenüber dem Unternehmen insgesamt. Genauso, wie das Unternehmen gegenüber Handlungen seines Vorstands zu erwägen hat, ob eine Duldung des Verhaltens oder eine Sanktion im Raume steht – wobei bei letzterer sich die Folgefrage ergibt, auf welche Sanktionsmittel zurückzugreifen ist –, soll ein Compliance-Management im Unternehmen letztlich Nützliches fördern und Schädliches eindämmen. Es liegt daher nahe, dass sich die Fragen der nützlichen Regelabweichung nicht erst auf der Vorstandsetage stellen, sondern auch für einen beliebigen Arbeitnehmer oder eine Gruppe einer bestimmten betroffenen Unternehmenseinheit. Weil die dem Vorstand abverlangte absolute Legalitätspflicht in der Praxis an ihre Grenzen geraten kann, wäre die einfache und unbeschränkte Übertragung dieses Konzepts auf die Arbeitnehmer erst recht nicht angezeigt. Hier wird also besonders nach der gelebten Rechtswirklichkeit zu fragen sein, wenn eine (oder das Absehen von einer) Arbeitnehmersanktion auf verschiedenen Wegen erreicht werden kann.

---

[1]Schulz/Galster 2015, § 4 Rn. 21.

[2]Siehe dabei auch das Ordnungswidrigkeitenrecht.

In der Sanktion des Fehlverhaltens von Arbeitnehmern steht dem Arbeitgeber ein großes Ermessen von Ermahnung und Abmahnung über die Versetzung bis hin zur Kündigung zu. Das Recht lässt dabei die vielen weiteren Mittel, die wiederum in der Informalität des Arbeitslebens beheimatet sind, unbeachtet: das Wegloben auf Stellen mit geringerer kritischer Entscheidungsbefugnis, Verhinderung von Maßnahmen der individuellen Personalentwicklung bis hin zu wiederholten, dezent formulierten Trennungsangeboten.[3] Zwar bleiben die Sanktionen der arbeitsgerichtlichen Kontrolle unterworfen, jedoch ist fraglich, ob es für die Akzeptanz eines Compliance-Management-Systems genügen kann, Entscheidungen von diesem Gewicht allein bei einer Person oder einer kleineren Personengruppe zu belassen. Es wird schwierig sein, eine „einheitliche Linie" zu finden, da personelles Fehlverhalten (unterstellt, es handelt sich um solches) üblicherweise schlecht aufzuklären ist und im Prozessfall komplexe rechtliche Bewertungen erfordert. Wird eine gerichtliche Entscheidung gefällt, so sind beide Parteien nicht selten unzufrieden. Wie die Rechtswissenschaft in der Diskussion um die Business Judgment Rule herausgefiltert hat: Regelabweichungen sind in allen Organisationen zu *erwarten*. Leitet man aus dieser Vorschrift ein abgestuftes Haftungssystem ab, so *institutionalisiert* man geradezu die Regelabweichung. Organisatorische Ansichten spiegeln sich in diesem juristischen Anwendungsfall wider. Die Forderung einer gesetzlich verankerten Business Judgment Rule auf Arbeitnehmerebene würde jedoch zu weit gehen, eben weil es bereits viele Wege gibt, den Arbeitnehmer zu sanktionieren oder ihn sanktionsfrei zu halten. Vielmehr muss sich das Compliance-Management-System darauf ausrichten, die Regelabweichung nicht nur präventiv verhindern zu wollen oder zu sanktionieren, sondern kommunikativ auch darauf auszurichten, inwiefern Regelabweichung nützlich sein kann, eben weil sie zum Bestehen und zur Funktionsfähigkeit der Organisation beitragen *kann*. Das heißt, ein rechtlicher Fortschritt wird darin zu sehen sein, sich auf von der Norm(al)erfahrung abweichende Erwartungen einzulassen, ohne aus dieser „Erwartungsenttäuschung" immer auch schon eine selbstverständlich vorauszusetzende Nachsicht abzuleiten. Und auch das Compliance-Management-System kann nicht ohne Regelabweichung bestehen bleiben. Diese trägt auch im Besonderen zur Akzeptanz dieser Form der Kontrolle bei.

Die Problematik, mit der allerdings jedes Compliance-Management belastet ist, liegt darin begründet, dass große Organisationen in gewissem Maße zur Invisibilisierung ihrer Entscheidungsgänge neigen. Dies geschieht gerade nicht primär aus Gründen, die verbreitet angeboten werden – es geht nicht vordergründig um mutwillige Vertuschung oder Kumpanei. Fraglos mag und wird es das auch geben. Im Wesentlichen jedoch liegt eine gewisse „Vernebelung" der Organisation schlicht in dem Erfordernis arbeitsteilig und

---

[3]Wiewohl Kündigungen in der Praxis nur eingeschränkt bzw. eher selten kurzfristig vollzogen werden können. Die Möglichkeiten hinsichtlich der Personal-Prämisse des Entscheidens werden daher gerade ausgeprägt informal oder implizit (durch alternative Karrierewege) genutzt. Siehe Kühl 2011, S. 102–113.

kooperativ arrangierter Entscheidungsformen. Wie eine Entscheidung durch den mitunter nicht schlank gehaltenen Instanzenzug zur anderen und dann zur nächsten führt, darüber wird nicht einfach geschwiegen.[4] Vielmehr lässt sich oft nicht genau nachvollziehen, wie die Fäden der Entscheidungsbildung gestrickt sind, wie also das eine zum anderen führte. Entscheidungsverhalten in eindeutigen Bahnen vor- oder nachzuskizzieren, mag mancherorts dem Lehrbuchstandard entsprechen. Dies hat gleichwohl mit den gelebten Abläufen in sozialen Gebilden, die vielleicht tausende Personen arbeitsfähig halten, begrenzt etwas (aber natürlich auch nicht nichts!) zu tun. Wie in diesem Buch gezeigt wurde, bestätigen Wirtschafts- bzw. Organisationsstudien dieses Bild. Bedeutet dies nun, dass Compliance scheitert? Müsste nicht nach wie vor das Ziel ein durchgreifendes Compliance-System sein, das all die informalen bis illegalen Praktiken ein für alle Mal abstellt?

Welche praktischen Probleme entstehen, wenn die Arbeit von eigenständigen Compliance-Abteilungen überwacht wird, zeigt eine jüngere, beachtenswerte Untersuchung von Bergmann, auf die wir bereits in Kap. 5 verwiesen haben. Sie stellt heraus, dass Compliance-Manager eines internationalen Konzerns die Effekte ihres Tuns kaum bemessen können, aber fortwährend unter dem Druck stehen, Erfolge ihrer Arbeit präsentieren zu müssen. Ihre Kontrollmittel erweisen sich jedoch als wirkungsarm, da räumliche Distanzen zwischen den globalen Standorten die Durchsetzung erschweren. Im dargestellten Fall sollen die Compliance-Abteilungen Legitimationsprobleme der inkriminierten Organisation lösen, und entsprechende Methoden werden mit hoher Seriosität präsentiert, wenngleich die Folgewirkungen entsprechender Handlungen gar nicht genau zu bemessen sind. Obwohl die betreffenden Compliance-Manager kaum nachweisbare Erfolge präsentieren können, wird die praktische Relevanz des eigenen Tuns eindringlich demonstriert. Damit wird letztlich verborgen, dass man nur Weniges sicher zu erreichen vermag. Die Instrumente erweisen sich als tendenziell wirkungsarm, da einerseits die räumliche Entfernung die Durchsetzung der Compliance-Kontrolle hemmt und anderseits in der Organisation die Arbeit der Compliance-Abteilung nicht angemessen nachhaltig zur Kenntnis genommen wird.

In dieser Lage ergeben sich für die Compliance-Manager paradoxe Effekte: Wiewohl der Durchgriff der Compliance-Kontrolle wenig fruchtet und obschon den Compliance-Managern bewusst ist, dass sich die eigene Aktivität vor allem auf Kommunikationsaktivität beschränkt, muss offenkundig gerade deshalb an den Funktionen der Compliance noch stärker festgehalten werden. Folgerichtig und gleichwohl

---

[4]Wiederum gilt: Je genauer die Entscheidungen vordefiniert und ihre Entscheider bewacht werden sollen, desto ungenauer werden gegebenenfalls die alternativen Wege und Ausgänge des straff regulierten Verfahrens, welche man selbst wiederum nicht oder nur unter durch eigenes Zutun noch weiter erschwerten Bedingungen zu prüfen vermag. Es treten also entgegen intendierter Zwecke unerwünschte Neben- und Folgewirkungen ein, welche wiederum nicht mit formalen Mitteln vorhergesehen oder abgewendet werden können.

frappant fördert die Studie die Beobachtung zutage, dass die Demonstrationsprobleme der eigenen (vermeintlichen) Compliance-Erfolge in einer Weise zu bewältigen versucht werden, die die Probleme gerade nicht reduziert, sondern eher noch ausweitet. Ausgerechnet die Compliance-Abteilung begibt sich nämlich auf das unsichere Terrain der informalen Praktiken – die doch gerade sie zu minimieren hat –, indem sie in bestehende Kommunikationsabläufe eingreift und diese auf eine Weise verändert, die dabei hilft, eigene Probleme möglichst auszublenden und selbst Mitteilungspflichten zu umgehen: „Man verhält sich selbst nicht den Formalvorgaben entsprechend, weil man selbst missachtet oder nicht ausreichend respektiert wird."[5]

Die Kontrolleure entziehen sich so selbst ein Stück weit organisatorischer Kontrolle, was natürlich auch zur Folge hat, Kontrolle noch weniger „kontrolliert" belegen zu können. Werden damit für die „Optik" der Organisation nach außen durchaus mögliche Legitimitätsgewinne erzielt (und zwar solche aufgrund des Bemühens um Kommunikation, weil diese die einzige eigenverantwortlich kontrollierbare Aktivität mit dem geringsten Aufwand darstellt), kann von einer Reduktion von *Unsicherheit* – dem zentralen Anspruchsmerkmal von Compliance – für die Organisation kaum offensichtlich die Rede sein. Es werden, so resümiert Bergmann, „Darstellungsprobleme der eigenen Arbeit mit Mitteln zu lösen versucht, die die Probleme nur verschärfen."[6] Die Compliance-Manager wissen überdies selbst um ihre gewisse „Fassadenfunktion". Sie sind gleichwohl wenig zufrieden damit, auf jene reduziert zu werden.

Formalisierte Kontrollbemühungen im Bereich der Compliance machen, so wird durch die Befunde der Studie in einem immerhin internationalen Konzernunternehmen instruktiv nahegelegt, eben gerade nicht (zwingend) Formalität – wie es im Sinne betriebswirtschaftlicher und juristischer Diskursführung erwartbar wäre –, sondern eine Flucht in informale Praktiken[7] wahrscheinlich. In solch eine Lage gebracht, weichen die Compliance-Manager schließlich selbst vom Regelwerk ab, welches doch gerade sie durchsetzen sollen. Die Kommunikationsabläufe – zunächst das leichteste aller Mittel – werden in einer Weise modifiziert, mit der eigene Probleme ausgeblendet und Berichtswege umgangen werden. Man verstößt gegen das Formale, da man Achtung primär auf dem Papier erfährt, und die Kontrolleure finden eigene Wege, sich ihrer (legitimationsprekären) Kontrolle zu entziehen. Ein gutes Bild nach außen mag dabei zu erhalten sein, doch der eigentlich intendierte Abbau organisationsinterner (Rechts-)Unsicherheit kommt an seine Grenzen. Denn über das, was zu beaufsichtigen ist, weiß man wenig Bescheid. Und das wiederum wissen die beobachteten Kollegen, weshalb das Ansehen der Abteilung leidet. Kontrollinstanzen stärken daher nicht wie von alleine formale Regeln. Und umgekehrt bietet Regelwerk keine Gewähr für die Herausbildung stabiler

---

[5]Bergmann 2015, S. 255.
[6]Bergmann 2015, S. 256.
[7]Ebd.

Kontrollmittel. Die inneren Kontrollmaßnahmen bleiben eingedenk ihrer möglichen Steigerung der Probleme tendenziell problematisch.

Natürlich bedeutet das nicht, dass so das einzig mögliche Szenario von Compliance aussehen muss, doch stützt es zunächst einmal die Annahme, dass Eindeutigkeit in puncto Compliance nur mit Anerkenntnis dessen Uneindeutigkeit behauptet werden kann. Auch dürfte sich, wie mit Blick auf den oben dargestellten Fall zu vermuten ist, mit einer wesentlich intensivierten Präsenz der Unternehmensleitung manche Kontrollwirkung nennenswert erhöhen lassen. Dass die Dinge um Compliance nicht so einfach sind, wie man es sich vorstellt und bisweilen suggeriert wird, sieht man aber an der Beratungspraxis, die beispielsweise mit unternehmensspezifischen Compliance-Systemen wirbt und sich dabei auf bestehende Sorgen in Unternehmen im Hinblick auf den Haftungsfall verlassen kann.[8] Andererseits werden die Tendenzen der Verkomplizierung deutlicher, je einfacher die Forderungen zu hören sind: Ist nicht die einzig mögliche Lösung eine rigide Compliance-Kontrolle? Muss nicht einfach jeder Verstoß hart geahndet werden? Ist Compliance letztlich nichts anderes als Kindererziehung?[9]

Ein weiterer Aspekt dieser Vereinfachungstendenz wird deutlich, wenn ein neuer Compliance-relevanter „Skandal" durch die Medien geht, regelmäßig für kurzfristige Entrüstung sorgt und noch mehr Kontrolle und härtere Sanktionen provoziert. Moralisch aufgeladene Problembeschreibungen werden sehr rasch personalisiert, es wird sich sodann auf die Suche nach dem einen oder wenigen Schuldigen gemacht, um möglicherweise auch von anderen Verfehlungen von größerer organisatorischer Tragweite abzulenken bzw. die gesamte Organisation zu entlasten. Wiederkehrend zu beobachten sind die Ablösungen oder Rücktritte einzelner Personen bei öffentlich gewordenen Verfehlungen.[10] Fraglich ist aber, wie ergiebig oder erkenntnisfördernd diese wiederkehrenden Diskussionen um „Gut und Böse" eigentlich sind. Man könnte in ihnen beinahe schon dramaturgische „Reinigungsakte" sehen. Nach der Katharsis qua „Jammer und Schauder" kommt, ganz nach den Regeln der Aristotelischen Dramenordnung, der finale Akt: Trennung und Abschluss.

Jenseits dieser kontrastiven Betrachtung bietet die Organisationsforschung andere Erklärungen und praktische Ansätze. Speziell größere Organisationen, die typisch unterschiedliche Interessen und Ansprüche befriedigen müssen, haben mehr denn je auf höchst divergente Erwartungen ihrer Umwelt – Politik, Investoren, Kunden – zu reagieren.

---

[8]Vgl. etwa Ohrtmann 2009, S. 5.

[9]Vgl. oben Kap. 2 und 6. Weitergehend ist anzumerken: In der Kindererziehung wird wohl auch nicht jeder Verstoß mit einer harten Sanktion geahndet werden.

[10]Mit Besprechung der Dynamik am Beispiel Volkswagen: Kühl 2015a, S. 23; Straub/Lemmer 2016, S. 9–11. Funktional besehen, können Organisationen offensichtlich am ehesten eine schnelle Entlastung über die Zurechnung auf Personen bzw. Stellen erreichen. Mit anschließenden Kündigungen oder Rücktritten wird diese Entlastung sogar im juristisch vollständigen Sinne vollzogen; nämlich über Ausschluss bzw. endgültige Externalisierung der Verantwortung und der Verantwortlichen.

Der wachsende Druck führt zu differenten Darstellungsformen. Keine größere Organisation kann es sich auf Dauer leisten, gegenüber all ihren Anspruchsgruppen stets mit ein und demselben Normverständnis in Erscheinung zu treten; kurz: so zu sein, wie sie in ihrer praktizierten Innenwelt (und das wiederum divergent) tatsächlich besteht. Wer Authentizität und Transparenz als höchste Güter der Außendarstellung großer Betriebe und Verwaltungen beschwört, muss die Frage beantworten, für welche Adressaten und in welcher Dosierung davon praktisch die Rede sein kann. Der Organisationssoziologe Nils Brunsson beschreibt die typischerweise uniform organisatorische Außendarstellung pointiert als organisierte „Heuchelei"[11]. Als populär hat es sich inzwischen herausgestellt, personelles Führungsversagen für Regelabweichung verantwortlich zu machen. „Versagen" an sich ist eine inflationär gebrauchte Kategorie. „Versagen" sagt sich leicht dahin und bleibt erstaunlich inhaltsleer. Überhaupt ist gegenwärtig die Annahme populär, Organisationen würden in großem Umfang „von den Falschen" geführt, und es gäbe sozusagen eine ausgiebig zu beobachtende „schlechte Unternehmenskultur". Kultur hat sich dabei wie Versagen zu einem Füllwort zur Beschreibung des nicht näher bestimmbaren Mangels oder Defizits entwickelt. Das Problem dieser stark emotional eingefärbten Auseinandersetzung mit öffentlich bekannt gewordenen Regelbrüchen ist, dass man sich in aller Regel weder mit der Funktionalität der Regelabweichung, noch mit dem unvermeidlichen Zwang großer Organisationen – nicht überall ein und dieselbe Darstellung pflegen zu können – befasst.

Auch fernab großer Bank- oder Industrieaffären sind, zugegeben weniger eklatant erscheinende, Normverstöße generell zu erwarten. Nicht konspirative Verstrickungen führen regelmäßig zum Verstoß, sondern schleichende Prozesse, im Laufe derer der eine dies, der andere jenes tut oder zu verstehen meint, um am Ende Folgen herbeizuführen, die erst im Gesamtbild das Ausmaß der unerwünschten Effekte, das heißt der Devianz, wie es die Soziologie Abweichung von Regelwerken bezeichnet, offenbaren. Womöglich ist es ja gerade nicht eigentlich ein Problem, dass die Maßnahmen der Compliance-Kontrolle sich nur in „harten", d. h. offensiven, formal geregelten Aktivitäten zeigen, sondern dass die Verbreitung von Kontroll-Semantik zunehmend subtil und dezent in Erscheinung tritt. Mitarbeiter berichten dann, manches könne nicht mehr „unbefangen" gesagt werden oder man dürfe sich gar nicht erst „verdächtig machen" oder bloß „nicht angreifbar" sein. Kontrolle wirkt unscheinbar und wird gerade daher problematisch erlebt. Die Digitalisierung des Arbeitens macht Kontrolle keineswegs übersichtlicher, sondern verstärkt den Eindruck der Unberechenbarkeit. Dass derartige Folgeprobleme der Compliance-Kontrolle – also jene einer Verunsicherung – in nennenswerter Form bereits planerisch erfasst würden, ist bisher wenig zu sehen. Weithin dominieren Standardkriterien, Zertifikate und Prüfinstrumente, die zumindest potenziell Gefahr laufen können, Kontrollillusionen zu erzeugen.

---

[11]Brunsson 1989. Im Übrigen siehe Kap. 5.

Es zeigt sich also, dass es auf die einzelne Organisation selbst ankommt. Schleichende Prozesse führen dazu, dass Regelverstöße entstehen, die von außen betrachtet als solche wahrgenommen werden können, aus der Binnenperspektive jedoch vielleicht als normal oder nützlich anzusehen sind. Wie selbstverständlich ist es, eine *rigide* Compliance-Kontrolle zu fordern, wenn man zugleich überall sehen kann, dass das dezente Umgehen und Unterlaufen von Regeln in vielen Arbeitsabläufen nicht die abnormale Ausnahme, sondern immer wieder den nützlich-normalen Alltag darstellt? Wie die Business Judgment Rule feststellt: Regelabweichungen werden selbst auf der Vorstandsetage erwartet. Die Rechtsbildung kalkuliert hier offenbar mit möglichen Ausmaßen einer Komplexität des Entscheidens, die eine eilige Kategorisierung des Verstößigen erschwert. Dies ist als eine Einsicht zu werten, die wesentliche Bedingungen, wie sie in der Forschung problematisiert werden, antizipiert. Mit dieser Normgebung und ihrem inhärent abgestuften Sanktionssystem schafft man eine aktive Befassung mit der Regelabweichung, denn die Business Judgment Rule ermöglicht eine Binnendifferenzierung von Verstößen, und sie verschweigt dabei nicht die Notwendigkeit, sich mit komplexen Sachverhalten in angemessen einzelfallorientierter Form zu befassen. Gerade das dürfte wiederum mit der Standardisierungsabsicht von Compliance konfligieren, wird doch von dort aus eine einheitliche Zuordnung der Fälle von Abweichung versucht. Die Vorstandsregel berücksichtigt eine Informalisierung als organisatorisch inhärent, weil die Norm selbst noch einmal ausdifferenziert und damit wiederum abgeschwächt oder zumindest situativ repositioniert werden muss.

Erst unter dieser Abschwächung, in diesem gesetzesinhärenten Toleranzraum, wird die Norm wirksam. Und erst hierdurch kann der Gesetzgeber von der Gewährleistung der Funktionsweise der Norm ausgehen. Nichtsdestotrotz müsste man diese Regelabweichung im Weiteren auch im Hinblick auf die Rolle der Mitarbeiter, ja auf gesamter Organisationsebene sehen und hierüber weiter diskutieren. Sodann ließe sich womöglich von einer – immer riskant vorauszusetzenden – brauchbaren Illegalität sprechen. Eigennütziges Taktieren ohne Rücksicht auf Zwecke und Personal ist davon weiterhin zu unterscheiden. Im organisatorischen Sinne kann es jedenfalls keine *brauchbare* Abweichung geben, die zugleich eine solche wäre, mit der die Regeln ungehalten zu unterwandern wären. Das Kriterium der Brauchbarkeit setzt sowohl einen zeitlichen Weitblick voraus, als auch das kluge Abschätzen von Alternativen, Konsequenzen und Risiken des Verhaltens.

7.2   Jenseits der Vorstellung einer Totalkontrolle: Zur Entwicklung eines Zwei-Seiten-Managements von Compliance-Maßnahmen

Vor dem Hintergrund des bisher Dargestellten, reift im Schlussteil unserer Einführung zur Compliance-Kontrolle also zunehmend die Einsicht, dass es vielversprechend erscheinen dürfte, Compliance-*Management* nicht eindimensional als Management *gegen,* sondern auch *von* Regelabweichungen zu beobachten. Anders formuliert: Die Compliance-Kontrolle ist als die Option zu verstehen, sich auf funktional erzwungene Abhängigkeiten, insbesondere ebenjenen von größeren Organisationen, zweckgerecht einzulassen. Das allerdings erfordert ein beträchtliches Maß an Sensibilität und Unterscheidung, wenn es um die Bewertung einzelner und damit auch mitunter höchst verschiedenartig gelagerter Fälle geht.

Ein kapitales Problem dieser Variation des Compliance-Managements könnte allerdings darin bestehen, dass diese sich wenig für die Darstellung gegenüber relevanten Anspruchsgruppen einer Organisation eignet. Nach den Annahmen des in Kap. 5 diskutierten neo-institutionalistischen Ansatzes, der regelmäßig eine hohe Umweltabhängigkeit (und also auch: Vulnerabilität) globaler bzw. größerer Organisationen vorhersagt, könnten daraus empfindliche Legitimationsprobleme gegenüber der Gesellschaft erwachsen. Hier sind in der breiteren Öffentlichkeit Akzeptanzprobleme zu erwarten. Es bleibt daher zunächst bei primär wissenschaftsinternen Annahmen. Voraussetzungsvoll und ambivalent erscheint der Versuch, Einsicht in die Struktur umweltlich bedingter Entkoppelung zu erzeugen. Die legitimatorisch vorteilhafte Entkoppelung der inneren Organisation von außen gerichteten Versuchen der gegenüber dem Inneren notwendig abweichenden (Innen-)Darstellung steht damit selbst unter Legitimationsproblemen, was die Thematisierung derselben anbelangt. Auch ist zu sehen, dass es ja wiederum gerade die Funktion der Entkoppelung stärkt, dass sie weitgehend kommunikationslatent gehalten wird; ganz nach dem Motto: Wenn die Dinge schon in der Welt sind, wie sie sind, möge man besser nicht zu viel darüber reden.

Dennoch wollen wir anregen, sich auf das Gedankenexperiment zweier „Spielformen" der Compliance-Kontrolle einzulassen; und zwar so, dass damit erst ein Anfang gemacht wird, der weiterer Diskussion bedarf: Unter einem zweiförmigen Compliance-Management[12] verstehen wir Maßnahmen der Regulierung, die öffentlichen Darstellungszwängen und dem Rechtsapparat, sowie Maßnahmen, die dem Innenleben mit all seinen niemals generalisiert zu bewertenden „Brauchbarkeiten", Rechnung tragen. Würde man dieser Konstellation nun etwas Negatives zuschreiben wollen, könnte man hierbei von einer Art „institutionalisierter Heuchelei", frei nach Brunsson'scher Rezeptur, sprechen. Wir meinen mit dieser Unterscheidung eine kritisch-abwägende Gestaltung der System-Umwelt-Differenz, mit der es alle Organisationen zu tun haben. Damit schließen wir neben Brunsson auf Luhmanns Binnendifferenzierung an, die postuliert, dass im arbeitsteilig geordneten Innenverhältnis von Organisationen eine fortlaufende Verästelung und auch Verunklarung des Entscheidens zu erwarten ist, während demgegenüber für die Umwelt eine primär auf Uniformität und Bestimmtheit bedachte Entscheidungskommunikation präsentiert wird. Diese Differenz ist nicht aufzuheben,

---

[12]Siehe für eine erstmalige Darstellung Schütz 2016b, S. 55–67. Ursprüngliche Überlegungen hierzu entstanden im Rahmen eines Gastaufenthalts im Wintersemester 2016/2017 am Department für Management an der Wirtschaftsuniversität Wien.

„Hartes" Compliance-Management *Juristisch-präventive Komponenten*	*„Dynamisches" Compliance-Management* *Kommunikations-/PR-Komponenten*
o Einhaltung der Gesetze o Vermeidung von Kriminalität o Unterbindung von Organisationsgefahren	o Allgemeine Darstellung von Regelorientierung o Interne Anpassung, ggf. situativ o Begrenzte Tolerierung von Regelabweichung o Befassung mit brauchbarer Illegalität

Abb. 7.1 Grundgestalt eines Zwei-Seiten-Managements der Compliance-Kontrolle

solange Organisationen Bestand haben wollen. Mit der Systemtheorie werden organisationsförmige Sozialsysteme als Gebilde erwartet, die allein aus ihren eigenen Mitteln ihre Reproduktion veranlassen bzw. sichern können. Organisationen sind *autopoietische* (svw. aus sich selbst heraus gebildete und weitermotivierte) Systeme.[13] Die Umwelt mag sie irritieren und zu Entscheidungen drängen, auf die sie selbst gar nicht kommen würden. Doch letztlich ist alles, was sich in und durch Organisation ereignen kann, nur deshalb präsent, weil es durch organisatorische Entscheidungen entstanden ist.

Eine wie auch immer behutsame Praxis des Unterscheidens innerer und äußerer Compliance-Kontrolle würde sich von den bisherigen Erwartungen der „einen gültigen Norm" in Teilen lösen müssen, wie in Abb. 7.1 dargestellt. Die gesatzten Normen als *unbedingte* Normen bleiben all jene, die den juristisch aufgetragenen Regelwerken zuzuordnen sind. Im Innenverhältnis aber kommen *bedingte* Normen zur Geltung. Gerade dadurch könnten aus einem beträchtlichen Teil innerer Regelverstöße weniger Eskalationen in der Umwelt hervorgehen, würde frühzeitig erkannt, geplant und (gegen-) gesteuert, in welchen Grenzen die Regelabweichung ihren Nutzen entfalten kann und soll und wann derlei Handeln limitiert werden muss, weil am Ende eben doch alle Regelabweichung undurchdacht war, sobald Steuerfahndung, Zollamt und Staatsanwaltschaft sich ankündigen. Man könnte dann auch sehen, dass mit einem „Management der Regelabweichung" rechtzeitige Rückwege in die Legalität zu organisieren wären. Eine Compliance-Kontrolle als Organisationsbereich, der nicht nur die Vermeidung von Abweichungen im Blick behält, sondern auch die produktiven Erfahrungs- bzw. Lerngewinne aus aufkommenden Abweichungen erfassen und verarbeiten will, könnte schließlich auch seine eigene Legitimation verbessern.

Erfahrung und Lernen sind hier nicht als Füllwörter misszuverstehen. Organisationssysteme müssen sich unter weltgesellschaftlichen Bedingungen einer offenkundig hohen Komplexität ihrer internationalen Einbindung stellen. Was für die Selbstbestimmung des Individuums in der Gesellschaft gilt, gilt dann auch unter den Bedingungen organisatorischer

---

[13]Luhmann 2011, S. 44–56; Baecker 2008, S. 45–47.

Verhältnisse: „Es wird immer deutlicher, daß man zwar jedes Gesetz befolgen kann, aber nicht alle. […] Erhebliche Bereiche der Wirtschaft würden zusammenbrechen, wenn das Recht hier durchgesetzt würde."[14] Zwar mag man aus einer juristischen Position diesem Ausspruch des Juristen Luhmann vielleicht nicht so weitgehend folgen, doch ist auch von juristischer Seite zuzugestehen, dass die Einhaltung der Normen von den diesbezüglichen wirkenden *Erwartungshaltungen* abhängt. Ein Beispiel bietet der vergleichende Hinweis eines auf die Compliance-Beratung und -Rechtsbildung spezialisierten Fachanwaltes, mit dem wir im Zuge der Erstellung dieses Buches ein Interview führten: „Wer auf der Autobahn mit 130 km/h unterwegs ist, bewegt sich im Normbereich; wer mit 150 km/h unterwegs ist, bewegt sich auch in einer tolerablen Geschwindigkeit. Die Frage nach der Toleranzgrenze wird dann wichtig, wenn das Kind in den Brunnen gefallen ist, also ein Unfall passiert ist. Da wird man bei 150 km/h schon eher sagen, dass ein Verstoß stattgefunden haben könnte."[15]

Argumentiert wird in der (erkennbar unter prominenten Einflüssen stehenden[16]) aktuellen Diskussion auch für die Annahme von drei grundsätzlichen Veranlassungen arbeitsbezogener Abweichung von Normen, die sich auch auf die Weiterentwicklung des Compliance-Managements niederschlagen dürften.[17] So können diesem Vorschlag folgend erstens bestehende, rechtliche *Grauzonen* ausgenutzt werden. Zweitens kann *mangelnder Verfolgungswille* einkalkuliert werden, etwa, wenn der Verstoß sich als Bagatelle darstellt oder der Nachweis des Verstoßes an schwer zu erfüllende Voraussetzungen geknüpft ist. Drittens können die (Rechts-)Folgen von Verstößen auch bewusst einkalkuliert und unter einem *Kosten-Nutzen*-Kalkül abgewogen werden. Organisationen wägen demnach ab, ob beispielsweise mögliche Strafzahlungen günstiger sind als die Einhaltung sämtlicher rechtlicher Vorgaben. Insofern treffen die Modellannahmen eines nutzenmaximierend-rational handelnden Individuums auch auf Organisationen zu.[18] So sei auch nicht verwunderlich, heißt es, dass sich öffentlich zu strikter Regeleinhaltung bekannt werde, wenngleich die Möglichkeiten im Zwielicht von Legalität und Illegalität ausgenutzt würden. Auch mit dieser analytischen Weiterentwicklung wird dafür plädiert, das Gebot der Brauchbarkeit einer Regelabweichung sowohl im engeren Sinne juristisch (Illegalität)

---

[14]Luhmann 1995, S. 568 f.

[15]Gespräche im Vorfeld dieses Buches, geführt mit spezialisierten Rechtsanwälten sowie Beratern und Compliance-Verantwortlichen in Unternehmen, machten im Übrigen deutlich, dass man es nicht nur mit der Regelabweichung überziehen kann, sondern auch mit ihrer Verfolgung. Man ist von dortigen Stellen offenbar auch darauf bedacht, negative Zuschreibungen gegenüber Compliance zu vermeiden bzw. entsprechend vorsorglich abmildernd zu kommunizieren. Dies ist ein wichtiger Punkt, wird damit gesehen, dass ein kritisch-reflektierendes Compliance-Management sich sehr wohl mit Ansprüchen an die eigene Legitimation beschäftigt.

[16]Erkennbar dürfte sein, dass das Thema der Compliance-Kontrolle in medialer und auch wissenschaftlicher Diskussion erheblich durch die Vorgänge der „Abgas-Affäre(n)" der Automobilbranche eine breitere öffentliche Wahrnehmung erfährt.

[17]Kühl/Wallrabenstein 2018, S. 1 f.

[18]Kühl/Wallrabenstein 2018, S. 2.

zu begreifen, als auch im weiteren Sinne auf das selbstgegebene oder auf Basis äußerer juristischer Quellen fortentwickelte Regelwerk einer Organisation zu beziehen.

Es ist auch hier nochmals daran zu erinnern, dass ein „Mehr" an Formalisierung von Regeln zugleich auch ein Mehr an Regelverstößen produzieren kann. Ungeregeltes schafft mehr Freiraum, freilich zum Preis etwaiger Rechtsunsicherheit. Dies schließt auch nicht aus, dass bestehende Regeln durch den Gesetzgeber oder die richterliche Praxis ausgelegt und gegebenenfalls eingeschränkt oder erweitert werden müssen.[19] In dem Maße, in dem die vorhandene organisatorische Regulierung erweitert (ja, die Regulierung überhaupt „organisiert") wird, werden überhaupt erst die Möglichkeiten ihrer Beobachtung geschaffen bzw. über die vorhandenen Regelsetzung hinausgehend gesteigert. Die Abweichung vom Zulässigen ist erst insoweit zu identifizieren, als dass auch das Formale bisher schon bestimmt werden konnte. Man kann also sagen, dass jedes Fortentwickeln der Formalisierung zugleich die Möglichkeit ihrer Unterbrechung miterzeugt. Oder kürzer: Beobachter müssen unterscheiden können. Unterscheidbares setzt nämlich voraus, dass es überhaupt zu einer Beobachtung kommt.

Es sollte deutlich werden, dass ein Zwei-Seiten-Management der Compliance-Kontrolle nicht der freimütig praktizierten Illegalität das Wort reden kann und darf; schon gar nicht deren höchst unbrauchbaren Risiken. Ob jedoch das Compliance-Management die nötige organisationspolitische und rechtswissenschaftliche Unterstützung erfährt, sich mit einer solchermaßen revidierten Rollenreflexion, wie wir sie hier skizzieren, näher zu befassen, bleibt abzuwarten. Der Ansatz muss sich der Kritik stellen, eine empirisch gestützte Unterscheidung in ihrer Problematik gar noch zu adeln und damit (aus der Sicht der Kritiker) eine unzulässige (man denke etwa an moralische Einwände) Toleranzneigung gegenüber krimineller Aktivität zu entfalten. Diese Kritik wird aufmerksam anzuhören sein. Eine Diskussion über – fast eine Pointe – „regelabweichende" Perspektiven und Praktiken eines womöglich zu eindimensional regelgeleiteten Compliance-Managements dürfte jedenfalls nicht allein Rechts- und Organisationssoziologen reizvoll und nützlich erscheinen.

Seinen hohen (Selbst-)Erwartungen kann das Compliance-Management offenbar erschwerter nachkommen, als es zunächst scheinen mag, da es mit zahlreichen entscheidungsrelevanten Interessengruppen, Einflussfaktoren und Kommunikationslatenzen konfrontiert ist. Genau diese Probleme begünstigen Formen der sowohl innen- als auch außenseitigen organisatorischen Entkoppelung. Es muss davon ausgegangen werden, dass Legitimationsfassaden (erwartungsgerechte Darstellungsweisen) nicht nur für die Umwelt einer arbeitsteiligen Organisation hergestellt werden, sondern auch innengerichtet Bestand haben: Dezentrale Abteilungen leisten Rechenschaft gegenüber dem zentralem Management, Filialen und Dependancen müssen sich gegenüber ihrer Vertriebssteuerung in der Hauptverwaltung eines Unternehmens beweisen; ganz zu schweigen von einem kaum noch überschaubaren Prüf- und Berichtswesen in vor allem durch

---

[19]Siehe die Kritik aus juristischer Sicht an brauchbarer Illegalität von Schwintowski 2015, S. 314 f.

den Gesetzgeber und die Aufsichtsbehörden intensiv regulierten Branchen. Wie an empirischen Beispielen gezeigt wurde, kommen in derartig divergenten Entscheidungs-, Leistungs- bzw. Erwartungszusammenhängen sogar durch Compliance selbst Regelverstöße zustande. Man wehrt sich mit jenen Mitteln, die bei anderen zu ahnden sind. Sicherlich kann dies nicht durchgängig unterstellt werden, doch es gibt offensichtlich diese Neigung, die gerade daher rührt, dass der Compliance-Kontrolle nennenswerte Anerkennungs- und Legitimationsprobleme (und das zunächst bereits im Innenverhältnis) zu schaffen machen.

Überdies können wir an dieser Stelle kaum den wesentlichen Umstand würdigen, dass die Ausweitung organisatorischer Compliance zum Teil erkennbaren Nachlässigkeiten in der politischen Steuerung gegenübersteht. Dafür bietet – wie an anderer Stelle schon erwähnt – der Umwelt- bzw. Gesundheitsschutz ein prägnantes, immer wieder intensiv diskutiertes Beispiel. So sehr seit den Vorgängen bei Volkswagen bekannt geworden ist, dass die Emissionen des Straßenverkehrs, durchgängig wissenschaftlich vertreten, zu einer erheblichen Mortalität in der Bevölkerung beitragen, so wenig ist zu sehen, dass der Gesetzgeber in der Lage wäre, darauf mit scharfem Schwert zu reagieren. „Diese Toten stellen nur deswegen keinen Dauerskandal in den Medien dar, weil die Menschen an Schadstoff- und Lärmbelastung nicht unmittelbar, sondern zeitlich verzögert sterben, und die Verkehrsunfälle über die Verantwortlichmachung des Unfallverursachers personalisiert werden können."[20] Auch neuerliche „Eskapaden", wie etwa die zwangsweise Indienstnahme von Affen[21] und die (wenn auch eher freiwillige) Indienstnahme von Menschen für Abgastests[22] verschiedener Automobilbauer zeigen einmal mehr, dass derartige Regelabweichungen offenbar nur schwerlich über organisatorische Compliance erfasst werden können, sondern in den Bereich der juristischen Verfolgung und noch mehr der politischen Rahmensetzung fallen. Man wird ansonsten vor allem eine Art „Korrekturbetrieb" durch Organisationen erwarten müssen. Diese wiederum können mit gewissem Recht dagegen argumentieren, dass sie jene Wege der Zweckerreichung ausreizen, die ihnen der Gesetzgeber als zulässig eröffnet hat. Es greift daher zu kurz,

---

[20]Kühl 2015a, S. 23.

[21]Legal Tribune Online 2018.

[22]Im Zuge dieser (Teil-)Affäre wurde vom „Entsetzen" des ehemaligen Vorstandsvorsitzenden von Volkswagen, Matthias Müller, berichtet, der nach Bekanntwerden der Affen-Tests die sofortige Einstellung der Zusammenarbeit mit dem beteiligten Institut anwies und die Vorgänge in scharfer Form verurteilte. Sollte man dem (gelinde gesprochen) Überraschtsein des Vorstandsvorsitzenden zunächst durchaus Glauben schenken wollen, so offenbart aber gerade dieser Vorgang die Probleme der Entscheidungsinformation in größeren Organisation und zugleich die Schwierigkeiten einer durchgreifend erwarteten Compliance-Kontrolle. Wenn der Vorstandschef eines Unternehmens über interne Vorgänge in einer Weise seine Verwunderung mitteilt, die der von Externen in nichts nachsteht, wie muss dann überhaupt die längst bestehende und neuerlich ausgebaute Compliance-Einheit bzw. deren Wirkung im VW-Konzern verstanden werden? Frankfurter Allgemeine Zeitung, 21.02.2018.

intensive Debatten über die Verantwortung des Compliance-Management zu führen, ohne zugleich auch zu sehen, dass bestimmte Branchen und Organisationsformen Regelbrüche aufgrund der ihnen ermöglichten Freizügigkeiten geradezu wahrscheinlich machen. Diese Diskussion ist bisher, soweit zu sehen ist, außerhalb politischer Programme nur in schwacher Form etabliert. Ungeachtet dessen dürfte sie unter fortschreitenden Legitimationsproblemen durchaus Chancen haben, mit weiteren, auf der politischen Ebene entscheidungsmotivierenden Informationen befeuert zu werden.

7.3   Zur (Un-)Brauchbarkeit der Regelabweichung und das Problem der Zurechnung

Mit diesem Punkt kommt beinahe selbstredend die Frage auf, inwieweit Regelabweichungen überhaupt von organisatorischen Erwartungen gedeckt sein können, wo also, mit anderen Worten, *unbrauchbare Illegalitäten* entstehen, die offensichtlich nicht mit einem Regelabweichungsmanagement zu bearbeiten wären oder nicht bearbeitet werden sollten, da sie womöglich den zweckgerichteten Interessen einer Organisation zuwiderlaufen. Hier ist festzustellen, dass Brauchbarkeit selbst nicht so leicht zu erkennen ist, wie es auf den ersten Blick erscheinen mag. Vor einer allzu selbstverständlichen Zuweisung wird daher zu warnen seien. Kann etwa so freigiebig davon ausgegangen werden, dass die Abgasaffäre von Volkswagen weiterhin „unter den Typus einer für die Firma ‚nützlichen Illegalität‘"[23] fällt, wie es selbst angesichts der inzwischen recht komplizierten Folgen weiterhin z. B. Hank vertritt? In seiner Reflexion des Falles heißt es weiter: „Man handelt gesetzeswidrig, aber für einen guten Zweck und im Interesse des Unternehmens, um Schaden von ihm abzuwenden. Viele Kollegen sind eingebunden: Sie wissen, ahnen dumpf, dulden stillschweigend. Auf diese Weise werden alle voneinander abhängig." Hiermit wird zum einen die Regelabweichung auf ein „gesetzeswidrig" qualifiziertes Handeln reduziert und zum anderen ein vorteilhafter Zweck herausgestellt, von dem inzwischen aber doch kaum mehr die Rede sein dürfte, angesichts der unterm Strich betrieblich schadhaften Folgen. Fast muss es ironisch gelesen werden, vertritt Hank ausdrücklich noch die Einordnung, es werde hiermit Schaden abgewendet. Es kann stattdessen gesehen werden, dass sich ursprüngliche Ausprägungen der Aktivitäten bei Volkswagen als brauchbar erwiesen. Spätestens aber unter dem Eindruck einer regelrechten Kaskade an weiteren medialen Konfrontationen in puncto Reputation (ganz zu schweigen von wirtschaftlichen und rechtlichen Folgen) muss aber doch festgestellt werden, dass es sich hier inzwischen um einen Fall unbrauchbarer Illegalität handelt.[24]

---

[23]Hank 2017, S. 94.

[24]Dass die Verhältnisse in den ersten Tagen der Affäre noch nicht so klar lagen, wird auch im Rückblick auf eine Diskussionsrunde im Schweizer Fernsehen deutlich, an der einer der Autoren dieses Buches selbst teilgenommen hatte und im Rahmen derer sich eine zum Teil kontroverse Debatte entwickelte. Siehe Schweizer Radio und Fernsehen (SRF), Der Club, „Autobranche – nichts als Trickserei?", 13. Oktober 2015.

Wir haben die Theoriefigur der brauchbaren Illegalität in unserer Darstellung wiederholt herausgestellt, kontextuiert und wollten damit auf die organisatorischen Systembezüge der Regelabweichung hinweisen; also auf die Bedingungen einer Regelabweichung, die sich nicht primär aus individuell zurückzuführenden Motivannahmen erschließen lassen, sondern eines den innerbetrieblichen Einwirkungen auf die Entscheidungsbildung besonders Rechnung tragenden Erklärrahmens bedürfen. Eine irrtümliche Deutung der brauchbaren Illegalität ist demnach, wie bereits an anderer Stelle dargestellt wurde, auch jene, die die Zuschreibung des Verstoßes primär auf Personen (als in die Organisation hinein platzierte Umwelt, nämlich: Persönlichkeiten) vornimmt. Es geht aber nicht um durch motivierte *Menschen* verfolgte Brüche, sondern solche als Folge der Binnendifferenzierung des Organisationssystems. Personen als „ganze" Menschen bleiben, mit der systemtheoretischen Konzipierung der brauchbaren Illegalität besehen, weiterhin Umwelt für die Organisation; d. h. sie treten mit Organisationen in der Form von *Rollen* in ein Dienst- bzw. Arbeitsverhältnis, das durch formale und informale (mithilfe eines *psychologischen* bzw. *unsichtbaren Zusatzvertrags*[25]) Vertragsbeziehungen fundiert bzw. konkretisiert werden kann. Die psychische Innenwelt des Menschen bleibt für Organisationen wenn nicht völlig verborgen, so doch nur über äußerst selektive Ausdrucksfacetten erfahrbar. Zurechnungen eines Regelverstoßes auf „vollständige" Personen, die sich aufgrund (primär in der Person begründeter) Motive zur eigenen Status- oder Positionsverbesserung ergeben könnten, fallen explizit nicht in die Kategorie der brauchbaren Illegalität. Dies schließt, wie auch bereits angesprochen wurde, mitnichten aus, dass Personen aufgrund einer bestimmten Disposition ihrer Persönlichkeit besondere Neigungen zur Entwicklung oder Beteiligung an brauchbarer Illegalität aufweisen könnten; dass demnach bestimmte Eigenschaften in der Persönlichkeit eines Menschen diese Neigung verstärken könnten und dass es nicht wenige Fälle geben mag, die eben deshalb die Figur als solche in ihrer Anwendung problematisch erscheinen lassen. Dennoch handelt sich hier um ein *nichtindividuales* Konzept der Verantwortungs- und Schuldzurechnung. So könnte Compliance auch als Zurechnungstechnik verstanden werden, die den Blick von der Organisation weg und auf das Individuum lenkt. Die Organisation externalisiert insofern die Verantwortung auf das Individuum und schützt sich damit selbst.

Diese Perspektive kann, wie leicht zu sehen sein dürfte, mit juristischen Annahmen zum Teil erheblich in Konflikt geraten. Eine soziologische Kommentierung des Begriffs wird nämlich voranzustellen haben, dass Organisationen schon aufgrund ihrer arbeitsteiligen Binnendifferenzierung eine zunehmende Verschränkung von Arbeitsaufgaben und Entscheidungen aufweisen und selbst forcieren. Auch wenn die Rechtswissenschaft aus verständlichen Gründen an individueller Schuldzurechnung festhält[26], ist dennoch nicht zu übersehen, dass der Justiz gerade die Einordnung von Organisationsstrukturen Probleme bereitet. Um die Mitglieder des Nationalen Verteidigungsrats der DDR

---

[25]Raeder/Grote 2012; Kühl/Schütz 2017, S. 70.
[26]Siehe u. a. auch Rath 2017.

als mittelbare Täter der vorsätzlichen Erschießung von Republikflüchtlingen zu ver-
urteilen, obgleich die Schützen an der Mauer selbst unmittelbare Täter waren, erkannte
der Bundesgerichtshof 1994 erstmals die sogenannte Organisationsherrschaft an.[27] Die
von Roxin und Schroeder[28] entwickelten Kriterien zur strafrechtlichen Erfassung organisatorischer Machtapparate sind heute noch Gegenstand einer breiten Diskussion. Dass
der Bundesgerichtshof diese Kriterien inzwischen auf Unternehmen anwenden will, die
sich in ähnlicher Weise vom Recht gelöst haben, wird in der Literatur zwar heftig kritisiert, ist aber auch Zeugnis der Probleme, die die Rechtswissenschaft immer wieder hat,
wenn es darum geht, Organisationsstrukturen freizulegen, um die individuelle Schuldzurechnung zu ermöglichen. Ganz anders lagen die Fälle noch im Umgang mit der
nationalsozialistischen Justiz und ihrer Aufarbeitung in der Nachkriegszeit. Hier stellten
die Gerichte der jungen Bundesrepublik vielfach fest, dass einzelnen Richtern bei Ausübung ihres Amtes (auch bei Todesurteilen durch den Volksgerichtshof) nur begrenzt
Vergehen anzulasten seien. In der frühen Zeit der Bundesrepublik hatte (schon aufgrund
der Weiterbeschäftigung vieler Richter) sich zunächst die Spruchpraxis erhalten, die
NS-Justiz hätte unter den Bedingungen der normierten Herrschaftsverhältnisse von einer
Rechtmäßigkeit ihres Dienstes ausgehen müssen.[29]

Die Gegebenheiten in der organisatorischen Praxis dürften – zugegeben – nun gänzlich andere sein, als jene in Angelegenheiten des Volksgerichtshofs oder im Zuge der
juristischen Bewertung der sogenannten Republikflucht. Gleichwohl ist die „Apparat-
haftigkeit" von Verstößen weiterhin zu reflektieren. Brauchbare Illegalität ist zu einem
Gutteil das Ergebnis organisatorischen Wachstums, das unter dem Aspekt managerialer
Kontrollerwartungen eine tendenziell prekäre Fragmentierung begünstigt. Organisationen können dies zu moderieren versuchen und Entwicklungen der Regelabweichungen
eindämmen oder sogar Zulässigkeiten in dieser Hinsicht definieren. Es fällt ihnen
aber üblicherweise schwer, über längere Zeiträume hinweg diesbezüglich neuere relevante Bedingungen zu antizipieren. Die Regelabweichung kann nur dann und insoweit
„bewältigt" werden, als dass sie schon sichtbar geworden und in ihren Bedingungen
nachvollzogen ist; die Beobachtung und Aufarbeitung erfolgt im Normalfall der
Abweichung ex post. Dies konfligiert jedoch mit der konkreten Beurteilung zur Zeit der
Handlung. Um Rückschaufehler zu vermeiden,[30] wird daher bei der Business Judgment
Rule versucht, eine Betrachtung ex ante zu ermöglichen.

Wir meinen nun, dass sich ein Großteil der verschiedentlich unternommenen Kritik
an Regelabweichungen und der Figur der brauchbaren Illegalität aus einem Missverständnis der Zurechnung ergibt. Wenn es gelingt, das Entscheiden von Personen unter

---

[27]BGH 40, S. 218.

[28]Vgl. etwa Roxin 1963, S. 193 ff.; Roxin 2006, S. 293 ff.; Schroeder 1965.

[29]Dazu z. B. Meier 2012, S. 210–216, zur Rechtsprechung in der DDR S. 239–244.

[30]Vgl. hierzu oben Kap. 6.

den erheblich auf diese Einfluss übenden Bedingungen organisationsförmiger Sozialsysteme zu betrachten, kann die Annahme aufgehoben werden, dass mit Regelverstößen einer Illegalisierung der Organisation das Wort geredet würde. Wir plädieren
auch dafür, sich durchaus von dem strengen Begriff der brauchbaren *Illegalität* lösen
zu dürfen, weil dieser schnell an eine juristische Perspektive erinnert.[31] Die brauchbare Illegalität findet unabhängig aller Unschärfen im Detail ihre endgültigen Grenzen im Übergang zur juristischen Illegalität; und zwar dort, wo die Begründungen
des Organisations- bzw. Wirtschaftssystems nicht mehr gegen die Begründungen des
Rechtssystems behauptet werden können; wenn also das „Systemrecht" der juristischen Apparate das „Systemrecht" der Organisationen zu brechen beginnt. Die
Formen der soziologisch verstandenen brauchbaren Illegalität können also im Extremfall bis zur juristisch markierten Illegalität hin reichen. Die Begriffe sind aber keinesfalls
deckungsgleich. Auch wenn in diesem Buch abwechselnd zur brauchbaren Illegalität
von nützlicher Regelabweichung oder Normverstoß die Rede war, ist weiterhin daran
zu erinnern, dass die organisationale Einbettung wesentlich bei der Bestimmung mit-
entscheidet.[32] Und wiederum ist zu bedenken, dass juristische und nichtjuristische
Dimensionen voneinander nicht chemisch rein zu trennen sind. Die Auslegung der Normen bedarf selbst der normativen Vorklärung. Auch das (Compliance-relevante) Recht
kommt schließlich nicht so aus den Parlamenten und gerichtlichen Spruchkörpern „wie
der Strom aus der Steckdose"[33]. Es muss erst einmal errungen und gefunden werden,
oft genug mit Mehrheitsbeschlüssen, die unter anderen personellen Bedingungen eben
auch andere sein *könnten*. Überdies ändert sich die Spruchpraxis der Gerichte selbst:
nämlich mit der Entwicklung der Gesellschaft. Dass das Recht selbst am Anfang gebildet
und zuweilen auch am Ende gesprochen von politischen Einflüssen nicht gänzlich
unabhängig sein kann, wird kaum überraschen. Aber auch bei dieser unmittelbar juristischen Befassung kommen normativ vorausgesetzte Normurteile zur Anwendung: in den
Entscheidungen des Managements und der Verwaltung, was hierbei an Normirritation ins
Gewicht fällt und worüber hinwegsehen zu wollen gedacht wird.[34]

Möglicherweise ist die Denkfigur der brauchbaren Illegalität der juristischen
Betrachtung auch gar nicht so fremd, wie sie zunächst erscheint. Gerade im Zivilrecht
sind bei Fragen der Gesamtabwägung z. B. im Falle von Kündigungen die Umstände des

---

[31]Vgl. dann auch Fehling 2012, § 38 Rn. 43, der die brauchbare Illegalität im Hinblick auf
Art. 20 Abs. 3 GG als „keine zu billigende Option" ansieht.

[32]Vgl. für eine Problematisierung des Luhmann'schen Begriffs Osrecki, der die brauchbare
Illegalität durch den Terminus der brauchbaren Devianz ersetzen will: Osrecki 2015, S. 345 Fn. 5.

[33]Meier 2005, mit Bezug auf den Rechtshistoriker Michael Stolleis.

[34]Für eine verminderte Relevanzschwelle kommen neben wirtschaftlichen Motiven auch Aus-
sparungen aufgrund von Lästigkeiten in Betracht. So müssen z. B. Kommunalverwaltungen das
verspätete Melden nach Verbrauch einer gewissen Toleranzfrist mit Ordnungsgeld belegen. Dies
gilt nach einer gesetzlichen Verschärfung sogar zwingend. Allerdings nehmen einzelne Kommu-
nen offenbar auch weiterhin davon Abstand, da ein entsprechendes Mahnwesen nach erfolgter, ver-
späteter Meldung als zu überflüssig empfunden wird. Den Autoren ist aber auch noch eine andere

Einzelfalles zu berücksichtigen,[35] was Raum für (juristisch-)organisationale Besonderheiten schafft. In gleicher Weise wäre bei der Beweislastverteilung in § 93 Abs. 1 Satz 2 AktG[36] zu fragen, inwiefern organisationale Umstände der Entscheidung auch im gerichtlichen Prozess Berücksichtigung finden können.[37] Dies gelingt wohl nur, wenn auch hier auf die Umstände des Einzelfalls eingegangen wird, sodass in der Abwägung Aspekte der Organisation nicht unbeachtet bleiben werden. Ein ganz anders gelagerter Fall der brauchbaren Illegalität im Recht bietet sich im gerichtlichen Verfahren. Hinzuweisen ist beispielsweise auch auf die vonseiten der Kläger und (üblicherweise primär) Beklagten kreativ genutzten Möglichkeiten der Prozessverzögerung („Prozessverschleppung"), die durch Anträge (z. B. aufgrund behaupteter richterlicher Befangenheit) durchgesetzt werden können, wiewohl die Beteiligten und das Gericht selbst die „Zweckentfremdung" bzw. Manipulation des Prozesses vor Augen haben mögen, indes aber schwerlich nachweisen können. Diese Praktiken organisatorischer Retardation im Recht (und: gerade im Wirtschaftsrecht zulasten der Anklagebehörde) können als probates Mittel dazu taugen, prozessstrategisch angestrebte Effekte zugunsten der eigenen Position zu erreichen. Es ist zu beobachten, dass sich gerade in Compliance-relevanten (Wirtschafts-)Strafsachen die beschuldigten Unternehmen – für sich bzw. für ihr beschuldigtes Personal (mithilfe spezialisierter Kanzleien) – um eine zeitlich ausgiebige Verfahrensdehnung bemühen, also verfügbare Wege nutzen und sich womöglich in nicht gänzlich regelgemäßer Form dadurch einer allzu raschen gerichtlichen Entscheidung entziehen wollen; soweit gar, dass der Prozess nicht mehr zu einem Abschluss durch Spruch gelangen kann. Frei nach dem Motto: kommt Zeit, kommt Rat.[38]

Ferner ist auf einen wenig beachteten Aspekt der brauchbaren Illegalität hinzuweisen. Man kommt zu schnell zur Annahme, brauchbare Illegalität vollzöge sich ob ihrer Routinisierung als solche stets unmittelbar wahrgenommen (also im Zeitpunkt der Aktivität *bewusst erlebt*) durch jene, die sich an ihr beteiligen. Es wäre allerdings ebenso anzunehmen, dass die Zahl der Fälle nicht gering ist, in denen die brauchbare Illegalität

---

Erklärung bekannt. So lautete eine Auskunft im Bürgerbüro einer Großstadt: Man habe von derlei Sanktionen Abstand genommen, da sich diese nicht mehr mit dem neuen Servicebild einer bürgerorientierten Verwaltung vereinbaren ließen. Als Voraussetzung gilt aber das Vortragen „wichtiger Gründe". Gelingt es dem Betroffenen, wichtige Gründe zu finden und gelingt es der Verwaltung den wichtigen Gründen Glauben schenken zu wollen, findet sich das weitere für die Akte. Die Begründung von Illegalitäten ist also auch in einer solchen, ausgeprägt umweltbezogenen Motivation zu erwarten.

[35]Siehe noch einmal die Entscheidung LAG Berlin-Brandenburg, Urt. v. 17.05.2017 – 4 Sa 30/17, bei der es um eine Kündigung ging, bei der ein Compliance-Verstoß vorlag, die Umstände in der Organisation aber dazu führten, dass die Kündigung trotzdem unwirksam war.

[36]Siehe etwa Paefgen 2009, S. 891 ff.

[37]Zur Gutachtenflut aus der Betrachtung ex ante siehe Bachmann 2013, S. 6.

[38]Jahn 2018.

allenfalls mit Ahnungen der Abweichung verbunden ist, ja vielleicht als solche überhaupt kaum tatsächlich erfahren wird bei jenen, die sie verrichten oder an ihr mitwirken. Die selbstverständlichsten Sachverhalte wird man darunter zählen können, etwa die schon im gerichtlichen Zusammenhang angesprochenen zielgerichteten Verzögerungen oder Verkürzungen von Fristen; jetzt aber in der betrieblichen Organisation, wo es häufig um primär unauffällige Abläufe geht, mithilfe derer über Fragen der Bewilligung bzw. Veranlassung zu entscheiden ist, ohne dass alle daran Mitwirkenden unmittelbare Vorteile daraus ziehen müssten. Es kann gerade so vorliegen, dass die Abweichung zugunsten anderer Stellen (eben im Sinne organisatorischer Abläufe) vorgenommen wird. Man denke auch an eine so verbreitete wie vielleicht kaum mehr regelabweichend erlebte Aktivität, wie das „korrigierende" (Falsch-)Datieren im Falle besagter Fristen: Wenn also etwas in eine Vergangenheit hineinkonstruiert wird, in der es nicht stattfand, um bestimmte Regularien der Anliegen, die als bedeutsam bewertet werden, überhaupt halten zu können. Regelabweichungen dieser „normal" erscheinenden Art dürften in vielen Fällen nicht nur schrittweise, sondern in einer beinahe selbst normativ gültigen Weise vollzogen werden und deshalb so schwer noch zu objektivieren sein. Es wäre zu kurz gegriffen, würde jede dieser eingespielten Routinen eilig mit dem Verdacht einer immer schon bewussten Wahrnehmung für alle Bedingungen und die Folgen derselben verbunden. Das vorsorgliche Umdatieren von für weitere Entscheidungsakte wichtigen Angelegenheiten kann unmerklich gerade *wegen* seiner Unscheinbarkeit eine gewisse Verbreitung erfahren. Die Praxis ist sowohl in Behörden als auch in Unternehmen deshalb in Gebrauch, um damit Leistungsansprüche noch „rechtzeitig" zu realisieren, die nur unter Biegung der strengen Vorgabe erreicht werden können. Auch das Verzögern und Verschieben von an sich entscheidungsreifen Vorgängen, etwa aus „Milde", gehört hierzu.[39] Und sei es nur deshalb, um auf Nummer sicher zu gehen, den „Formalitäten" des ungünstigen Zufalls wenig Chancen zu lassen. Fraglos mögen hier durchaus „menschliche" Eigenarten eine Rolle spielen, mag aus Strenge oder Milde so oder anders, im einen Fall für die Beteiligten, im anderen gegen sie von der Regel (nicht) abgewichen werden. Willkür muss immer erwartet werden. Und selbstredend wissen die Beteiligten, was sie tun, sie handeln nicht gänzlich automatisiert. Eine ganz andere, bedeutende Frage ist jedoch, ob sie das, was sie tun, auch immer schon mit einer Abschätzung der Bedingungen und Folgen verbinden; ob sie sich also überhaupt noch die Abweichung von der Norm bewusst machen können, gibt ihnen ihr Umfeld kaum mehr Gelegenheit, auf diese Differenz aufmerksam zu werden.

Die bei Luhmann erwähnten „gelegentlichen Ausflüge" in die Sphäre des Regelbruchs können also gerade dazu dienen, bestehende Ordnung im Weiteren zu stabilisieren. Eben weil diese Praxis nicht nur brauchbar, sondern auch in den Normalitätserwartungen tief „verfestigt" ist, kann sozusagen von einem Gewohnheitsrecht oder von einer Art „betrieblichen Übung" einer Abweichung gesprochen werden. Diese Fälle sind aufschlussreich, da es gerade nicht nur den Fall der mehr oder weniger kommunizierten

---

[39]Mit einem prägnanten Beispiel aus der amtsärztlichen Praxis siehe Seibel 2016, S. 9–12.

oder faktisch stillschweigenden Akzeptanz der Abweichung gibt, sondern die Normabweichung selbst sich zur Norm entwickelt; soweit womöglich, dass die *Abweichung
vom Verstoß* selbst schon *als Abweichung von der Regel* erwartet werden könnte. Demnach würde eine Regel also verlangen, dass die Abweichung von ihr erwartet werden
muss, damit sie überhaupt als Norm qualifiziert werden kann. Unweigerlich haben uns
diese Überlegungen nunmehr hin zu definitorischen Feinheiten gebracht. Eine weitere
Compliance-Diskussion dürfte auch um den *Norm*begriff selbst geführt werden müssen. Wir gehen davon aus, dass eine *Regel* stets eine bestimmte Entscheidungssituation
oder eine gebrauchsmäßige Folge bzw. Übung ähnlicher Situationen (mit-)markiert,
wobei die Norm*werdung* (Institutionalisierung)[40] durch beobachtendes Antizipieren des
Regelbruchs selbst bedingt ist. Damit würde die Norm alle mit ihr korrespondierenden
Entscheidungssituationen als kontingent erfassen und gewissermaßen zur sozial so vertrauten „Richtschnur". Als Richtschnur fungiert sie aber nur deswegen, weil ja von der
Norm selbst abgewichen werden kann. Eine Norm außerhalb dieser Mitmarkierung ist
nicht denkbar, da das Anerkennen einer Norm unvermeidlich die Möglichkeit impliziert,
sie nicht zu beachten. Künftige Diskussion könnte hier insofern weitere Einsichten bieten, als dass die juridisch vorgezeichneten Regulierungsebenen mitunter von der Organisation (also beispielsweise dem Unternehmen) selbst gesetzt oder von einer anderen
Organisation fokal gesatzt werden (so der Gesetzgeber), die Regelwerke dann aber
erst noch diffundieren, bevor sie in der „Zielorganisation" selbst zur Anwendung kommen. Die von der Norm betroffenen, in Erwartungszusammenhänge ihrer Beachtung
involvierten Personen existieren als Personal, also gebunden an vertraglich begründete
Mitgliedschaftsbedingungen einer Organisation. Gerade die Business Judgment Rule
deutet hierzu an, dass der Regelbruch in Organisationen zwar als Verstoß gegen die Mitgliedschaftsrolle bzw. -regel[41] verstanden werden kann, sich darüber hinaus aber auch
nach außen hin, also Dritten gegenüber, eintreten kann. Dies zeigt sich im Übrigen auch
aus der Makroperspektive auf die Diskussion der Business Judgment Rule. Dadurch,
dass viel Streit um die Norm in Bezug auf nützliche Pflichtverletzungen herrscht, scheint

---

[40]Siehe Kap. 5.

[41]Luhmann 1964, zu Mitgliedschaft insbesondere S. 40–53. Gestellt wird hier die Frage: „Kann ich
Mitglied bleiben, wenn ich diese und jene Zumutung offen ablehne?" (S. 40); siehe bereits unsere
Ausführungen zur „Indifferenzzone" in Kap. 6. Eine Verweigerung gegenüber formalen Regeln
bedingt – in der Regel – die Trennung der Person von der Rolle bzw. Organisation. Eine Frage
der Compliance-Kontrolle bleibt hierzu dann naheliegend: Welche Folgen treten in solchen Fällen
ein, die über den Verstoß gegen Mitgliedschaftsbedingungen nicht zweifelsfrei informieren können,
wenn formale und informale Erwartungen also kaum mehr verlässlich oder nur über Feststellungen
in Form offensichtlicher Willkür („mal so, mal so") zu trennen sind? Dass Organisationen auch
in solchen Fällen ungenauer Bestimmung von Rolle und Erwartung vielleicht nicht so sehr trotz,
als gerade wegen bestehender Zweifel dennoch eine Trennung vollziehen, um Entlastung für die
Organisation zu erreichen, haben wir in vorangehenden Ausführungen gezeigt. Mag dies auch ver-
ständlicherweise schnell als Unrecht gegenüber der Person verstanden werden, so muss gesehen

dies ein Hinweis auf die Fragilität der eigenen Positionen und der Norm selbst zu sein. Viel spricht dafür, dass die Norm nicht letztentschieden werden kann, sodass ihr selbst ein großes funktionales Flexibilisierungspotenzial innewohnt. Mithin scheint der Schluss vom Einzel- auf den Regelfall kaum möglich zu sein. Hier ließe sich problematisieren, inwieweit denn der Regelbruch durch ein den organisatorischen Erwartungen entsprechendes Individuum überhaupt noch als etwas anderes zu qualifizieren ist, als der Regelbruch einer wie auch immer zu adressierenden, jedenfalls „ganzen" Organisation. Womöglich werden diese Ebenen wiederum verschwimmen, an bestimmten Stellen aber auch brechen. Freilich bleibt ein Regelbruch der Organisation immer auch ein Regelbruch durch Personen – sofern der Nachweis einer Rückführung auf das Individuum (und genau hier wird das „Eis" weithin „dünn") überhaupt zuverlässig zu führen ist. Damit ist also gemeint, dass ein Organisationsverstoß sich zwar als eine Art „Hochrechnung" individueller Akte darstellt, man häufig diese Akte in ihrer Verwobenheit mit organisatorischen Erwartungen und Bedingungen jedoch gar nicht mehr befriedigend rekonstruieren kann. Es muss also davon ausgegangen werden, dass Praktiken der nicht legitimierten Regelabweichung unter bestimmten Bedingungen zur schrittweisen *Legalisierung* im Organisationssystem tendieren. Und zwar deshalb, da sich die effektiven Vorzüge der Abweichung in einem Prozess allmählicher Akzeptanzstabilisierung behaupten können und die Risiken des Verstoßes für das System sich als zu gering erweisen, um Verfolgung zu unternehmen oder schlicht als solche nicht präzise erkannt, nicht auf Einzelne oder Stellen zugerechnet, nicht prognostiziert werden können. Dies könnte das spannende, das empirisch aufschlussreiche Detail am Begriff der brauchbaren Illegalität sein: die Bedingungen ihrer allmählichen „Rechtwerdung" und die (im Detail sicherlich schwierige) Beobachtung dieser Entwicklung in Organisationen.

Freilich bleibt dann die Frage, was mit jenen Stellen bzw. Rollen und ihren Inhabern geschieht, die im Bewusstmachen der Dinge besonders wachsam erscheinen und sich an alldem nicht beteiligen wollen. Die Frage drängt sich auf, wird gesehen, dass Arbeitsabläufe in Organisationen vielmals auch von Maßnahmen wechselseitig personaler Kulanz und Kreditvergabe (Tauschhandlungen) geprägt sind und vermutlich so eine gewisse

---

werden, dass eine relativ schnelle und wenig aufwendige Trennung von Personen in Organisationen gerade daher rührt, dass diese ja nicht als ganze (fühlende) Menschen unter (Arbeits-)Vertrag genommen sind, sondern gewissermaßen in den „Ausschnitten" ihrer beruflichen bzw. fachlichen (Rollen-)Eignungen. Organisationen, so wäre zuzuspitzen, können überhaupt deshalb relativ stabil, d. h. auch krisenfest bestehen, „weil sie sich auf den Wechsel der Personen verlassen können" (Kühl/Schütz 2017, S. 65). „Die immer nur räumlich und/oder zeitlich beschränkte – pro loco et tempore – Integration von Mitarbeitern entlastet diese einerseits selbst, weil eine (Stellen-)Kündigung aus der Organisation nicht auch gleichzeitig eine Kündigung *als Person* aus anderen Organisationen, etwa dem Sportverein oder der Kirche, zur Folge hat. Andererseits entlastet Wechsel auch das Unternehmen, weil es sich ja nicht für den Mitarbeiter als ganzen Menschen bzw. seine Persönlichkeit verantwortlich fühlen muss." (S. 66).

Produktivität der Arbeit effektiv entfalten werden kann. Gerade die Eingespieltheit gängiger Praktiken, ihre Verbreitung und die Einsicht in den Nutzen, können die Regelabweichung zu etwas werden lassen, dessen Vermeidung eine problematischer registrierte Abweichung darstellte, als die mehr oder weniger dezente Variation der bestehenden Praxis. Und noch weiter ist zu sehen, dass dies letztlich in die offensichtliche Normalität des Handelns führen kann, die nur noch mit höchstmöglicher Distanz von außen gegenüber den inneren Gepflogenheiten als abweichend von einer bestehenden Ordnung oder von Erwartungen irgendwelcher äußeren Art festgestellt wird.

Wo immer brauchbare Illegalität einer kritischen Bewertung unterzogen wird, zeigt sich, dass die Kritiker häufig nach moralisch oder rechtlich orientierten Aspekten ihre Beanstandungen ausführen, dabei allerdings die empirisch anzutreffende Wirklichkeit in Organisationen zu unterschätzen scheinen. Die Kritik läuft darauf hinaus, dass man hoffen müsse, dass an verbreiteten Regelverstößen empirisch nichts Wahres zu finden sei, oder dass die Denker der brauchbaren Illegalität ein besorgniserregendes Verständnis von wissenschaftlicher Analyse anzeigten.[42] Wir beachten diese Kritik, müssen aber unseren Standpunkt dahin gehend festigen, dass mit einer Gegenrede des „So-geht-es-nicht" kein Fortschritt beim Begreifen der inneren Logik von Regelabweichungen zu erwarten ist. Gerade das Einlassen und Inbetrachtnehmen der verschwimmenden, wenn nicht gar brechenden Ebenen zwischen Individuum und Organisation wird daher eine Voraussetzung für die weitere Debatte sein. So führt zum Schluss eine der möglicherweise erstaunlichen Entdeckungen bei der Erörterung betrieblicher Regelabweichung in die Relativierung oder Einschränkung des Begriffs der brauchbaren Illegalität selbst. Die Figur stellt in seiner klassischen Prägung im Wesentlichen auf Beobachtungen statischer, situativ gerahmter Abweichung ab. Sie beschreibt Regelabweichung oder, vielleicht richtiger: Regel*unterbrechung* als ein womöglich wiederkehrendes, aber im Grunde auf den Vorgang der einzelnen Entscheidung begrenztes Phänomen. Der sachliche oder zweckmäßige Zusammenhang der Abweichungen kann gerade nach der Funktionslogik brauchbarer Verstöße nur sehr dezent, wenn überhaupt kommunikativ artikuliert bzw.

---

[42]Siehe für moralisch-mahnende Missverständnisse der Interpretation Poppelreuter 2016, der einen soliden „Dienst als Vorschrift" hervorheben will: „Als Prüf- und Überwachungsorganisation sollten wir uns daher von der ‚brauchbaren Illegalität' fernhalten. Wir sollten Moral nicht dem Utilitarismus opfern. Wenn gut meint, den Gewinn zu steigern, und böse bedeutet, selbigen zu schmälern, dann hat der kategorische Imperativ der Bereicherung obsiegt." Abgesehen davon, dass für eine Prüforganisation, wie den TÜV, um den es hier geht, besondere Erwartungen gelten und er ein eher ungünstiges, da selbst nicht der Norm entsprechend, Beispiel darstellt (wie viele Organisationen sind schon für die Prüfung anderer Organisationen zuständig im Vergleich zu allen anderen Typen?), bleibt der häufige Interpretationsirrtum unerkannt, dass in der brauchbaren Illegalität primär das Ergebnis eines systematischen Prozesses gesehen wird. Eine sehr starke Form der Moralisierung in erstaunlich anklagendem Ton übt Eisenberg 2015: „Wie heruntergekommen ist diese Soziologie!? Hegemonial scheint inzwischen eine amoralische, gefühllose Psychopathen-Soziologie zu sein!" Die systembezogene Dimension (Schütz 2015c) bleibt dabei außen vor.

adressiert werden, das heißt: zum Gegenstand einer bewussten Verarbeitung gemacht werden. Brauchbar ist die Abweichung als Abweichung im Stillen oder Unbezeichneten.

Allerdings könnte es sehr wohl sein, dass der Begriff der brauchbaren Illegalität damit in manchen Hinsichten zu wenig noch die dynamische Verquickung formaler und informaler Organisation erfasste. Wir meinen, vor dem Hintergrund des Dargestellten, Gründe dafür angezeigt zu haben, weshalb diese Übergänge formaler (*entschiedener* Entscheidungsstruktur) und informaler (*unentschiedener* bzw. *unentscheidbarer*) Entscheidungsstruktur für die Compliance-Kontrolle weiter problematisiert werden sollten. Hier ist dann die Frage nach der (Selbst-)Auflösung brauchbarer Illegalität im Zuge sukzessiver, organisatorisch inkrementell verlaufender Legalisierung oder immerhin Legitimierung zu stellen; ähnlich wie die Ordnungsbildung des Rechts zu einem erheblichen Anteil als eine solche im sozialen Nachvollzug zu erwarten ist (etwas, was einst als Rechtsverstoß galt, wird nun in seiner bestätigten Konformität mit dem Recht anerkannt). Salopp gesprochen, folgt das Recht in gewissen Grenzen der Rechtsstaatlichkeit auch den Opportunitäten und Wirklichkeitseindrücken seiner Zeit. Dies gilt immerhin in den Grenzen der Möglichkeit der Aufrechterhaltung seiner Anerkennung. Das Recht hat kein geringes Interesse an Unterstützung derer, für die es gesatzt wird. Mehr noch: Das Recht bedarf der Mehrheit jener, die es anerkennen und darauf vertrauen, dass es mehr nutzen kann, ihm zu folgen, als es zu unterlaufen. Und gleichwohl gibt es allgegenwärtig die Grauzonen der Duldung, der Hinnahme, der Gewohnheit des Verstößigen – und möglicherweise sodann der schrittweisen Mäßigung oder Reduzierung rechtlicher Sanktion.

Literatur

Acemoglu, Daron/Jackson, Matthew O. (2017) Social Norms and the Enforcement of Laws. In: Journal of the European Economic Association 15, S. 245–295.

Aichholzer, Georg/Flecker, Jörg/Schienstock, Gerd (1990) Innovation, Uncertainty and Micropolitics in Organizations. Research Memorandum Nr. 264. Wien: Institut für Höhere Studien.

Akerlof, George A. (1970) The Market for „Lemons": Uncertainty and the Market Mechanism. In: The Quarterly Journal of Economics 84, S. 488–500.

Apelt, Maja/Tacke, Veronika (2012) Handbuch Organisationstypen. Wiesbaden: Springer VS.

Atta, Jasmin/Beckmann, Richard (2014) Law and Economics: Ein Einblick in die Forschungsrichtung. In: BRJ – Bonner Rechtsjournal, S. 170–172.

Augsberg, Ino (2017) Am Anfang war das Recht. Luhmanns juristisches Frühwerk (unveröffentlichtes Manuskript). Vortrag im Rahmen der Tagung „Niklas Luhmann am OLG Lüneburg", 5–6. Dezember 2017 in Lüneburg. https://www.youtube.com/watch?v=mfpOerD2VCs (letzter Abruf: 21.02.2018).

Aßländer, Michael S. (2015) Philosophie und Unternehmensethik. In: van Aaken Domik/Schreck, Philipp (Hrsg.) Theorien der Wirtschafts- und Unternehmensethik. Berlin: Suhrkamp, S. 385–411.

Bachmann, Gregor (2013) Reformbedarf bei der Business Judgment Rule? In: ZHR – Zeitschrift für das gesamte Handels- und Wirtschaftsrecht, S. 1–12.

Bachmann, Gregor (2016) III. Einhaltung der gesetzlichen Bestimmungen – Compliance (Ziff. 4.1.3). In: Kremer, Thomas/Bachmann, Gregor/Lutter, Marcus/von Werder, Axel (Hrsg.) Deutscher Corporate Governance Kodex – Kodex-Kommentar. München: C.H. Beck.

Baecker, Dirk (2008) Womit handeln Banken? Eine Untersuchung zur Risikoverarbeitung in der Wirtschaft. Suhrkamp: Frankfurt a. M.

Bahntje, Udo (1982) Gentlemen's Agreement und Abgestimmtes Verhalten. Königstein im Taunus: Athenäum Verlag.

Bansal, Pratima/Clelland, Iain (2004) Talking Trash: Legitimacy, Impression Management, and Unsystematic Risk in the Context of the Natural Environment. In: The Academy of Management Journal 47, S. 93–103.

Barnard, Chester (1938) The Functions of the Executive. Cambridge, MA: Harvard University Press.

Barth, Niklas/Nassehi, Armin/Schneider, Antonius (2014) Umgang mit Unbestimmtheit – zur Hypermodernität des Hausarztes. In: ZEFQ – Zeitschrift für Evidenz, Fortbildung und Qualität im Gesundheitswesen 108, S. 59–65.

Bauer, Hartmut (1987) Informelles Verwaltungshandeln im öffentlichen Wirtschaftsrecht. In: Verwaltungs-Archiv 78, S. 241–268.

© Springer Fachmedien Wiesbaden GmbH, ein Teil von Springer Nature 2018
M. Schütz et al., *Compliance-Kontrolle in Organisationen*,
https://doi.org/10.1007/978-3-658-17471-2

Baur, Alexander/Holle, Philipp Maximilian (2018) Compliance-Defense bei der Bußgeldbemessung und ihre Einpassung in das rechtliche Pflichtenprogramm. In: NZG – Neue Zeitschrift für Gesellschaftsrecht, S. 14–19.

Bay, Karl-Christian/Hastenrath, Katharina (Hrsg.) (2014) Compliance-Management-Systeme – Praxiserprobte Elemente, Prozesse und Tools. München: C.H. Beck.

Bay, Karl-Christian/Hastenrath, Katharina (Hrsg.) (2016) Compliance-Management-Systeme – Praxiserprobte Elemente, Prozesse und Tools. 2. Aufl., München: C.H. Beck.

Bayer, Walter (2010) Legalitätspflicht der Unternehmensleitung, nützliche Gesetzesverstöße und Regress bei verhängten Sanktionen. In: Bitter, Georg/Lutter, Marcus/Priester, Hans-Joachim/Schön, Wolfgang/Ulmer, Peter (Hrsg.) Festschrift für Karsten Schmidt zum 70. Geburtstag. Köln: Verlag Dr. Otto Schmidt, S. 85–103.

Becker, Franz/Luhmann, Niklas (1963) Verwaltungsfehler und Vertrauensschutz. Möglichkeiten gesetzlicher Regelung der Rücknehmbarkeit von Verwaltungsakten. Berlin: Duncker & Humblot.

Bennis, Warren/Nanus, Bert (1985) Leaders: The Strategies for Taking Charge. New York: Harper and Row.

Bensman, Joseph/Gerver, Israel (1963) Crime and Punishment in the Factory: The Function of Deviancy in Maintaining the Social System. In: American Sociological Review 28, S. 588–598.

Bensman, Joseph/Gerver, Israel (1973) Vergehen und Bestrafung in der Fabrik: Die Funktion abweichenden Verhaltens für die Aufrechterhaltung des Sozialsystems. In: Steinert, Heinz (Hrsg.) Symbolische Interaktion. Arbeiten zu einer reflexiven Soziologie. Stuttgart: Klett, S. 126–138.

Bergmann, Jens (2015) Vom Versuch, „mit dem Arsch an die Wand zu kommen": Paradoxien der Compliance-Kontrolle. In: von Groddeck, Victoria/Wilz, Sylvia Marlene (Hrsg.) Formalität und Informalität in Organisationen, S. 237–260.

Beschorner, Thomas (2015) Kulturalistische Unternehmensethik. In: van Aaken, Dominik/Schreck, Philipp (Hrsg.) Theorien der Wirtschafts- und Unternehmensethik. Berlin: Suhrkamp, S. 151–180.

Bieder, Marcus (2015) Grund und Grenzen der Verfolgungspflicht des Aufsichtsrats bei pflichtwidrigem Vorstandshandeln. In: NZG – Neue Zeitschrift für Gesellschaftsrecht, S. 1178–1186.

Bings, Sophie Luise/Link, Marcus (2017) CB-Kommentar zu BGH, 9.5.2017 – 1 StR 265/16. In: Compliance-Berater 2017, S. 332.

Bode, Aiko (2014) Kapitel 1. Compliance-Kultur. In: Bay, Karl-Christian/Hastenrath, Katharina (Hrsg.) Compliance-Management-Systeme – Praxiserprobte Elemente, Prozesse und Tools. München: C.H. Beck.

Bohne, Eberhard (1981) Der informale Rechtsstaat. Eine empirische und rechtliche Untersuchung zum Gesetzesvollzug unter besonderer Berücksichtigung des Immissionsschutzes. Berlin: Duncker & Humblot.

Bohne, Eberhard (1984) Informales Verwaltungs- und Regulierungshandeln als Instrument des Umweltschutzes. In: Verwaltungsarchiv 75, S. 343–374.

Bohne, Eberhard (2013) Der informale Regulierungsstaat am Beispiel der Energiewirtschaft. In: Franzius, Claudio/Lejeune, Stefanie/von Lewinski, Kai/Meßerschmidt, Klaus/Michael, Gerhard/Rossi, Matthias/Schilling, Theodor/Wysk, Peter (Hrsg.) Beharren. Bewegen. Festschrift für Michael Kloepfer zum 70. Geburtstag. Berlin: Duncker & Humblot, S. 529–549.

Boldt, Timo/Büll, Karsten/Voss, Michael (2013) Die neue MaRisk-Compliance-Funktion: Ein Leitfaden für die Bankpraxis. Köln: Bank-Verlag.

Boschma, Ron (2005) Proximity and Innovation. In: Regional Studies 39, S. 61–74.

Bosetzky, Horst (1972) Die instrumentelle Funktion der Beförderung. In: Verwaltungsarchiv 63, S. 372–384.

Boxenbaum, Eva/Battilana, Julie (2005) Importation as innovation: Transposing managerial practices across fields. In: Strategic Organization 3, S. 1–29.

Braun-Thürmann, Holger (2005) Innovationssoziologie. Bielefeld: transcript.

Breisig, Thomas (2015) Betriebliche Organisation. Organisatorische Grundlagen und Managementkonzepte. 2. Aufl., Herne: NWB.

Breisig, Thomas (2016) Personal. Grundlagen und Handlungsfelder aus arbeitspolitischer Perspektive. 2. Aufl., Herne: NWB.

Brock, Karl (2017) Legalitätsprinzip und Nützlichkeitserwägungen. Berlin: Duncker & Humblot.

Brohm, Winfried (1994) Rechtsstaatliche Vorgaben für informelles Verwaltungshandeln. In: DVBl. – Deutsches Verwaltungsblatt 109, S. 133–139.

Brunsson, Nils (1989) The Organization of Hypocrisy: Talk, Decisions, and Actions in Organizations. Chichester: John Wiley & Sons Inc.

Brunsson, Nils (1993) The Necessary Hypocrisy. In: The International Executive 35, S. 1–9.

Brunsson, Nils (2003) Organized Hypocrisy. In: Czarniawska, Barbara/Sevón Gute (Hrsg.) The Northern Lights. Organization Theory in Scandinavia. Kopenhagen, Malmö, Oslo: Copenhagen Business School Press, S. 201–222.

Brunsson, Nils (2005) Reform als Routine. In: Corsi, Giancarlo/Esposito, Elena (Hrsg.) Reform und Innovation in einer unstabilen Gesellschaft. Stuttgart: Lucius & Lucius, S. 9–25.

Brunsson, Nils/Sahlin-Andersson, Kerstin (2000) Constructing Organizations: The Example of Public Sector Reform. In: Organization Studies 21, S. 721–746.

Brunsson, Nils/Rasche, Andreas/Seidl, David (2011) The Dynamics of Standardization: Three Perspectives on Standards in Organization Studies. In: Organization Studies 33, S. 613–632.

Bull, Hans Peter/Mehde, Veith (2015) Allgemeines Verwaltungsrecht mit Verwaltungslehre. Heidelberg, München, Landsberg, Frechen, Hamburg: C.F. Müller.

Burns, Tom (1961) Micropolitics: Mechanisms of Institutional Change. In: Administrative Science Quarterly 6, S. 257–281.

Bussmann, Kai-D. (2009) Compliance in der Zeit nach Siemens – Corporate Integrity, das unterschätzte Konzept. In: BFuP – Betriebswirtschaftliche Forschung und Praxis, S. 506–522.

Bussmann, Kai-D. (2011) Sozialisation im Unternehmen durch Compliance. In: Schröder, Christian/Hellmann, Uwe (Hrsg.) Festschrift für Hans Achenbach. Heidelberg, München, Landsberg, Frechen, Hamburg: C.F. Müller, S. 57–82.

Bussmann, Kai-D. (2016) Integrität durch nachhaltiges Compliance Management über Risiken, Werte und Unternehmenskultur. In: CCZ – Corporate Compliance Zeitschrift, S. 50–57.

Bürkle, Jürgen (2007) Corporate Compliance als Standard guter Unternehmensführung des Deutschen Corporate Governance Kodex. In: Betriebs-Berater, S. 1797–1801.

Canaris, Claus-Wilhelm (1971) Die Vertrauenshaftung im deutschen Privatrecht. München: C.H. Beck.

Canaris, Claus-Wilhelm (2001) Die Reform des Rechts der Leistungsstörungen. In: JZ – JuristenZeitung, S. 499–528.

Canaris, Claus-Wilhelm (2006) Handelsrecht. 24. Aufl., München: C.F. Müller.

Cicero, Marcus T. (1891) The Orations of Marcus Tullius. Literally translated by C.D. Yonge. London: George Bell & Sons, York Street, Covent Garden, Chapter 14.

Coen, Christoph (2011) Ankauf und Verwertung deliktisch beschaffter Beweismittel in Steuerstrafverfahren aus völkerrechtlicher Sicht. In: NStZ – Neue Zeitschrift für Strafrecht, S. 433–436.

CompCor Compliance Solutions GmbH & Co KG – Brettspiele. https://www.compcor.de/trainingsprodukte/compliance-brettspiel.html (letzter Abruf: 23.01.2018).

CompCor Compliance Solutions GmbH & Co KG – Comics. https://www.compcor.de/trainings-produkte/compliance-comics.html (letzter Abruf am 23.01.2018).

Cragg, Wesley (2005) Ethics, Globalizations and the Phenomenon of Self-Regulation: An Intro-
duction. In: Cragg, Wesley (Hrsg.) Ethics Codes, Corporations and the Challenge of Globaliza-
tion. Cheltenham: Edward Elgar Publishing.

Crozier, Michel/Friedberg, Erhard (1993) Die Zwänge kollektiven Handelns. Über Macht und
Organisation. Königstein: Beltz Athäneum.

Culjak, Anna (2015) Organisation und Devianz. Eine empirische Fallrekonstruktion der Havarie
der Costa Concordia. Wiesbaden: Springer VS.

Deci, Edward L./Ryan, Richard M. (1993) Die Selbstbestimmungstheorie der Motivation und ihre
Bedeutung für die Pädagogik. In: Zeitschrift für Pädagogik 39, S. 223–238.

DiMaggio, Paul J./Powell, Walter W. (1983) The Iron Cage revisited. In: American Sociological
Review 48, S. 147–160.

Dinheiro Vivo (2015) Reputação do 'made in Germany' não será afetada pelo escândalo Volkswagen,
10.10.2015. https://www.dinheirovivo.pt/empresas/reputacao-do-made-in-germany-nao-sera-afe-
tada-pelo-escandalo-volkswagen/ (letzter Abruf: 25.02.2018).

Dischner, Simon/Sieweke, Jost/Süß, Stefan (2013) Regeln in interorganisationalen Projekten: Eine
qualitative Studie. In: Koch, Jochen/Sydow, Jörg (Hrsg.) Managementforschung 22 (Organisation von Temporalität und Temporärem), S. 157–192.

Dreier, Horst (1993) Informales Verwaltungshandeln. In: Staatswissenschaft und Staatspraxis,
S. 647–681.

Duden (1997) Etymologie. Herkunftswörterbuch der deutschen Sprache. Band 7. 2. Aufl., Mann-
heim: Dudenverlag.

Dütz, Wilhelm/Thüsing, Gregor (2012) Arbeitsrecht. 17. Aufl., München: C.H. Beck.

Easterbrook, Frank H./Fischel, Daniel R. (1982) Antitrust Suits by Targets of Tender Offers. In:
Michigan Law Review 80, S. 1155–1178.

Edquist, Charles/Johnson, Björn (1997) Institutions and Organizations in Systems of Innovation.
In: Edquist, Charles (Hrsg.) Systems of Innovation. Technologies, Institutions and Organizations. London, New York: Routledge.

Ehricke, Ulrich (1989) „Soft law" – Aspekte einer Rechtsquelle. In: NJW – Neue Juristische
Wochenschrift, S. 1906–1908.

Eisenberg, Götz (2015) „Brauchbare Illegalität" – Über das Verschwinden der Moral aus
der Wissenschaft, 27.11.2015. http://www.nachdenkseiten.de/?p=29103 (letzter Abruf:
22.02.2018).

Englerth, Markus (2010) Verhaltensökonomie. In: Towfigh, Emanuel V./Petersen, Niels (Hrsg.)
Ökonomische Methoden im Recht. Tübingen: Mohr Siebeck, S. 165–199.

Engländer, Armin (2013) Norm und Sanktion – Kritische Anmerkungen zum Sanktionsmodell der
Norm. In: RECHTSWISSENSCHAFT – Zeitschrift für rechtswissenschaftliche Forschung,
S. 193–207.

Eufinger, Alexander (2012) Zu den historischen Ursprüngen der Compliance. In: CCZ – Corporate
Compliance Zeitschrift, S. 21–22.

Eufinger, Alexander (2017) Grundsätze der Arbeitnehmerhaftung und Compliance-Verstöße. In:
CCZ – Corporate Compliance Zeitschrift, S. 130–137.

Fabricius, Michael/Gotthold, Kathrin (2012) Bankdaten: Darf der Staat Steuer-CDs kaufen – Ja
oder Nein? 21.07.2012. https://www.welt.de/finanzen/article108352733/Darf-der-Staat-Steuer-
CDs-kaufen-Ja-oder-nein.html (letzter Abruf: 04.03.2018).

Faßbender, Paul-Otto (2015) 18 Jahre ARAG Garmenbeck – und alle Fragen offen? In: NZG –
Neue Zeitschrift für Gesellschaftsrecht, S. 501–508.

Fehling, Michael (2012) Informelles Verwaltungshandeln. In: Hoffmann-Riem, Wolfgang/
Schmidt-Aßmann, Eberhard/Voßkuhle, Andreas (Hrsg.) Grundlagen des Verwaltungsrechts –
Band II. 2. Aufl., München: C.H. Beck.

Fehling, Michael (2017) Die „neue Verwaltungsrechtswissenschaft" – Problem oder Lösung. In: Burgi, Martin (Hrsg.) Die Verwaltung. Beiheft 12. Berlin: Duncker & Humblot, S. 65–103.

Fezer, Karl-Heinz (1986) Aspekte einer Rechtskritik an der economic analysis of law und am property rights approach. In: JZ – Juristen-Zeitung, S. 817–824.

Fissenewert, Peter (2017) Auswirkungen des Abgasskandals auf die Compliance-Entwicklung (Editorial). In: Compliance-Berater, S. I.

Fleischer, Holger (2005) Aktienrechtliche Legalitätspflicht und „nützliche" Pflichtverletzungen von Vorstandsmitgliedern. In: ZIP – Zeitschrift für Wirtschaftsrecht, S. 141–152.

Fleischer, Holger (2008a) Haftung des herrschenden Unternehmens im faktischen Konzern und unternehmerisches Ermessen (§§ 317 II, 93 I AktG) – Das UMTS-Urteil des BGH –. In: NZG – Neue Zeitschrift für Gesellschaftsrecht, S. 371–373.

Fleischer, Holger (2008b) Kartellrechtsverstöße und Vorstandsrecht. In: Betriebs-Berater, S. 1070–1076.

Fleischer, Holger (2015a) § 91 AktG Organisation; Buchführung. In: Spindler, Gerald/Stilz, Eberhard (Hrsg.) Kommentar zum Aktiengesetz. Band 1. 3. Aufl., München: C.H. Beck.

Fleischer, Holger (2015b) § 93 AktG Sorgfaltspflicht und Verantwortlichkeit der Vorstandsmitglieder. In: Spindler, Gerald/Stilz, Eberhard (Hrsg.) Kommentar zum Aktiengesetz. Band 1. 3. Aufl., München: C.H. Beck.

Frankfurter Allgemeine Zeitung (2015) Nützliche Illegalität, 04.10.2015. http://www.faz.net/aktuell/wirtschaft/diesel-affaere/was-geschah-bei-vw-nuetzliche-kriminalitaet-13837008.html (letzter Abruf: 04.03.2018).

Frankfurter Allgemeine Zeitung (2018) VW: Keine Forschung mehr mit der Konkurrenz, 21.02.2018. http://www.faz.net/aktuell/wirtschaft/unternehmen/vw-stellt-alle-forschungsprojekte-auf-den-pruefstand-15459472.html (letzter Abruf: 22.08.2018).

Frey, Harald (2014) Massenabmahnungen und Social Norm Backlash im Urheberrecht. In: ZUM – Zeitschrift für Urheber- und Medienrecht, S. 554–558.

Gärditz, Klaus Ferdinand (2017) Die „Neue Verwaltungsrechtswissenschaft". In: Burgi, Martin (Hrsg.) Die Verwaltung, Beiheft 12. Berlin: Duncker & Humblot, S. 105–145.

Gotzens, Markus (2005) Nützliche Aufwendungen und das Abzugsverbot nach § 4 Abs. 5 Nr. 10 EStG. In: DStR – Deutsches Steuerrecht, S. 673–678.

Granovetter, Mark (1973) The Strength of Weak Ties. In: American Journal of Sociology 78, S. 1360–1380.

Granovetter, Mark (1985) Economic Action and Social Structure: The Problem of Embeddedness. In: American Journal of Sociology 91, S. 481–510.

Gulick, L. (1937) Notes on the Theory of Organization. In: Shafritz, Jay M./Ott, J. Steven/Jang, Yong Suk (Hrsg.): Classics of Organization Theory. Belmont: Wadsworth.

Gusy, Christoph (2000) Verwaltung durch Information – Empfehlungen und Warnungen als Mittel des Verwaltungshandelns. In: NJW – Neue Juristische Wochenschrift, S. 977–986.

Grützner, Thomas/Jakob, Alexander (2015) Compliance von A-Z. 2. Aufl., München: C.H. Beck.

Gutenberg, Erich (1983) Grundlagen der Betriebswirtschaftslehre. Band 1. Die Produktion. 24. Aufl., Berlin, Heidelberg, New York: Springer.

Habersack, Mathias (2014) Grund und Grenzen der Compliance-Verantwortung des Aufsichtsrats der AG. In: AG – Die Aktiengesellschaft, S. 1–8.

Hank, Rainer (2017) Lob der Macht. Stuttgart: Klett Cotta.

Hansen, Nina/Küpper, Willi (2009) Power Strategies and Power Sources of Management. The Micro-politics of Strategizing. Paper for presentation at the 25th EGOS Colloquium, Barcelona, 2.-4.7.2009.

Harnos, Rafael (2013) Geschäftsleiterhaftung bei unklarer Rechtslage – Eine Untersuchung am Beispiel des Kartellrechts. Berlin: Duncker & Humblot.

Hasse, Raimund/Krücken, Georg (2005) Neo-Institutionalismus. 2. Aufl., Bielefeld: transcript.

Hasselbach, Kai/Ebbinghaus, Felix (2014) Anwendung der Business Judgment Rule bei unklarer Rechtslage. In: AG – Die Aktiengesellschaft, S. 873–883.

Hauschka, Christoph E. (2017) Der „Ehrbare Kaufmann" im Deutschen Corporate Governance Kodex in der Fassung der Änderung 2017. In: CCZ – Corporate Compliance, S. 97.

Hauschka, Christoph E./Moosmayer, Klaus/Lösler, Thomas (2016) Corporate Compliance – Handbuch der Haftungsvermeidung im Unternehmen. 3. Aufl., München: C.H. Beck.

Heintz, Bettina (2014) Die Unverzichtbarkeit von Anwesenheit. Zur weltgesellschaftlichen Bedeutung globaler Interaktionssysteme. In: Zeitschrift für Soziologie (Sonderheft) 2014, S. 229–250.

Herzog, Henning (2010) Compliance-Organisation und die neue Institutionenökonomik. In: ZRFC – Risk, Fraud and Compliance, S. 12–17.

Hochschulrektorenkonferenz (2018) https://www.hochschulkompass.de (letzter Abruf: 20.02.2018 [Suchfeldeingabe erforderlich].

Holmblad Brunsson, Karin (2010) What's in a name? Benämning som management-metod. In: Scandinavian Journal of Public Administration 14, S. 51–68.

Hoffmann-Riem, Wolfgang (1984) Rezension zu Eberhard Bohne: Der informale Rechtsstaat. In: AöR – Archiv des öffentlichen Rechts. Band 109, S. 479–480.

Hoven, Elisa/Kubiciel, Michael (2018) Ende der Schonzeit – Im deutschen Strafrecht werden nur korrupte Mitarbeiter bestraft, nie korrupte Firmen. Das muss sich dringend ändern. In: Die Zeit, 18.01.2018, S. 12.

Hussain, Asma S. (2011) Wie baut man eine Ethik-Abteilung auf? Ein praktischer Leitfaden. In: CCZ – Corporate Compliance, S. 134–138.

Hüffer, Uwe/Koch, Jens (2016) Beck'sche Kurz-Kommentare – Aktiengesetz, 12. Aufl., München: C.H. Beck.

Ihrig, Hans-Christoph (2004) Reformbedarf beim Haftungstatbestand des § 93 AktG. In: WM – Wirtschafts- und Bankrecht, S. 2098–2107.

Jahn, Joachim (2018) Wenn „Heuschrecken" auf Zeit spielen, 21.02.2018 http://einspruch.faz.net/einspruch-magazin/2018-02-21/c94ba287c84a4e2dd3cac89adb1f9720/?GEPC=s3 (letzter Abruf: 25.02.2018).

Jensen, Michael Cole/Meckling, William H. (1976) Theory of the Firm. Managerial Behavior, Agency Costs, and Ownership Structure. In: Journal of Financial Economics 3, S. 305–360.

Jux, Colline/Saby, Chloé (2017) Top Management und Compliance: Top oder Flop?. In: Compliance Berater, S. 353–357.

Kellner, Martin (2004) Haftungsprobleme bei informellem Verwaltungshandeln. Berlin: Duncker & Humblot.

Kette, Sven (2017) Vertrauen ist gut, Kontrolle ist besser? Dysfunktionen organisationalen Compliance-Managements (unveröffentlichtes Manuskript).

Kette, Sven (2018) Unsichere Verantwortungszurechnungen – Dynamiken organisationalen Compliance Managements. In: GesR – GesundheitsRecht 17, S. 3–6.

Kieser, Alfred/Kubicek, Herbert (1992) Organisation. 3. Aufl., Berlin: De Gruyter.

Kieser, Alfred (1997) Rhetoric and Myth in Management Fashion. In: Organization 4, S. 49–74.

Kieser, Alfred/Walgenbach, Peter (2007) Organisation. 5. Aufl., Stuttgart: Schäffer-Poeschel.

Kieser, Alfred /Ebers, Mark (2014) Organisationstheorien. 6. Aufl., Stuttgart: Kohlhammer.

Kirchhof, Gregor (2017) Nudging – zu den rechtlichen Grenzen informalen Verwaltens. In: ZRP – Zeitschrift für Rechtspolitik, S. 136–137.

Kirstein, Sandra (2009) Unternehmensreputation. Corporate Social Responsibility als strategische Option für deutsche Automobilhersteller. Wiesbaden: Gabler.

Kischel, Uwe (2015) Rechtsvergleichung. München: C.H. Beck.

Koch, Jens (2006) Das Gesetz zur Unternehmensintegrität und Modernisierung des Anfechtungsrechts (UMAG). In: ZGR – Zeitschrift für Unternehmens- und Gesellschaftsrecht, S. 769–804.

Koch, Jens (2016) Investorenkontakte des Aufsichtsrats: Rechtssicherheit durch den Deutschen Corporate Governance Kodex? In: Betriebs-Berater 2016, Heft, 50, S. I.

Koch, Sascha/Schemmann, Michael (2009) (Hrsg.) Neo-Institutionalismus in der Erziehungswissenschaft. Grundlegende Texte und empirische Studien. Wiesbaden: VS Verlag.

Kocher, Dirk (2008) Zur Reichweite der Business Judgment Rule. In: CCZ – Corporate Compliance Zeitschrift, S. 215–221.

Kort, Michael (2008) Verhaltensstandardisierung durch Corporate Compliance. In: NZG – Neue Zeitschrift für Gesellschaftsrecht, S. 81–86.

Kosiol, Erich (1962) Organisation der Unternehmung. Wiesbaden: Gabler Verlag.

Kosiol, Erich (1968) Einführung in die Betriebswirtschaftslehre: Die Unternehmung als wirtschaftliches Aktionszentrum. Wiesbaden: Gabler Verlag.

Kosiol, Erich (1976) Die Organisation der Unternehmung. 2. Aufl., Wiesbaden.

Kuh, George D./Whitt, Elzabeth J. (1988) The Invisible Tapestry. Culture in American Colleges and Universities. ASHE-ERIC Higher Education, Report No. 1, 1988. Association for the Study of Higher Education. Canadian Association of Univ. Teachers, Ottawa (Ontario).

Kühl, Stefan (2006) Welche Daseinsberechtigung hat Personalarbeit? Ein Thesenpapier mit Begründungen. http://www.uni-bielefeld.de/soz/personen/kuehl/pdf/Paper6.2006-Welche-Daseinsberechtigung-hat-Personalarbeit.pdf (letzter Abruf: 20.02.2018).

Kühl, Stefan (2010) Die formale Seite der Organisation. Überlegungen zum Konzept der entschiedenen Entscheidungsprämissen. http://www.uni-bielefeld.de/soz/personen/kuehl/pdf/Formale-Seite-Workingpaper-1-25052010-endgultig.pdf (letzter Abruf: 20.02.2018).

Kühl, Stefan (2011) Organisationen. Eine sehr kurze Einführung. Wiesbaden: VS Verlag.

Kühl, Stefan (2013) Die Infantilisierung der Mitarbeiter durch die Führungskräftebeschimpfungsliteratur. http://www.uni-bielefeld.de/soz/personen/kuehl/pdf/Kuehl-Stefan-Working-Paper-2_2013-Fuehrungskraeftebeschimpfungsliteratur-27022013.pdf.

Kühl, Stefan (2015a) An VW wird das Falsche kritisiert. In: Frankfurter Allgemeine Zeitung, 29.09.2015, S. 23.

Kühl, Stefan (2015b) Volkswagen ist überall. Die alltägliche Normalität der Regelabweichung, 08.10.2015. https://soziopolis.de/beobachten/wirtschaft/artikel/volkswagen-ist-ueberall/#sdfootnote1anc (letzter Abruf: 20.02.2018).

Kühl, Stefan (2015c) Bensman/Gerver (1963): Crime and Punishment in the Factory. In: Ders. (Hrsg.) Schlüsselwerke der Organisationsforschung. Wiesbaden: Springer VS, S. 85–87.

Kühl, Stefan (2016a) Leitbilder erarbeiten. Eine kurze organisationstheoretisch informierte Handreichung. Wiesbaden: Springer VS.

Kühl, Stefan (2016b) Strategien entwickeln. Eine kurze organisationstheoretisch informierte Handreichung. Wiesbaden: Springer VS.

Kühl, Stefan (2017) Märkte explorieren. Eine kurze organisationstheoretisch informierte Handreichung. Wiesbaden: Springer VS.

Kühl, Stefan/Schütz, Marcel (2017) Jeder ein Unternehmer? – Zu Risiken und Nebenwirkungen der Vorstellung von „unternehmerischen Mitarbeitern". In: Hirzel, Matthias (Hrsg.) Intrapreneurship – top-down or bottom-up. Frankfurt a. M.: HLP Management Connex, S. 63–73.

Kühl, Stefan/Wallrabenstein, Astrid (2018) Zum Surfen in rechtlichen Grauzonen. In: GesR – GesundheitsRecht 17, S. 1–3.

Kühl, Stefan (2018a) Das moralisierende Unternehmen. Wie die Forderung nach Integrität Mitarbeiter zu Heuchlern macht. Working Paper (unveröffentlichtes Manuskript).

Kühl, Stefan (2018b) Organisationskultur. Eine Konkretisierung aus systemtheoretischer Perspektive. In: Managementforschung 27, S. 1–29 (online first).

Kühl Stefan/Langemeyer Ines/Reinmann Gabi, Schütz, Marcel (2017) Wirklichkeitsfremd und wettbewerbsfixiert. Zur Forderung des Wissenschaftsrates nach „Lehrverfassungen". In: Frankfurter Allgemeine Zeitung, 18.05.2017, S. 8.

Langenbucher, Katja (2014) Rechtsermittlungspflichten und Rechtsbefolgungspflichten des Vorstands – Ein Beitrag zur aktienrechtlichen Legalitätspflicht. In: Bitter, Georg/Ott, Claus/Schimansky, Herbert (Hrsg.) Bankgeschäfte zwischen Markt, Regulierung und Insolvenz – Festschrift für Hans-Jürgen Lwowski zum 75. Geburtstag. München: C.H. Beck.

Laske, Stephan/Meister-Scheytt, Claudia/Küpers, Wendelin (2006) Organisation und Führung. In: Hanft, Anke (Hrsg.) Studienreihe Bildungs- und Wissenschaftsmanagement. Band 3. Münster, New York, München, Berlin: Waxmann.

Lehmann, Matthias (2017) Braucht Europa ein Handelsgesetzbuch? In: ZHR – Zeitschrift für das gesamte Handels- und Wirtschaftsrecht, S. 9–42.

Linssen, Ruth (2016) Compliance-Kommunikation braucht Kopf und Bauch. Oder: Was wir von der Werbung lernen können. In: CCZ – Corporate Compliance, S. 198–201.

Lodge, Martin C./Wegrich, Kai (2012) Managing Regulation: Regulatory Analysis, Politics and Policy. Basingstoke: Palgrave Macmillan.

Looschelders, Dirk (2016) Schuldrecht – Allgemeiner Teil. 14. Aufl., München: Verlag Franz Vahlen.

Lösler, Thomas (2005) Das moderne Verständnis von Compliance im Finanzmarktrecht. In: NZG – Neue Zeitschrift für Gesellschaftsrecht, S. 104–108.

Luhmann, Niklas (1964) Funktionen und Folgen formaler Organisation. Berlin: Duncker & Humblot.

Luhmann, Niklas (1966) Recht und Automation in der öffentlichen Verwaltung. Eine verwaltungswissenschaftliche Untersuchung. Berlin: Duncker & Humblot.

Luhmann, Niklas (1971) Reform des öffentlichen Dienstes. Zum Problem ihrer Probleme. In: Ders. Politische Planung. Aufsätze zur Soziologie von Politik und Verwaltung. 1. Aufl., Opladen: Westdeutscher Verlag, S. 203–256.

Luhmann, Niklas (1993) Gibt es in unserer Gesellschaft noch unverzichtbare Normen? Heidelberg: Müller.

Luhmann, Niklas (1994) Die Wirtschaft der Gesellschaft. Frankfurt a. M.: Suhrkamp.

Luhmann, Niklas (1995) Das Recht der Gesellschaft. Frankfurt a. M.: Suhrkamp.

Luhmann, Niklas (2009) Gibt es in unserer Gesellschaft noch unverzichtbare Normen? [DVD-Mitschnitt, ursprünglich 1993] München.

Luhmann, Niklas (2011) Organisation und Entscheidung. 2. Aufl., Wiesbaden: VS Verlag für Sozialwissenschaften.

Luhmann, Niklas (2016) Der neue Chef. Frankfurt a. M.: Suhrkamp.

Luhmann, Niklas (2017) Systemtheorie der Gesellschaft. Frankfurt a. M.: Suhrkamp.

Managerhaftung – Compliance – Spielregeln für Unternehmen https://www.youtube.com/watch?v=Cs1ehQn_VkI&list=PLM-G5tD_TCoEetiO5lnSLQKlqnThAIGrX. (letzter Abruf: 23.01.2018).

Martens, Wil/Ortmann, Günter (2014) Organisationen in Luhmanns Systemtheorie. In: Kieser, Alfred/Ebers, Mark (Hrsg.) Organisationstheorien. 7. Aufl., Stuttgart: Kohlhammer, S. 407–440.

McAdams, Richard H./Rasmusen, Eric B. (2007) Norms and the Law. In: Polinsky A. Mitchell/Shavell, Steven (Hsrg) Handbook of Law and Economics. 2. Aufl., North Holland: Elsevier, S. 1573–1618.

Medicus, Dieter/Petersen, Niels (2017) Bürgerliches Recht. 26. Aufl., München: Verlag Franz Vahlen.

Meier, Horst (2005) Diener jeder Ordnung? Über Juristen, Recht und Macht. In: NDR Kultur, Gedanken zur Zeit, 11.03.2005.

Meier, Horst (2012a) Lob des Rechtspositivismus. In: Ders. Protestfreie Zonen? Variationen über Bürgerrechte und Politik. Berlin: Berliner Wissenschafts-Verlag, S. 210–216.

Meier, Horst (2012b) Richten mit beschränkter Haftung. Haben DDR-Richter das Recht gebeugt? In: Ders. Protestfreie Zonen? Variationen über Bürgerrechte und Politik. Berlin: Berliner Wissenschafts-Verlag, S. 239–244.

Mense, Christian/Klie, Marcus (2017) Deutscher Corporate Governance Kodex 2017 – Auswirkungen der aktuellen Änderungen für die Praxis. In: Betriebs-Berater, S. 771–777.

Mense-Petermann, Ursula (2012) Multinationals, Transnationals, Global Players. In: Apelt, Maja/ Tacke, Veronika (Hrsg.) Handbuch Organisationstypen. Wiesbaden: Springer VS, S. 43–61.

Merkt, Hanno (2014) Compliance und Risikofrüherkennung in kleinen und mittleren Unternehmen. In: ZIP – Zeitschrift für Wirtschaftsrecht 2014, S. 1705–1714.

Merkt, Hanno (2017) Rechtliche Grundlagen der Business Judgment Rule im internationalen Vergleich zwischen Divergenz und Konvergenz. In: ZGR – Zeitschrift für Unternehmens- und Gesellschaftsrecht, S. 142–148.

Meyer, John W. (1999) The Changing Cultural Content of the Nation-State: A world society perspective. In: Steinmetz, George (Hrsg.): State and Culture: New Approaches to the State after the Cultural Turn. Ithaca, S. 123–143.

Meyer, John W. (2005) Weltkultur: Wie die westlichen Prinzipien die Welt durchdringen. Frankfurt a. M.: Suhrkamp.

Meyer, John W./Ramirez, Francisco (2005) Die globale Institutionalisierung der Bildung. In: Meyer, John W. (Hrsg.) Weltkultur. Wie die westlichen Prinzipien die Welt durchdringen. Frankfurt a. M.: Suhrkamp, S. 212–234.

Meyer, John W./Rowan, Brian (1977) Institutionalized Organizations. Formal Structure as Myth and Ceremony. In: American Journal of Sociology 83, S. 340–363.

Mintzberg, Henry (1980) Structure in Five. In: Management Science 26, S. 322–341.

Mintzberg, Henry (1990) The Manager's Job: Folklore and Fact. In: Harvard Business Review, S. 12–20.

Moosmayer, Klaus (2015) Compliance – Praxisleitfaden für Unternehmen. 3. Aufl., München: C.H. Beck.

Morgan, Gareth (2006) Images of Organization. 3. Aufl., Thousand Oaks, CA: SAGE.

Möllers, Christoph (2005) Netzwerk als Kategorie des Organisationsrechts. Zur juristischen Beschreibung dezentraler Steuerung. In: Oebbecke, Janbernd (Hrsg.) Nicht-normative Steuerung in dezentralen Systemen. Stuttgart: Franz Steiner Verlag, S. 285–302.

Möllers, Christoph (2015) Die Möglichkeit der Normen. Berlin: Suhrkamp.

Mucha, Anna/Endemann, Aleksandra/Rastetter, Daniela (2015) Mikropolitik am Arbeitsplatz: Qualitative Studien zur Anwendung von Taktiken in Unternehmen. München: Rainer Hampp Verlag.

Müller-Böling, Detlef (1997) Zur Organisationsstruktur von Universitäten, in: Die Betriebswirtschaft 57, S. 603–614.

Neuberger, Oswald (2002) Führen und führen lassen. 6. Aufl., Stuttgart: UTB.

Neuberger, Oswald (2015) Mikropolitik und Moral in Organisationen, 2. Aufl., Stuttgart: UTB.

Nezmeskal-Berggötz, Susanna (2009) Einführung und Inhalte von Ethikrichtlinien in multinationalen Unternehmen. In: CCZ – Corporate Compliance, S. 209–215.

Nicolai, Alexander T. (2000) Die Strategie-Industrie: Systemtheoretische Analyse des Zusammenspiels von Wissenschaft, Praxis und Unternehmensberatung. Wiesbaden: Deutscher Universitäts-Verlag.

Nicolai, Alexander T./Kieser, Alfred (2002) Trotz eklatanter Erfolglosigkeit: Die Erfolgsfaktoren-forschung weiter auf Erfolgskurs. In: Die Betriebswirtschaft 62, S. 579–596.

Nooteboom, Bart (2000) Learning and Innovations in Organizations and Economies. Oxford University Press.

Oetker, Harmut (2016) § 249 BGB Art und Umfang des Schadensersatzes. In: Säcker, Franz Jürgen/Rixeger, Roland/Oetker, Harmut/Limperg, Bettina (Hrsg.) Münchener Kommentar zum Bürgerlichen Gesetzbuch. Band 2. München: C.H. Beck.

Oetker, Harmut (2017) Handelsgesetzbuch – Kommentar. 5. Aufl., München: C.H. Beck.

Ohrtmann, Nicola (2009) Compliance – Anforderungen an rechtskonformes Verhalten öffentlicher Unternehmen. Köln: Wolters Kluwer.

Oliver, Christine (1991) Strategic Responses to Institutional Processes. In: The Academy of Management Review 16, S. 145–179.

Osrecki, Fran (2015) Fighting Corruption with Transparent Organizations: Anti-corruption and Functional Deviance in Organizational Behavior. In: Ephemera – Theory & Politics in Organization 15, S. 337–364.

Ossenbühl, Fritz (1987) Informelles Hoheitshandeln im Gesundheits- und Umweltschutz. In: UTR – Jahrbuch des Umwelt- und Technikrechts, S. 27–48.

Ott, Nicolas (2017) Anwendungsbereich der Business Judgment Rule aus Sicht der Praxis – Unternehmerische Entscheidungen und Organisationsermessen des Vorstands. In: ZGR – Zeitschrift für Unternehmens- und Gesellschaftsrecht, S. 149–173.

Paefgen, Walter G. (2009) Die Darlegungs- und Beweislast bei der Business Judgment Rule. In: NZG – Neue Zeitschrift für Gesellschaftsrecht, S. 891–896.

Palazzo, Guido/Rasche, Andreas (2014) CSR-Compliance: Globale Unternehmensverantwortung zwischen Hard Law und Soft Law. In: Wieland, Josef/Steinmeyer, Roland/Grüninger, Stephan (Hrsg.) Handbuch Compliance-Management. 2. Aufl., Berlin: Erich Schmidt Verlag, S. 1091–1106.

Parsons, Talcott (1960) Structure and Process in Modern Societies. Glencoe, Ill.: Free Press.

Paul, Axel T./Schwalb, Benjamin (2012) Kriminelle Organisationen. In: Apelt, Maja/Tacke, Veronika: Handbuch Organisationstypen. Wiesbaden: Springer VS, S. 327–344.

Pauthner, Jürgen/Stephan, Hans-Jürgen (2016) § 16. Compliance-Management-Systeme für Unternehmensrisiken im Wirtschaftsstrafrecht. In: Hauschka, Christoph E./Moosmayer, Klaus/Lösler, Thomas (Hrsg.) Corporate Compliance – Handbuch der Haftungsvermeidung im Unternehmen. 3. Aufl., München: C.H. Beck.

Pfriem, Reinhard/Schneidewind, Uwe/Barth, Jonathan/Graupe, Silja/Korbun, Thomas (Hrsg.) (2017) Transformative Wirtschaftswissenschaft im Kontext nachhaltiger Entwicklung. Marburg: Metropolis-Verlag.

Podolski, Tanja (2016) Compliance-IT für Unternehmen: Eine Frage der Haftung, 08.01.2016. http://www.lto.de/recht/hintergruende/h/compliance-unternehmen-it-rechtsberatung-haftung/ (letzter Abruf: 19.01.2018).

Poppe, Sina (2010) Begriffsbestimmung Compliance: Bedeutung und Notwendigkeit. In: Görling, Helmut/Inderst, Cornelia/Bannenberg, Britta (Hrsg.) Compliance – Aufbau – Management – Risikobereiche. Heidelberg, München, Landsberg, Frechen, Hamburg: C.F. Müller, S. 1–12.

Poppelreuter, Stefan (2016) „Dienst nach Vorschrift" ist das Größte, 23.03.2016. https://blog.tuv.com/dienst-nach-vorschrift-ist-das-groesste/ (letzter Abruf: 20.02.2018).

Powell, Walter W./DiMaggio, Paul J. (1983) The Iron Cage Revisited: Institutional Isomorphism and Collective Rationality in Organizational Fields. In: American Sociological Review 48, S. 147–160.

Powell, Walter W./DiMaggio, Paul J. (1991) The New Institutionalism in Organizational Analysis. 2. Aufl., Chicago: University of Chicago Press.

Pratt, John W./Zeckhauser, Richard J. (1993) Principals and Agents: The Structure of Business: Brighton, Massachussetts: Harvard Business School Press.

Preisendörfer, Peter (2008) Organisationssoziologie: Grundlagen, Theorien und Problemstellungen. 2. Aufl., Wiesbaden: VS Verlag.

Preisendörfer, Peter (2011) Organisationssoziologie: Grundlagen, Theorien und Problemstellungen. 3. Aufl., Wiesbaden: VS Verlag.

Preisendörfer, Peter (2016) Von Formalität hin zu mehr Informalität: Wandlungstendenzen der Außenbeziehungen von Organisationen zu Individuen in der modernen Gesellschaft. In: Conrad, Peter/ Koch, Jochen/Sydow, Jörg (Hrsg.) Managementforschung 26, S. 41–62.

Quentmeier, Helma (2012) Praxishandbuch Compliance: Grundlagen, Ziele und Praxistipps für Nicht-Juristen. Wiesbaden: Gabler Verlag.

Raeder, Sabine/Grote, Gudela (2012) Der psychologische Vertrag. Praxis der Personalpsychologie. Band 26. Göttingen: Hogrefe.

Rath, Martin (2017) Von brauchbarer Illegalität und der Lebenswirklichkeit, 29.10.2017. https://www.lto.de/recht/feuilleton/f/zeitschriftenschau-brauchbare-illegalitaet-fachliteratur-lebenswirklichkeit/ (letzter Abruf: 20.02.2018).

Regierungskommission Deutscher Corporate Governance Kodex. http://www.dcgk.de/de/ (letzter Abruf: 04.03.2018).

Reichert, Jochem (2017) Reform des § 43 GmbHG durch Angleichung an § 93 AktG und Pflichtenspezifizierung? In: ZGR – Zeitschrift für Unternehmens- und Gesellschaftsrecht, S. 671–703.

Reinhard, Rebekka (2013) Philosophischer Zwischenruf: „Aufrecht stehen, ohne aufrecht gehalten zu werden" (Marc Aurel) – Haltung als Prinzip ethischer Selbstführung. In: CCZ – Corporate Compliance, S. 214–217.

Reiter, Uli (2016) Illegalität. Phänomen und Funktion. Wiesbaden: Springer VS.

Röbken, Heinke (2004) Inside the „Knowledge Factory" – Organizational Change in Business Schools from a Neo-Institutional Perspective, Wiesbaden: Deutscher Universitäts Verlag.

Röbken, Heinke (2007) Zur Verbreitung von Beratungskonzepten in der öffentlichen Verwaltung. In: Verwaltung & Management 13, S. 268–274.

Röbken, Heinke/Schütz, Marcel (2016) Studienbrief Postgraduale Studiengänge Human Resources. Schulorganisation und Schulmanagement. Technische Universität Kaiserslautern.

Röbken, Heinke/Schütz, Marcel (2017) Gallic Villages in the Bologna Area. Reasons and Strategies for Resisting the Bologna Reform in Selected Fields of Study. In: Journal of Organizational Theory in Education 2, 1, S. 1–15.

Robyn, Thomas/Davies, Annette (2005) Theorizing the Micro-politics of Resistance: New Public Management and Managerial Identities in the UK Public Services. In: Organization Studies 26, S. 683–706.

Rolff, Hans-Günter (1993) Wandel durch Selbstorganisation. 1. Aufl., Weinheim, München: Beltz Juventa.

Roxin, Claus (1963) Straftaten im Rahmen organisatorischer Machtapparate. In: GA – Goltdammer's Archiv für Strafrecht, S. 193–207.

Roxin, Claus (2006) Organisationsherrschaft und Tatentschlossenheit. In: ZIS – Zeitschrift für Internationale Strafrechtsdogmatik, S. 293–300.

Rudkowski, Lena/Schreiber, Alexander (2015) Aufklärung von Compliance-Verstößen: Whistleblowing, Arbeitnehmerüberwachung, Auskunftspflichten. Wiesbaden: Springer Gabler.

Rürup, Matthias/Röbken, Heinke/Emmerich, Markus/Dunkake, Imke (2015) Netzwerke im Bildungswesen. Eine Einführung in ihre Analyse und Gestaltung. Wiesbaden: Springer VS.

Schäfer, Carsten (2016) Gutachten E zum 71. Deutschen Juristentag – Empfiehlt sich eine grundlegende Reform des Personengesellschaftsrechts? München: C.H. Beck.

Scherer, Andreas Georg/Palazzo, Guido/Butz, Andreas (2015) Die neue politische Rolle von Unternehmen in einer globalisierten Welt. In: van Aaken, Dominik/Schreck, Philipp (Hrsg.) Theorien der Wirtschafts- und Unternehmensethik. Berlin: Suhrkamp, S. 340–384.

Scherzberg, Arno (2011) Systemtheorie als sozialtheoretische Grundlage der Verwaltungslehre. In: Mehde, Veith/Ramsauer, Ulrich/Seckelmann, Margrit (Hrsg.): Staat, Verwaltung, Information: Festschrift für Hans Peter Bull zum 75. Geburtstag. Berlin: Duncker & Humblot, S. 767–794.

Schimank, Uwe (2001) Politische Steuerung in der Organisationsgesellschaft – am Beispiel der Forschungspolitik. In: Zapf, Wolfgang (Hrsg.) Die Modernisierung moderner Gesellschaften. Verhandlungen des 25. Deutschen Soziologentages in Frankfurt am Main 1990. Frankfurt a. M.: Campus, S. 505–516.

Schmider, Franz/Baumann, Claude (2012) Pro & Contra: CD-Kauf in der Schweiz – üble Hehlerei oder unvermeidliche Praxis? 09.09.2012. https://www.badische-zeitung.de/wirtschaft-3/pro-und-contra-cd-kauf-in-der-schweiz-ueble-hehlerei-oder-unvermeidliche-praxis–63646583.html (letzter Abruf: 04.03.2018).

Schmidt-Aßmann, Eberhard (2006) Das allgemeine Verwaltungsrecht als Ordnungsidee: Grundlagen und Aufgaben der verwaltungsrechtlichen Systembildung. 2. Aufl., Berlin, Heidelberg, New York: Springer.

Schmidt, Karsten (2016) Münchener Kommentar zum Handelsgesetzbuch. Band 1. 4. Aufl., München: C.H. Beck.

Schneider, Uwe H. (2003) Compliance als Aufgabe der Unternehmensleitung. In: ZIP – Zeitschrift für Wirtschaftsrecht, S. 645–650.

Schneider, Uwe H. (2010) Die Haftung von Mitgliedern des Vorstands und der Geschäftsführer bei Vertragsverletzungen der Gesellschaft. In: Kindler, Peter/Koch, Jens/Ulmer, Peter/Winter, Martin (Hrsg.) Festschrift für Uwe Hüffer zum 70. Geburtstag. München: C.H.Beck, S. 905–916.

Schorn, Ruth (2016) § 13. Compliance-Ziele. In: Hauschka Christoph E./Moosmayer, Klaus/Lösler, Thomas (Hrsg.) Corporate Compliance – Handbuch der Haftungsvermeidung im Unternehmen. 3. Aufl., München: C.H. Beck.

Schreyögg, Georg/Geiger, Daniel (2016) Organisation. Grundlagen moderner Organisationsgestaltung. Mit Fallstudien. Wiesbaden: Gabler Verlag.

Schroeder, Friedrich-Christian (1965) Der Täter hinter dem Täter – Ein Beitrag zur Lehre von der mittelbaren Täterschaft. Berlin: Duncker & Humblot.

Schulz, Martin/Galster, Wirnt (2015) § 4. Aufgaben im Unternehmen. In: Bürkle, Jürgen/ Hauschka, Christoph E. (Hrsg.) Der Compliance Officer. München: C.H. Beck.

Schulze, Götz (2008) Die Naturalobligation. Tübingen: Mohr Siebeck.

Schütz, Hans Peter/Pfohl, Manuela (2010) Darf die Regierung Daten kaufen? 02.02.2010. https://www.stern.de/politik/deutschland/pro-und-contra–steuersuender-cd-darf-die-regierung-die-daten-kaufen–3897890.html (letzter Abruf: 04.03.2018).

Schütz, Marcel (2015a) Mehr Managementansätze in der Hochschulorganisation? Ein Diskussionsbeitrag. In: Die Neue Hochschule, Jg. 56, (2015), S. 102–105.

Schütz, Marcel (2015b) Management im Wandel. Über Mythenbildung und Schauspiel in Veränderungsprozessen. In: Arbeit und Arbeitsrecht 70, S. 598–601.

Schütz, Marcel (2015c) Reguläre Regelabweichung, 13.11.2015. https://www.freitag.de/autoren/ marcel-schuetz/regulaere-regelabweichung (letzter Abruf: 20.02.2018).

Schütz, Marcel (2016a) „Regelabweichung ist allgegenwärtig". Interview. In: Börsen-Zeitung, 17.03.2016, S. 2.

Schütz, Marcel (2016b) Keine Organisation ohne Regelabweichung – Die soziologische Perspektive zur Compliance-Kontrolle. In: HLP Management-Diskurs (Hrsg.) Verantwortung – Compliance oder Moral, S. 55–67.

Schütz, Marcel (2017) Keine schrecklich nette Familie. Anmerkungen zu einer aufstrebenden Organisationsmetapher. In: Organisationsentwicklung. Fachzeitschrift für Change Management und Unternehmensentwicklung 26, S. 79–83.

Schütz, Marcel/Bull, Finn-Rasmus (2017) Unverstandene Union: Eine organisationswissenschaftliche Analyse der EU. Wiesbaden: Springer VS.

Schütz, Marcel/Röbken, Heinke (2016a) Bachelor- und Masterarbeiten verfassen. Abschlussarbeiten in Organisationen. Wiesbaden: Springer VS.

Schütz, Marcel/Röbken, Heinke (2016b) Gallische Dörfer? Begründungsmuster und Handlungsstrategien bei der Erhaltung von Diplomstudiengängen. In: Die Hochschule. Journal für Wissenschaft und Bildung 25, S. 100–114.

Schütz, Marcel/Röbken, Heinke (2017a) Netzwerke, Spielhandlungen und instabile Verträge: Informale Ordnung in der Zusammenarbeit von Personalrat und Dienststelle. In: Die Personalvertretung. Zeitschrift des gesamten Personalwesens für Personalvertretungen und Dienststellen 60, S. 51–63.

Schütz, Marcel/Röbken, Heinke (2017b) We want to be modern. Welchen Nutzen ziehen Manager aus Managementkonzepten? In: Austrian Management Review 7, S. 90–96.

Schütz, Marcel/Röbken, Heinke/Hericks, Nicola (2017) Lokaler Boykott der Bologna-Reform. Eine Untersuchung zur Beibehaltung des Diploms im Ingenieurstudium. Berlin: Springer Vieweg.

Schweizer Radio und Fernsehen (SRF) Der Club. Autobranche – nichts als Trickserei? 13.10.2015. https://www.srf.ch/sendungen/club/autobranche-nichts-als-trickserei (letzter Abruf: 25.02.2018).

Schwintowski, Hans-Peter (2015) VW-Abgasskandal – Regelverstöße naturnotwendig? In: EWeRK – Zeitschrift des Instituts für Energie- und Wettbewerbsrecht in der Kommunalen Wirtschaft e. V., S. 314–315.

Scott, Richard W. (1987) The Adolescence of Institutional Theory. In: Administrative Science Quarterly 32, S. 493–511.

Scott, Richard W. (1995) Institutions and Organizations. Ideas, Interests and Identities. Thousand Oaks, CA: SAGE Publications.

Seibel, Wolfgang (2016) Verwaltung verstehen – Eine theoriegeschichtliche Einführung. Berlin: Suhrkamp.

Seidel, Jan/Wendt, Mathias (2017) Compliance in öffentlichen Unternehmen. Wiesbaden: Springer Gabler.

Sennett, Richard (2000) Der flexible Mensch. Die Kultur des neuen Kapitalismus. 1. Aufl., Berlin: Siedler.

Sieg, Oliver/Zeidler, Simon-Alexander (2016) § 3 Business Judgment Rule. In: Hauschka, Christoph E./Moosmayer, Klaus/Lösler, Thomas (Hrsg.) Corporate Compliance – Handbuch der Haftungsvermeidung im Unternehmen. 3. Aufl., München: C.H. Beck.

Simsa, Ruth (2001) Zeit in Organisationen – Eine kurze Bestandsaufnahme. Gruppendynamik und Organisationsberatung 32, S. 259–268.

Simon, Herbert A. (1959) Theories of Decision-Making in Economics and Behavioral Science. In: The American Economics Review 49, S. 253–283.

Sonnenberg, Thomas (2017) Compliance-Systeme in Unternehmen. In: JuS – Juristische Schulung, S. 917–922.

Spießhofer, Birgit (2016) § 11. Compliance und Corporate Social Responsibility. In: Hauschka, Christoph E./Moosmayer, Klaus/Lösler, Thomas (Hrsg.) Corporate Compliance – Handbuch der Haftungsvermeidung im Unternehmen. 3. Aufl., München: C.H. Beck.

Spindler, Gerald (2014) § 93 Sorgfaltspflicht und Verantwortlichkeit der Vorstandsmitglieder. In: Goette, Wulf/Habersack, Mathias/Kalss, Susanne (Hrsg.) Münchener Kommentar zum Aktiengesetz. Band 2. 4. Aufl., München: C.H. Beck.

Steinmann, Horst/Schreyögg, Georg (2000) Management. Grundlagen der Unternehmensführung. 5. Aufl., Wiesbaden: Gabler Verlag.

Steinmann, Horst/Löhr, Albert (2015) Grundlegung einer republikanischen Unternehmensethik. In: van Aaken, Dominik/Schreck, Philipp (Hrsg.) Theorien der Wirtschafts- und Unternehmensethik. Berlin: Suhrkamp, S. 269–309.

Steuber, Elgin (2012) Compliance – moving target. In: Erle, Bernd/Kleindiek, Detlef/Krieger, Gerd/Priester, Hans-Joachim/Schubel, Christian/Schwab, Martin/Teichmann, Christoph/Witt, Carl-Heinz/Goette, Wulf (Hrsg.) Festschrift für Peter Hommelhoff. Köln: Dr. Otto Schmidt, S. 1165–1180.

Steuernagel, Armin/Frey, Bruno S. (2016) Verantwortlich? Niemand!. In: Die Zeit, Nr. 17 v. 14.04.2016, S. 31.

Straub, Reiner/Lemmer, Ruth (2016) Brauchbare Illegalität. In: Personalmagazin, S. 9–11.

Thaler, Richard H./Sunstein, Cass R. (2008) Nudge: Improving Decisions About Health, Wealth and Happiness. Yale University Press, United States of America.

Thaler, Richard H./Sunstein, Cass R. (2009) Nudge: Wie man kluge Entscheidungen anstößt. Berlin: Econ Verlag.

Thompson, James D. (1967) Organizations in Action: Social Science Bases of Administrative Theory. 1. Aufl., New York: McGraw-Hill.

Transparency International Deutschland e. V. https://www.transparency.de/themen/politik/ (letzter Abruf: 27.02.2018).

Tröger, Tobias (2011) Aktionärsklagen bei nicht-publizierter Kodexabweichung. In: ZHR – Zeitschrift für das gesamte Handels- und Wirtschaftsrecht, S. 746–786.

Twele, Markus (2015) Geschäftsleiterhaftung bei unklarer Rechtslage. In: WUW – Wirtschaft und Wettbewerb 2015, S. 1222–1224.

Ulrich, Peter (2015) Unternehmensethik – integrativ gedacht. In: van Aaken, Dominik/Schreck, Philipp (Hrsg) Theorien der Wirtschafts- und Unternehmensethik. Berlin: Suhrkamp, S. 237–261.

Uzzi, Brian/Lancaster, Ryon (2004) Embeddedness and Price Formation in the Corporate Law Market. In: American Sociological Review 69, S. 319–344.

van Aaken, Dominik/Schreck, Philipp (2015) Wirtschafts- und Unternehmensethik: Ein Überblick über die Forschungslandschaft. In: van Aaken, Dominik/Schreck, Philipp (Hrsg.) Theorien der Wirtschafts- und Unternehmensethik. Berlin: Suhrkamp, S. 7–22.

Vaughan, Diane (1996) The Challenger Launch Decision: Risky Technology, Culture and Deviance at NASA. Chicago: University of Chicago Press.

Verse, Dirk A. (2017) Organhaftung bei unklarer Rechtslage – Raum für eine Legal Judgment Rule? In: ZGR – Zeitschrift für Unternehmens- und Gesellschaftsrecht, S. 174–195.

Voigt, Stefan (2009) Institutionenökonomik: Neue Ökonomische Bibliothek. 2. Aufl., Stuttgart: UTB.

von der Oelsnitz, Dietrich (1999) Mikropolitik in Organisationen. In: Das Wirtschaftsstudium 28, S. 710–716.

von Hein, Jan (2008) Die Rezeption US-amerikanischen Gesellschaftsrechts in Deutschland. Tübingen: Mohr Siebeck.

von Marnitz, Laura (2011) Compliance-Management für mittelständische Unternehmen: Ein Modell für die Praxis. In: Schriften aus dem Forschungsinstitut für Compliance, Sicherheitswirtschaft und Unternehmenssicherheit (FORSI), Band 8. Hamburg: Verlag Dr. Kovač.

Voßkuhle, Andreas (2012) Neue Verwaltungsrechtswissenschaft. In: Hoffmann-Riem, Wolfgang/Schmidt-Aßmann, Eberhard/Voßkuhle, Andreas (Hrsg.) Grundlagen des Verwaltungsrechts – Band I. 2. Aufl., München: C.H. Beck.

Walgenbach, Peter (1998) Zwischen Showbusiness und Galeere. Zum Einsatz der DIN EN ISO 9000er Normen in Unternehmen. In: Industrielle Beziehungen 5, S. 135–164.

Walgenbach, Peter (2000) Die normgerechte Organisation. Eine Studie über die Entstehung, Verbreitung und Nutzung der DIN EN ISO 9000er Normenreihe. Stuttgart: Schäffer-Poeschel.

Walgenbach, Peter/Meyer, Renate (2008a) Neoinstitutionalistische Organisationstheorie. Stuttgart: Kohlhammer.

Walgenbach, Peter/Meyer, Renate (2008b) Institutional Entrepreneurship and the Structuring of Organizations, and Markets. In: Ebner, Alexander/Beck, Nikolaus (Hrsg.) The Institutions of the Market: Organisations, Social Systems, and Governance. Oxford: Oxford University Press, S. 180–201.

Wastian, Monika/Braumandl, Isabell/Weisweiler, Silke (2015) Führung und Mikropolitik in Projekten. Der psychologische Faktor im Projektmanagement. Wiesbaden: Gabler Verlag.

Weber, Max (1972) Wirtschaft und Gesellschaft. Grundriß der verstehenden Soziologie. 5. Aufl., Tübingen: Mohr [ursprünglich 1922].

Weber, Franziska/Schäfer, Hans-Bernd (2017) „Nudging", ein Spross der Verhaltensökonomie – Überlegungen zum liberalen Paternalismus auf gesetzgeberischer Ebene, 21.02.2017. S. 1–31 https://ssrn.com/abstract=2920479 (letzter Abruf: 19.01.2017).

Westphal, James D./Gulati, Ranjay/Shortell, Stephen M. (1997) Customization or Conformity? An Institutional and Network Perspective on the Content and Consequences of TQM Adoption. In: Administrative Science Quarterly 42, S. 366–394.

Westerlund, Gunnar/Sjöstrand, Sven-Erik (1979 Organizational Myths. London: Harper and Row.

Wetzel, Deborah (2016) The Governance Gap: Can we bridge it? 10.05.2016. http://blogs.worldbank.org/governance/governance-gap-can-we-bridge-it (letzter Abruf: 20.02.2018).

Wieland, Josef (2008) Unternehmensethik und Compliance Management – Zwei Seiten einer Medaille. In: CCZ – Corporate Compliance 2008, S. 15–17.

Wieland, Josef (2014) Integritäts- und Compliance-Management als Corporate Governance – konzeptionelle Grundlagen und Erfolgsfaktoren. In: Wieland, Josef/Steinmeyer, Roland/Grüninger, Stephan (Hrsg.) Handbuch Compliance-Management. 2. Aufl., Berlin: Erich Schmidt Verlag, S. 15–40.

Williamson, Oliver (1985) The Economic Institutions of Capitalism: Firms, Markets, Relational Contracting. New York: Free Press.

Willner, Roland (2011) Micro-politics: An Underestimated Field of Qualitative Research in Political Science. In: German Policy Studies 7, S. 155–185.

Winkler, Joachim (2009) Contemporary Leadership Theories. Enhancing the Understanding of the Complexity, Subjectivity and Dynamic of Leadership. Heidelberg: Physica-Verlag.

Wolff, Johanna (2015) Eine Annäherung and das Nudge-Konzept nach Richard H. Thaler und Cass R. Sunstein aus rechtswissenschaftlicher Sicht. In: RECHTSWISSENSCHAFT – Zeitschrift für rechtswissenschaftliche Forschung, S. 194–222.

Yukl, Gary A. (2002) Leadership in Organizations. 5. Aufl., Englewood Cliffs, NJ: Prentice Hall.

Zech, Rainer (2009) Latente Regeln des Funktionierens der Organisation Schule. In: Bartz, Adolf et al. (Hrsg.) PraxisWissen SchulLeitung 2570.14. Basiswissen und Arbeitshilfen zu zentralen Handlungsfeldern der Schulleitung. Köln: Wolters Kluwer, S. 1–9.

Ziemons, Hildegard (2017) § 43 Haftung der Geschäftsführer. In: Michalski, Lutz/Heidinger, Andreas/Leible, Stefan/Schmidt, Jessica (Hrsg.) Kommentar zum Gesetz betreffend die Gesellschaften mit beschränkter Haftung (GmbH-Gesetz). Band 2. München: C.H. Beck.

Zöllner, Wolfgang/Noack, Ulrich (2017) § 43 Haftung der Geschäftsführer. In: Baumbach, Adolf (Begr.)/Hueck, Alfred (Fortf.) (Hrsg.) Beck'sche Kurz-Kommentare – Gesetz betreffend die Gesellschaften mit beschränkter Haftung, 21. Aufl., München: C.H. Beck.

Zucker, Lynne G. (1983) Organizations as Institutions. In: Bacharach, Samuel B. (Hrsg.) Research in the Sociology of Organizations 13. Greenwich: JAI Press, S. 1–42.

Zweigert, Konrad/Kötz, Hein (1996) Einführung in die Rechtsvergleichung. 3. Aufl., Tübingen: J.C.B. Mohr (Paul Siebeck).

Sachverzeichnis

A

Adverse selection, 68
Agenturtheorie s. Prinzipal-Agenten-Theorie
Akteur, 3, 61, 65, 69, 88
    interner/externer, 39
    privater, 17, 21, 129
    rationaler, 29, 50
    staatlicher, 105
    zentraler, 85
Arbeitsanalyse, 34
Arbeitsteilung, 34, 38, 45, 61
    formale, 43

B

Bagatelldelikt, 101, 103
Best-Practice(s), V, 88, 129, 131
Betriebsführung, 33, 34
Binnendifferenzierung, 44, 109, 122, 138, 167, 173
Bounded rationality, 35
Brücke, goldene, 25
Bürokratie, 26, 31, 35
Business Judgment Rule, 119, 140, 143, 149, 150, 153, 155, 158, 161, 178

C

Code of Conduct, 78
Compliance
    Management, 25, 126, 131, 132, 137, 153, 160, 167, 169
    Officer, 24, 25, 132
    Paradox, 20, 133
    Programm, 15, 25, 71, 78, 97, 135
    System, 10, 15, 133, 135, 137, 139, 157, 158, 162
Comply or explain, 16, 130
Corporate Social Responsibility, 18, 22, 72, 132
Culpa in contrahendo, 128

D

Deutscher Corporate Governance Kodex, 7, 15–17, 22, 129, 131, 140
Devianz, 104, 165, 175
Dienste, formale, 69

E

Effizienz, 30, 66, 81, 83
Entkoppelung, 75, 90, 92, 167, 170
Entscheidung, 41, 47, 53, 76, 83, 109, 141, 152, 161, 162, 176
Entscheidungsprämisse, 41, 116
Erwartungen, 8, 61, 73, 103
    externe, 94
    formalisierte, 112
    organisatorische, 179
    widersprüchliche, 92

F

Fassade, 81, 82, 92, 163
Flexibilisierung, 179
Fluktuation, 117, 118
Fordismus, 34
Formales, 109, 163, 170
Formalisierung, 45, 48, 123

© Springer Fachmedien Wiesbaden GmbH, ein Teil von Springer Nature 2018   199
M. Schütz et al., *Compliance-Kontrolle in Organisationen,*
https://doi.org/10.1007/978-3-658-17471-2

The manufacturer's authorised representative in the EU is Springer
Nature Customer Service Centre GmbH, Europaplatz 3, 69115 Heidelberg,
Germany. If you have any concerns regarding our products, please
contact ProductSafety@springernature.com

Printed and bound by CPI Group (UK) Ltd, Croydon, CR0 4YY
27/04/2026
02097666-0005